数字营销系列丛书

周茂君 主编

数字营销概论

周茂君 著

科学出版社

北京

内 容 简 介

立足于国内数字营销市场和各营销主体的市场行为,本书重点考察广告主数字营销实践、数字营销公司运作、数字媒体运营,并以此为主线,深入剖析数字内容营销、数字品牌营销、大数据营销、数字平台营销;既有对数字营销理论的探讨,又有对数字营销运作实务的分析,还有大量鲜活案例对相关理论和运作的佐证,是一本从总体上勾勒数字营销演进轨迹、总结其运行规律、理论与实务相结合的力作。

本书适合广告传播、市场营销、网络与新媒体、数字出版等专业教师、学生使用,亦可供企业、数字营销公司和数字媒体的营销人员、品牌经理、产品经理和广告策划人员等参考。

图书在版编目(CIP)数据

数字营销概论/周茂君著. —北京:科学出版社,2019.11
(数字营销系列丛书)
ISBN 978-7-03-059791-5

Ⅰ.①数… Ⅱ.①周… Ⅲ.①网络营销 Ⅳ.①F713.365.2

中国版本图书馆 CIP 数据核字(2018)第 280578 号

责任编辑:郝 静/责任校对:王丹妮
责任印制:吴兆东/封面设计:楠竹文化

科学出版社 出版
北京东黄城根北街 16 号
邮政编码:100717
http://www.sciencep.com

北京厚诚则铭印刷科技有限公司 印刷
科学出版社发行 各地新华书店经销

*

2019 年 11 月第 一 版 开本:720×1000 1/16
2025 年 7 月第六次印刷 印张:21
字数:423 000
定价:59.00 元
(如有印装质量问题,我社负责调换)

"数字营销系列丛书"编委会名单

主　编：
　　周茂君
副主编：
　　洪杰文
编　委：（按姓氏笔画排序）
　　马二伟　归伟夏　朱　磊　刘明秀　阮　卫
　　余晓莉　周茂君　洪杰文　徐同谦　崔　瑶
　　廖秉宜

推荐序

"风乍起，吹皱一池春水"，这是南唐词人冯延巳的著名词句，用它来形容当前已然来临的数字营销时代，最为恰切。数字时代的这个"风"就是新技术，正是它引领着数字媒体发生着深刻变革，影响着人们的工作状态、生活方式和阅读习惯，进而颠覆着媒体市场、广告市场和营销市场的运行规则。在这里，广告主在传统媒体时代简单的广告营销逐渐被数字时代注重官网、两微一端和搭建营销平台的"自营销"所取代；报刊、广播、电视等传统媒体依靠采编、经营双轮驱动已悄然改变，代之而起的是以内容运营、用户运营和活动运营为主的数字媒体运营；广告代理公司（绝大多数转型为数字营销公司）为迎接数字时代的到来，正在经历着从经营理念、组织架构到运作流程、业务模式的阵痛与蜕变，以便更好地服务于广告主。

数据成为数字营销市场的核心竞争力，得数据者得天下。广告主可以凭借其拥有的第一方数据，借助其官网和微博、微信，自建APP，搭建营销平台，进行品牌宣传与产品营销；数字媒体则依靠其垄断的第二方数据资源和头部媒体优势，在营销市场纵横捭阖、所向披靡；传统广告公司在过去时代曾经拥有的创意、策划等专业性优势，在数字时代逐渐被广告主和数字媒体蚕食，而"去中介"的行业诉求正在加重其生存危机，逼迫其通过搭建数字营销平台（垂直）和重构专业性实现浴火重生与凤凰涅槃。而原生广告和内容营销也颠覆着人们"内容是内容""广告是广告""二者要具有可识别性"的认知。前者将品牌信息深度植入媒体内容,并使二者融为一体;后者更强调将媒体内容作为营销工具为品牌广告或效果广告服务。此时,在数字营销市场,内容即广告,广告即内容,过去那种纯粹的内容与纯粹的广告再难见到,无论内容还是广告,都是为营销服务、为广告主服务。一切皆处于变化之中或在变化的路上,而唯一不变的就是变化,这就是时下的数字营销时代。

正是在技术引领、规则被颠覆、市场变革已然成为现实的情况下,周茂君教授组织编写了这套数字营销系列丛书——《数字营销概论》《数字营销策划与创意》《数字内容营销》《数字品牌营销》《数字平台营销》《大数据营销》《数字营销公司经营与管理》《数字媒体运营》《数字营销效果测评》《数字营销伦理与法规》。本套丛书一共 10 本,从书名可以见出其独特之处:其一,大营销观的独特研究视角。本套丛书坚持大营销观,让广告回归营销,恢复广告是市场营销一部分的本来面目,处处从大营销的角度展开论述;立足于大营销,从营销参与者、营销要素和营销过程的角度来确定相关的书名、章节。其二,勾画史的线索与立足数字营销实践。丛书的每本书皆坚持勾画出从传统媒体到数字媒体、从传统广告到数字广告和从传统营销到数字营销的"史"的线索和发展脉络,让读者能从中见出从传统时代到数字时代的演进轨迹;同时丛书作者并没有局限于对数字营销做从理论到理论式的研究,而是立足于数字营销实践,更多地从业界的视角去透视、研究相关的理论问题,这就使其研究更重实际,也更接地气。其三,本套丛书既关注理论前沿问题,注意吸收和借鉴国内外数字营销研究的最新成果,又注重这些基本理论的实际应用,并将基本理论、实际应用和案例点评很好地结合在一起,形成独具的特色。

数字营销在国外才出现短短 20 多年时间,在国内出现的时间更短,无论国外还是国内对它研究的时间都不长,可以说才刚刚起步,对数字营销进行系统研究的系列著作则更少。希望以周茂君教授这套数字营销系列丛书为起点,国内涌现出更多的作者和更多的研究成果,早日迎来数字营销研究的收获期。

是为序。

强月新

2019 年 10 月

"数字营销系列丛书"前言

1994年10月14日,美国《热线杂志》网络版刊出美国电话电报公司（American Telephone & Telegraph, AT&T）等14则广告主的图像和信息,标志着网络广告的正式诞生,也宣告了数字营销时代的来临。这场由新技术引发媒体市场、广告市场和营销市场的变革方兴未艾,其对未来的影响巨大而深远,甚至是颠覆性的。有人曾用"变化是当前唯一不变的主题"这句话来加以形容,无疑是对数字营销市场状况的真实写照。

尽管数字营销已经走过了20多年的发展历程,但是迄今为止仍然没有一个大家公认的权威定义。国外部分学者或营销专家对数字营销提出了一些看法,有两方面的内容值得关注：其一,数字营销是一种全新的营销方式。他们认为数字营销"也称为电子营销"[1],是"利用数字技术帮助营销活动"[2],是"将互动媒体与营销组合的其他元素相结合"[3],是"一种全新的营销方式"[4]。其二,数字营销有利于与消费者建立关系并实现营销目标。他们强调数字营销"使消费者和

---

[1] Smith K T. Digital marketing strategies that millennials find appealing, motivating, or just annoying[J]. Journal of Strategic Marketing, 2011, 19（6）: 489-499.
[2] Bala M, Verma M D. A critical review of digital marketing[J]. International Journal of Management, IT & Engineering, 2018, 8（10）: 321-339.
[3] Parsons A, Zeisser M, Waitman R. Organizing today for the digital marketing of tomorrow[J]. Journal of Interactive Marketing, 1998, （1）: 31-46.
[4] Wind Y, Mahajan V. Digital Marketing: Global Strategies From The World's Leading Experts[M]. New York: John Wiley & Sons, Inc, 2001.

企业建立了双向联系,且消费者可以更为便捷地接触到产品和服务"[1],能够"与用户建立更深层次的关系"[2],"通过数字媒体、数据和技术与传统传播相结合实现营销目标"[3]。

鉴于此,我们试着给数字营销下了一个定义:它又名在线营销,是利用网络技术、数字技术和移动通信技术等技术手段,借助各种数字媒体平台,针对明确的目标用户,为推广产品或服务、实现营销目标而开展的精准化、个性化、定制化的实践活动,它是数字时代与用户建立联系的一种独特营销方式,具有深度互动性、目标精准性、平台多样性和服务个性化、定制化等特征。

在数字营销行业,大数据、区块链、虚拟现实、物联网、超级计算等技术领域在全球发展势头良好。数字媒体的内容生产、产品形态和推送渠道都更加丰富,网络广告的生产、推广和监管也随之更加多元化和规范化。移动互联网的普及在很大程度上改变了人类生活的方方面面,用户的媒介使用习惯和消费行为都发生了巨大改变,数据资源成为各家公司争夺的重要生产要素。

正如 Actifio 首席执行官 Ash Ashutosh 所说:"Airbnb 是最大的酒店服务机构,但它却没有一间酒店房间;Uber 是最大的出租车服务公司,但公司却没有一辆出租车。"[4]数据已经成为各类公司的核心命脉,自然也深刻地影响着数字营销观念及思维方式的变化。

过去,广告人围坐在会议桌前,仅仅靠头脑风暴和无限的创意就能敲定广告方案的时代已经不再。现在的数字营销从业者更像是股票交易员,他们坐在电脑前,瞬间即可在在线广告交易平台上完成广告位的购买与销售。运算法则的输出结果能实时、准确地根据用户数据决定不同的产品广告应当在哪一个网页或终端

---

[1] Durmaz Y,Efendioglu I H. Travel from traditional marketing to digital marketing[J]. Global Journal of Management and Business Research,2016,16(2):34–40.
[2] Royle J,Laing A. The digital marketing skills gap:developing a digital marketer model for communication industries[J]. International Journal of Information Management,2014,(2):65–73.
[3] Chaffey D,Ellis-Chadwick F. Digital Marketing:Strategy,Implementation and Practice[M]. 5th ed. New York:Pearson,2017.
[4] Tunguz T,Bien F. 大数据浪潮——企业文化、高效团队和商业奇迹[M]. 宫鑫,谢金秀,刘婷婷,译. 北京:人民邮电出版社,2017.

设备中投放，同时准确地选择出向不同的用户投放哪一个版本的广告内容。广告交易平台可以根据访客曝光量或转化率为付费用户准确地计算出广告费用，并通过代码监测向广告主们及时地反馈广告投放到目标用户的效果。一定的数据分析能力以及对于数字管理系统熟练的操作能力，似乎已经成为广告营销人员必备的职业技能，过去的"广告狂人"正在向现在的"数据达人"转变。

数字化的传播手段和传播内容对数字营销行业的影响主要在三个方面：其一，广告交易制度的改变。网络投放与广告管理系统的开发有力推进了网络广告市场的规范化运作。与常规的人工购买相比，基于自动化技术和数据系统来进行广告投放的程序化购买平台可以极大地改善广告购买的效率、规模和投放策略。其二，广告产品形态的多元化。随着媒介形态的多样化，技术手段的日益革新，网络广告的形式由最初的展示广告拓展到搜索引擎广告、富媒体广告、短视频广告、电商广告等丰富的产品形态。通过与不同行业的跨界合作，产品营销方式也多种多样，社交媒体、电商平台、新闻资讯平台、娱乐平台以及各传统媒体平台交融合作，打造从线上到线下的营销闭环，更加贴近消费者的生活场景与兴趣爱好。其三，广告主营销理念的转变。广告主开始注重广告营销效果的"品效合一"，他们既关注广告投放后品牌或产品知名度的推广，同时也希望能看到更加直接的销售转化效果。第三方监测公司的出现使得数字营销产业链逐步趋于完整，广告主对于广告效果的把控更加客观真实。

面向全球市场的数字营销生态链基本形成，不同类型的数字营销公司纷纷搭建自己的数据平台，相互聚集。它们的"整合"绝不仅体现在媒体、渠道与终端，而且更深刻地呈现于整个行业格局的变化与发展之中。一些传统的广告传播集团通过大规模的并购、收购，整合数据资源、拓展数字营销业务，转型成为数字营销集团。一些独立的代理公司、数字技术公司和数字媒体纷纷展开合作，试图为广告主提供更加一体化、一站式的网络营销服务方案。目前，数字营销行业的广告代理公司分布有以下三个特点：其一，独立代理公司渐成气候。独立代理公司能够快速响应市场趋势，并且具有扎实的市场洞察。其二，代理商结构、层级多样化。广告主新设立的In-house团队、媒体下属的数字营销公司，以及市场上原有的广告代理公司相互协调合作，不同团队之间专业营销者的对话提高了数字营销的效率，但对数字营销公司来说，其在产业链中的地位则受到越来越大的威胁。其三，内容创作的质量以及分析效果的能力拉开了数字营销公司之间的差距。营销者讲故事的能力、获取和分析数据的能力，以及利用数据促进消费者互动和销售转化的能力，对于吸引广告主来说至关重要。

在数字营销行业环境的风云变幻中，广告主、数字媒体和数字营销公司作为行业发展的三大运行主体，在迎接变革与挑战的过程中，势必要经历残酷的竞争与痛苦的蜕变，能在这场变革中生存下来的，都是能顺应时代潮流、适时改革创新的佼佼者。

数字时代已然来临，技术引领、规则被颠覆、市场变革已是不争的事实。面对已然来临的数字时代，只有迎接挑战而不是回避。因此，编写这套数字营销系列丛书主要出于如下考虑：

（1）系列丛书将秉承五个原则：其一，以"营销主体""营销内容""营销平台""营销对象""营销管理"五个方面作为研究对象。其二，坚持大营销观，让广告回归营销，恢复广告是市场营销一部分的本来面目。其三，立足于大营销，从营销参与者和营销过程的角度来确定相关的书名、章节。其四，每本书皆勾画出从传统营销到数字营销的发展线索和脉络，使读者能从每本书上见到数字营销时代的新变化。其五，每本书在研究内容上既要相互有关联，又要厘清彼此间的研究边界而不至于重复。

（2）本套丛书既关注理论前沿问题，吸收和借鉴国内外数字营销研究的最新成果，又注重这些基本理论的实际应用。在具体编写过程中，将基本理论、实际应用和案例点评相结合，展现出独具的特色：其一，基本理论部分。对数字营销涉及的理论问题，只作概括性叙述，不进行全面性描述，对其基本原理，力争深入浅出，易学易懂。其二，实际应用部分。这是本套丛书每本书的写作重点，这个思路将贯穿于每本书的编写之中。其三，案例点评部分。每本书的大部分章节都要求安排与本章内容相关联的案例点评，用具体的案例点评，来回应前面的基本理论和实际应用。

（3）本套丛书在编写过程中尽力做到有思想、有创见、有全新体系，观点新颖，持论公允，风格力求简洁、明了、畅达，并在此基础上使行文生动、活泼、风趣。

这套丛书从 2016 年底提出计划到现在即将付梓，前后历时三年。由主编周茂君提出总体构想以及 10 本书的书名；然后是聘请作者参与编写。由于时间较长，作者几经变化，其间的艰难困顿难以言述，好在艰难时刻皆已过去，相信未来一定能见到彩虹！

这套书的顺利面世，需要感谢的人很多。首先，要感谢丛书编写团队的每一位作者，正是你们的辛勤付出才迎来了现在的累累硕果。其次，要感谢武汉大学新闻与传播学院的强月新院长、洪杰文副院长的大力支持。强院长不仅平时十分关注丛书的编写，还在百忙之中为本套丛书撰写了序言；洪副院长作为本套丛书的副主编，参与了丛书编写过程中不少具体事宜，并提出了建设性意见。最后，要感谢科学出版社的来豫蓉女士、陈亮先生、鄢德平先生、张宁女士、马跃先生、郝静女士等，从出版合同的拟定到具体编辑工作的落实，点点滴滴，处处都留有你们辛勤的身影。

数字营销的研究在国内还处于起步阶段，没有现成的研究成果可以借鉴，书中的不妥之处，恳请各位读者批评指正。

周茂君　于武昌珞珈山

2019 年 10 月

目 录
Contents

第一章 数字营销概述 / 001

第一节 数字技术、数字媒体与数字营销 / 001
一、数字技术的引领、扩散与驱动作用 / 001
二、数字技术驱动媒体形态翻新 / 004
三、数字媒体催生数字营销 / 006

第二节 从传统营销到数字营销 / 008
一、传统营销模式与 4P 营销理论 / 008
二、现代营销观念与 4C 营销理论的形成 / 010
三、从数据库到大数据——营销在数字时代的新发展 / 012

第三节 数字营销的特点 / 013
一、深度互动性 / 014
二、目标精准性 / 016
三、平台多样性 / 019
四、服务个性化与定制化 / 019

第四节 数字营销的方法 / 020
一、建立基于消费者的企业数据管理 / 021
二、进行行业/市场/竞品过往投放数据分析 / 022
三、消费者洞察 / 023
四、多媒体平台数据分析与传播生态构建 / 024

五、媒体渠道选择与营销创意策划 / 025

第五节 数字营销的内容 / 026

一、内容营销 / 026

二、大数据营销 / 027

三、品牌营销 / 029

四、跨界整合营销 / 030

第二章 数字营销主体及市场运行 / 032

第一节 数字营销主体 / 032

一、数字营销主体——广告主 / 033

二、数字营销主体——数字营销公司 / 036

三、数字营销主体——数字媒体 / 041

四、数字营销主体——用户 / 045

第二节 数字营销市场发展与运行 / 049

一、国外数字营销市场发展概览 / 049

二、中国数字营销市场规模与运行态势 / 052

三、技术发展为数字营销铺路 / 059

四、交易制度的变革轨迹 / 064

第三节 制约数字营销市场发展的因素 / 069

一、技术制约因素 / 069

二、数据造假与虚假点击问题 / 072

第三章 消费者洞察与确定营销目标 / 074

第一节 消费者洞察的概念、特点与实现途径 / 074

一、消费者洞察的概念 / 074

二、消费者洞察的特点 / 076

三、消费者洞察的实现途径 / 079

第二节　分析目标消费者的特征　/ 082

一、目标消费者的分类及特征　/ 083

二、识别目标消费者　/ 085

三、目标市场与目标消费者　/ 086

第三节　分解目标消费者的行为　/ 087

一、影响消费者行为的因素　/ 087

二、消费者的动机过程　/ 090

三、消费者的决策过程　/ 091

四、消费者的反馈过程　/ 092

第四节　通过为消费者画像确定营销目标　/ 093

一、消费者画像需要具备的元素　/ 093

二、消费者画像的作用　/ 093

三、消费者画像的步骤　/ 094

四、消费者画像技术　/ 097

第四章　企业数字营销实践　/ 100

第一节　企业数字营销人员的新角色　/ 100

一、企业数字营销人员应具备的能力　/ 101

二、企业数字营销人员的职责　/ 102

第二节　企业数字营销的新框架　/ 103

一、企业数字营销的组织架构　/ 103

二、从传统营销战略到数字营销战略　/ 106

三、营销合作网络化　/ 110

第三节　企业自建数字营销平台　/ 111

一、企业数字营销平台的类别　/ 112

二、企业数字营销平台的作用与重要性　/ 113

三、企业数字营销平台的运营　/ 114

第四节 用户画像与确定营销"引爆点" /115
　　一、由用户画像带来精准营销 /116
　　二、由精准营销决定"引爆点" /117
　　三、引爆流行的元素 /118
第五节 让用户由"旁观者"变为"参与者" /119
　　一、从以产品为中心到以人为本 /119
　　二、UGC 与用户参与 /120
　　三、用户参与的途径 /125
第六节 从卖产品到提供服务 /126
　　一、市场环境的变革和营销重点的转移 /126
　　二、企业与消费者的地位变化 /127
　　三、消费者反馈机制的成熟 /128

第五章　数字营销公司运作　/130

第一节 数字营销公司的经营理念 /131
　　一、从服务客户到取悦用户 /132
　　二、从自说自话到数字互动 /133
　　三、从渠道、声量为王到娱乐、趣味至上 /135
第二节 数字营销公司的组织构架 /137
　　一、从多层级组织框架到扁平化二级结构 /138
　　二、从核心三部到以客户为中心的综合团队 /140
　　三、新增产品部或技术部门的职能 /141
第三节 数字营销公司的运作流程 /143
　　一、从多环节线性流程到团队协作的平台模式 /143
　　二、从 AE 对接客户到团队按需对接客户 /146
　　三、从层层审核决策到创意沟通决策 /147
第四节 数字营销公司的业务模式 /149
　　一、从偏重传统媒体经营到注重数字媒体营销 /149

二、从以广告代理制为核心到以程序化购买为重点 / 151

三、从依靠策略、创意收费到免费换取数字媒体经营权 / 155

第六章 数字媒体运营 / 159

第一节 数字媒体运营的概念及程序 / 159

一、数字媒体运营的概念 / 159

二、数字媒体运营的程序 / 164

第二节 传统媒体的数字化与数字媒体运营生态系统的构建 / 166

一、传统媒体的数字化 / 166

二、构建闭合完善的数字媒体运营生态系统 / 168

第三节 数字媒体内容运营 / 169

一、内容采集 / 170

二、内容编辑 / 171

三、内容审核 / 173

四、内容呈现 / 174

五、内容推送 / 175

第四节 数字媒体用户运营 / 176

一、用户洞察：精准用户画像 / 176

二、用户拉新：建立种子用户 / 178

三、用户留存：提升用户黏性 / 180

四、用户营收：促成付费转化 / 182

第五节 数字媒体活动运营 / 184

一、活动类别与优先级 / 184

二、活动策划 / 186

三、活动数据观测 / 187

第七章 数字内容营销 / 190

第一节 数字内容营销的概念、起源与特点 / 190
一、内容营销概念的界定 / 191
二、内容营销的起源和发展 / 193
三、内容营销的特点 / 196
四、内容营销与其他营销方式的比较 / 197

第二节 有价值内容的稀缺性与衡量标准 / 200
一、有价值内容的稀缺性 / 201
二、有价值内容的衡量标准 / 203

第三节 建立与用户的情感联系 / 207
一、用户思维——像用户那样去思考 / 207
二、规划将消费者从顾客培养成客户的路线 / 209
三、记录各个阶段用户的反馈并实施优化 / 210

第四节 数字内容营销的方法 / 210
一、利用企业网站实施内容营销 / 210
二、借助社交媒体进行内容营销 / 211
三、利用搜索引擎优化开展内容营销 / 213
四、借助电子邮件尝试内容营销 / 214

第八章 数字品牌营销 / 217

第一节 数字品牌营销的概念、产生背景与历史沿革 / 217
一、数字品牌营销的概念 / 218
二、数字品牌营销产生的市场背景 / 219
三、品牌营销的历史沿革 / 222

第二节 借助数字媒体渠道建立品牌与用户的联系 / 224
一、用微博、微信等社交媒体沟通品牌与用户 / 224
二、以搜索引擎连接品牌与用户 / 227

三、借视频直播拉近品牌与用户的距离 /228

四、利用网络游戏构建品牌与用户的关系 /230

第三节 线上线下结合增强用户的品牌体验 /234

一、数据精准定位与把握消费者偏好 /234

二、增强线上线下体验的关联性 /234

三、让消费过程变得有意义 /235

第四节 通过互动沟通打造品牌形象 /236

一、与用户互动沟通是打造品牌形象的捷径 /236

二、品牌与用户进行互动沟通的方法 /238

第九章 数字平台营销 /245

第一节 数字平台与数字平台营销 /245

一、数字平台与数字平台营销的概念 /245

二、数字平台的演进历程 /246

三、数字平台的类型 /251

四、数字平台营销的特征 /256

五、数字平台营销的交易模式 /258

第二节 数字营销平台的搭建 /260

一、广告主与数字营销平台 /261

二、数字媒体与数字营销平台 /263

三、数字公司与数字营销平台 /265

第三节 数字平台营销运作 /268

一、广告主数字平台营销运作 /268

二、数字媒体平台营销运作 /270

三、数字公司平台营销运作 /273

第十章 大数据营销 / 276

第一节 大数据与大数据营销 / 276
一、大数据的概念与特征 / 277
二、大数据营销及其演进 / 280
三、大数据营销的意义与面临的挑战 / 284

第二节 获取大数据的途径 / 289
一、第一方数据——广告主数据 / 289
二、第二方数据——数字媒体数据 / 291
三、第三方数据——数据监测机构数据 / 292
四、数字营销公司数据 / 294

第三节 实现大数据营销的方法 / 295
一、数据层：数据的整合与打通 / 296
二、业务层：数据的分析与挖掘 / 301
三、应用层：大数据驱动精准营销 / 305

参考文献 / 312

后记 / 315

第一章 数字营销概述

数字营销,又名在线营销,是利用网络技术、数字技术和移动通信技术等技术手段,借助各种数字媒体平台,针对明确的目标用户,为推广产品或服务、实现营销目标而开展的精准化、个性化、定制化的实践活动,它是数字时代与用户建立联系的一种独特营销方式。作为数字时代一种独特的营销方式,数字营销也展现出深度互动性、目标精准性、平台多样性和服务个性化、定制化等特征。

第一节 数字技术、数字媒体与数字营销

数字技术的强大驱动力,推动媒介组织形式的更新迭代,促进各种形态的数字媒体产生,在此背景下营销从传统媒体走向数字媒体、由线下走向线上成为总体趋势,并形成以精准化、个性化、定制化为特征的数字营销。这样,数字技术、数字媒体与数字营销就成为依次递进的逻辑关系。

一、数字技术的引领、扩散与驱动作用

在大众传播系统中,媒介同时肩负大众传播和文化产业等社会功能,而传播技术的发展,又是推动媒介这一组织形式不断进步的根本动力。从印刷技术与传统平面媒体,到电波技术与广电媒体,再到数字技术推动的数字媒体,都体现出技术逻辑带来的媒体形态演进。

（一）技术层面的进步与变革

数字技术，实则是网络技术、数字技术和移动通信技术等新媒体技术的统称。从"IC"的构成来看，"IC"是由 Internet（互联网）与 computer（计算机）共同组成，其中互联网作为传播渠道展现出强大的传输能力。在此基础上，计算机原先具有的冯·诺依曼（John von Neumann）结构得以社会化扩展，这种结构体系是由信息的集成、输入、输出、处理及传输五部分组成，从而影响社会组织结构的发展，也决定了数字技术不同于传统媒体技术形态。

第一，信息存储性更加海量。这里的海量存储体现在：一方面是指本地存储技术的提升，如常用的 U 盘、硬盘都是作为无网连接下的本地存储形态；另一方面是指信息的网络异地介质空间存储，这取决于互联网的信息高速传输能力，可以通过互联网的连接进行信息异地的存储与获取。在这两个层面的存储方式的共同作用下，社会整体数字系统的存储空间能够无限扩大：本地存储能力的提升为单机任务扩展夯实基础，而便捷畅通的互联网信息存储、传输、处理又搭建了高效通道，有利于信息的集约化，从而形成信息批量处理的社会运转方式。

第二，信息互动传输更为便捷。曾经作为主流技术存在的大众传播系统，从整体上架构了一张信息的单向传输网络，单向的信息维度使信息传播缺乏反馈机制，或者说反馈的信息不存在于主流的大众传播渠道。传统的信息传播系统如同单行道存在，回程或是反馈的信息必须从其他渠道进来，而数字技术的信息网络如同一个双行道，信息的传播与反馈甚至再传播都能在这个双行道上同时进行。这也从另一方面决定了数字技术下信息传播的海量性，双行道的"拓宽"为信息的传播提供更便捷快速的通道，形成信息传播的"高速公路"。

第三，媒体融合能力全方位增强。多媒体的强大融合能力是数字技术的显著特征，多种媒介形式融汇在同一平台上，但是信息的形式却有着不同格式及相应的操作软件系统[①]。例如，我们常用的多媒体格式 MP4 等更适用于移动媒体，而 AVI、RMVB 等却是作为宽带网络下载的文件常用格式，所以这背后是愈加复杂

---

① 于小川. 技术逻辑与制度逻辑——数字技术与媒介产业发展[J]. 武汉大学学报（人文科学版），2007，（6）：871-874.

的兼容控制体系。同时,数字技术的应用推动产业间形成相互融合的内生驱动力,影响产业链的走向,使社会原有的产业组织沿着技术逻辑的方向发展与融合,传媒产业逐渐融入信息通信产业这一更广阔的领域。

(二)技术生存与数字营销的产生

随着社会的发展和人类文明的进步,技术生存逐渐取代自然生存,成为主导人类的生存方式。而数字技术作为当今技术发展的趋势,也自然成为主流的技术生存形态,推动了数字营销的产品与服务推广实践。

伽达默尔曾经断言:"20世纪是第一个以技术起决定作用的方式重新确定的时代,并且开始使技术知识从掌握自然力量扩转为掌握社会生活。"[①]也就是说,人类社会生活出现了明显的"技术化"特征。而20世纪90年代,全球性信息革命的爆发带来了第五次长周期,其技术体系正是以数字信息技术为核心的高新技术群,并成为之后社会最主要的技术形式与发展趋势。正如尼葛洛庞蒂在《数字化生存》中所言:"计算不再只和计算机有关,它关系到我们的生存。"这表明数字技术时代人们的生存方式发生了变化,技术性质的改变对社会产生了深刻的影响。在产业边界处发生的数字技术革新,一方面会促进原产业的改造,另一方面也会推动新兴产业的发展,突破产业自身内容应用,使众多产业实现优化升级,从而影响社会生活方式。

从数字技术的发展来看,其造就的虚拟现实已经渗透到我们生活的方方面面,平面化的影像以虚拟方式构建立体实物的赛博空间,现实技术进而对虚拟现实的模拟逐步完善,人们的生存与交往发生了质的改变。"大众传媒将被重新定义为发送和接收个人化信息和娱乐的系统……地球这个数字化的行星在人们的感觉中,会变得仿佛只有针尖般大小。我们经由电脑网络相连时,民族国家的许多价值观将会改变,让位于大大小小的电子社区的价值观。我们将拥有数字化的邻居,在这一交往环境中,物理空间变得无关紧要,而时间所扮演的角色也会迥然不同。"[②]数字技术的发展更是推动人们进入虚拟现实的生存状态,而这种技术

---

① 伽达默尔 H G. 科学时代的理性[M]. 薛华, 等译. 北京: 国际文化出版公司, 1998.
② 尼葛洛庞蒂 N. 数字化生存[M]. 胡泳, 范海燕, 译. 海口: 海南出版社, 1997.

生存方式使经济发展和营销方式发生了本质的变化，数字营销无法离开虚拟生存的时代背景，其呈现形态与发展前景都是数字营销存在的基础与前提。

二、数字技术驱动媒体形态翻新

伴随着数字技术在媒介领域的广泛应用，数字媒体形态不断花样翻新，这是数字技术引领、扩散和驱动的必然结果。

（一）基于数字技术的数字媒体

对媒体的定义从广义上讲，包括任何能够传递和承载信息的技术；但从狭义上来看，只有具备媒体功能的传播技术，才是被人们认可的媒体概念。数字技术由于其信息承载力、舆论影响力等传播效果，开始扩散自身的社会认知和运用率，逐渐跨越从技术到媒体概念的形成的临界点[1]。

作为一种新型媒体形式，数字媒体在对传统媒体进行颠覆和拆解的同时，也对其进行重新整合，其自身的新型传播模式为传统传播理论带来巨大冲击力。美国硅谷的《圣何塞信使报》于1987年将本报内容刊登至尚处于初级阶段的互联网，从而开创数字媒体与电子报刊的新纪元。而在1993年，《杭州日报》电子版的发行，也开启了中国新闻传媒数字化的序幕。在大众社会，我们将多样的信息表现形式称为媒体，而通过计算机传播与记录信息媒体有一个重要特点，即信息的最小单元——比特（bit）："0"或"1"，信息在计算机中的存储与传播均可分解为"0"和"1"的排列组合。在其中，我们将这些通过计算机存储、处理与传播信息的媒体称为数字媒体[2]。数字媒体不仅限于媒体业，还包括数字电视、数字电影、数字化出版等各种与数字技术结合产生的新事物，涉及数字化技术的生成、制作、管理、传播、运营等一系列文化内容产品与服务。

---

[1] 鲍立泉. 数字传播技术发展与媒介融合演进[D]. 华中科技大学博士学位论文，2010.
[2] 陶伶俐. 数字媒体产业发展现状及建议[J]. 中国科技产业，2009，（7）：68-70.

（二）数字媒体的产生

相较于传统媒体时代受众被动地接收单向传播信息，数字时代的用户则转被动为主动，其不仅作为信息的接受者存在，更成为信息的生产者与传播者，形成新媒介生态下双向互动的传播。作为数字营销不可或缺的要素之一，数字媒体已逐渐成为全产业未来发展的重要驱动力，其通过对用户行为的深刻影响改变着人们的工作、生活、思维和阅读等方方面面。当然，数字媒体行业在持续发展的过程中面临全新问题，即如何通过数字媒体的技术创新与产品服务，将数字营销效果最大化，同时使广告主、媒体方、代理方等市场中的各要素在数字营销市场中重新定位，利用自身优势拓展全新市场。

从数字媒体平台与品牌关系的角度来看，有学者将数字媒体在营销中的传播形态分为三种：自有媒体（owned media）、付费媒体（paid media）和可挣取媒体（earned media）[1]。它们各自不同的特征，决定了自身在数字营销传播中分饰不同的角色。

自有媒体，即品牌拥有的数字媒体，包括企业的品牌活动网站、产品促销网站及其自主开发上线的数字传播形式等，通过这些自有数字媒体，企业可以迅速建立起品牌与消费者的沟通关系。最常见的搜索引擎在优化、建构品牌与消费者良好关系中起到重要作用；或者作为品牌与客户关系处理坚强后盾的企业网站，往往让消费者成为品牌建构过程中主动的参与者与传播者。付费媒体，即需要付费的数字媒体，指广告主通过付费方式选择的特定媒体形式、位置等，借以刊发与品牌相关的产品与服务信息，如视频广告、展示广告等。规范付费媒体，是建立合理有效的经营和管理模式的关键。而可挣取媒体，即品牌通过互联网资源获取的免费营销与传播的媒体价值，其中社会化营销成为品牌营销传播的重要组成部分。在数字媒体平台上，这三种媒体形式逐渐成为实现品牌与消费者对话、交互，完成品牌构建的整合力量。

---

[1] 沈虹. 论数字营销的三种媒体传播形态[J]. 现代传播（中国传媒大学学报），2013，（9）：167-168.

三、数字媒体催生数字营销

数字技术驱动数字营销平台的产生,数字营销平台的产生使传统媒体平台和传统营销逐渐被边缘化,并催生出数字营销。可以这样说,数字营销与数字媒体是相伴而生、如影相随和彼此难以分开的:如果没有数字媒体提供的平台,数字营销将毫无用武之地;相应地,如果没有数字营销带来的资金支持,数字媒体平台亦将失去有力的经济支撑。

(一)认识数字营销

数字技术的升级推动数字经济的发展与营销方式的变革,数字营销逐渐成为数字经济时代最重要的营销手段。由于它的生存与发展以虚拟现实为背景,呈现出多媒体的存在方式、精准互动的运行方式和内容的丰富多元等表象特征,因而需要从技术的本质上加以理解。

"数字化"最初是一种数据符号,运用在信息网络与通信层面,即以0和1的比特数据,通过计算机符号自动处理,将文字、声音和图像进行信息交流。如今被广泛传播的数字化的定义,是尼古拉斯·尼葛洛庞蒂提出的:数字化即"物质原子"被"数字化比特"代替[1]。对此,《基于网络的报业数字化战略研究》一文有类似的具体阐述,该文提出数字化的核心内涵包括三点:其一,信息传递通过0和1表示;其二,数字化传播系统呈网状和交互式;其三,数字化的终端设备在各个点都能接收、储存、呈现、处理和发送"数字化比特"信息[2]。数字营销是以数字化技术为基础的一种营销方式,借以实现企业的产品与服务价值,满足消费者需求与企业盈利的目标。其中数字化作为方法和手段存在,数字营销的本质依旧是营销,不过是营销理论在新技术背景下的发展与升级。数字营销主要有三个途径:第一,通过传统大众媒体如数字电视进行营销;第二,利用数字技术的互联网媒体进行营销;第三,利用基于移动通信网络的手机媒体、移动车

---

[1] 尼葛洛庞蒂 N. 数字化生存[M]. 胡泳,范海燕,译. 海口:海南出版社,1997.
[2] 唐超. 基于网络的报业数字化战略研究[D]. 清华大学硕士学位论文,2007.

载电视等进行营销①。目前，数字营销的方式主要集中在第二种、第三种，网络媒体和移动媒体成为数字营销的主战场。

（二）数字营销的发展

在数字技术发展的背景下，互联网传播呈现个性化特征，基于消费者需求，形成多维数据驱动下的精准营销。相较于传统的营销传播，如今的数字营销规模不断扩大，进入用户参与和体验的时代。

1. 多维数据驱动形成精准营销

从传统的大众化"一对多"广播式到如今的"通过媒介属性定位消费者特征"以及"通过消费者属性定位目标受众"的时代；从传统注重渠道曝光的营销模式，到如今的以消费者需求为核心，通过多维数据驱动形成精准营销，并在场景化、电商化的背景下，形成完整的营销闭环系统。如何通过精准定位消费者实现资源的定向投放，避免浪费从而得到效果最大化，逐渐成为广告主的追求目标。因此，精准性成为数字营销的一个重要特征。国内的众多一站式营销平台，对大数据价值进行智能挖掘，将消费者需求与广告主的品牌营销目标有效结合，使品牌更积极主动地到达潜在消费者，精准广告的"一键营销时代"正渐次开启。

2. 消费者参与品牌价值构建

广告营销传播如今面临转型，对于企业来说，广告业需要致力于提供数字营销传播服务；对于消费者来说，智能化、精准化的信息管家目标亟待实现。营销大师菲利普·科特勒指出，如今的营销3.0时代，是实现产品中心向消费者中心，再向以人为中心转变的时代。如何与消费者积极互动，使消费者更直接地参与到品牌价值的构建中，是企业在数字营销时代的营销新中心。此举将带来两个方向性转变：一是消费趋势的变化，由功能导向型转变为参与体验式导向型；二是营销趋势的变化，由信息告知式转变为参与互动式。所以相较于传统营销传播，数字营销传播的本质已变：成为数字媒体的用户参与时代。

---

① 姚曦，秦雪冰. 技术与生存：数字营销的本质[J]. 新闻大学，2013，（6）：58-63.

3. 营销规模不断扩大

中国互联网络信息中心（China Internet Network Information Center, CNNIC）2019 年 2 月发布第 43 次《中国互联网络发展状况统计报告》，指出截至 2018 年 12 月，中国网民的整体规模达 8.29 亿人，超过欧洲人口总量，互联网普及率达到了 59.6%[①]。中国的互联网行业整体向价值化、规范化发展，移动互联网也推动消费模式共享化、场景多元化和设备智能化。

消费群体的规模性增长，对数字营销的内容与形式提出了全新的要求。在互联网"上半场"发展中，企业多以改变资源配置方式为重点，如电子商务发展转变了商品流通的资源配置方式，移动电子支付发展转变了现金流通的资源配置方式等。但这一阶段由于规模性发展，多数行业创新都停留在粗放型的发展表层。进入互联网"下半场"阶段，营销的发展更需要体现在资源产生方式的转变上，在数字技术的驱动下，各行业之间线上线下的边界逐渐消失，融为一体，按照互联网思维进行重构，共同打造全新产业生态圈。

第二节 从传统营销到数字营销

传统营销模式围绕"4P"构建，展现出强烈的生产者导向，难以与消费者建立真正意义上的稳定认同。而在数字营销时代，4C 营销理论完成了对传统营销模式的颠覆，形成以消费者为出发点和最终归宿的现代营销观念。

一、传统营销模式与 4P 营销理论

传统的 4P 营销理论从企业和产品出发，形成"资产驱动型思维"之上的产品运作方式。但随着传播模式的进化和消费者主体意识的增强，4P 营销理论逐渐暴露出其局限性，难以与目标消费者真正建立稳定长期的认同与忠诚度。

---

① 第 43 次《中国互联网络发展状况统计报告》（全文）[EB/OL]. http://www.cac.gov.cn/2019-02/28/c_1124175677.htm, 2019-02-28.

（一）传统营销模式构建下的 4P 营销理论

传统 4P 营销理论（The Marketing Theory of 4Ps）出现于 20 世纪 60 年代的美国，是伴随着市场营销组合理论的建立而出现的。市场营销组合这一术语是尼尔·博登于 1953 年提出的，他指出市场需求受到营销变量或要素影响的必然性。为满足市场需求，企业需要对这些营销要素进行有效组合，从而达到利润最大化。1960 年，杰罗姆·麦卡锡（McCarthy E J）在《基础营销》（*Basic Marketing*）一书中首次将企业营销变量或营销要素归纳为四个基本策略的组合，形成"'4P's 理论"，即产品（product）、价格（price）、渠道（place）、促销（promotion），由于四个英文单词的首字母均为 P，再加上策略一词，故这一组合被简称为"'4P's"。随后，在 1967 年，被誉为"现代营销学之父"的菲利普·科特勒在其著名的《营销管理：分析、规划与控制》首版中确认了以"'4P's"为核心的营销组合方法：产品即强调产品的功能诉求，将开发产品功能与独特卖点放在首位；价格即依据企业自身的品牌战略和市场定位，制定相应的价格策略；渠道即企业注重培育经销商和建立自身的销售网络，不直接接触消费者而是通过分销商与消费者建立联系；而促销即企业通过短期销售行为的改变，刺激和促成消费者消费的增长，甚至影响其他品牌的消费者的消费行为。

（二）4P 营销理论的局限性

虽然说传统 4P 营销理论已形成了较为科学完备的体系，但在数字营销时代，随着消费社会的逐渐成熟，消费者主体意识的增强，传播机构和传播媒介的多样化、个性化等，其局限性日渐暴露出来。

传统 4P 营销理论从产品和企业出发，以产销观念为核心，以生产者为导向，形成"投入资产—产品/服务—渠道—顾客"的营销模式。按照该营销模式的设定，作为核心优质的产品只要配以适当的定价、销售渠道及促销，便能达到营销目标。虽然在之后的发展中，4P 营销理论被增加新的时代内容，成为 7P、10P

等①，但依旧难以从根本上突破其固有的局限性，仍然是一种由内而外的推动式营销，是"消费者请注意"思维定式下的产物。

另外，传统 4P 营销理论更多侧重于关注产品和服务的营销结果，而忽视对于达成营销结果的传播过程和手段的研究。与传播有关的要素只是"促销"，促销的本质已逐渐接近于推销。这种传统营销方式是一种由内而外式，通过"推"的方式向消费者灌输信息，本质上立足于企业和产品的自身利益。因此，这种并非旨在了解消费者切实需求和行为特征的营销模式，难以真正使目标消费者对企业建立稳定长期的认同感与忠诚度，最终影响企业整体营销目标的有效实现。

二、现代营销观念与 4C 营销理论的形成

以消费者为中心和出发点的 4C 营销理论是对传统营销模式的一种颠覆，实现由外向内的拉动型模式转变，做到消费者、产品、成本、服务的和谐统一。

（一）现代营销观念影响下的 4C 营销理论

不同于传统的 4P 营销理论，4C 营销理论将消费者视作企业营销传播的起点和最终归宿，它突破 4P 营销理论的局限性，让消费者主动参与到企业营销传播之中，其作用日益重要，成为决定营销传播成败的风向标。

4Cs 营销理论（The Marketing Theory of 4Cs），又称"4C 营销理论"，是由美国营销学家劳特朋（Lauterborn R F）在 1993 年提出的。不同于传统 4P 营销理论以企业和产品为出发点，4C 营销理论以消费者的需求为导向，对市场营销组合的四个基本要素进行重新设定，即成本（cost）、消费者（customer）、便利（convenience）和沟通（communication）。4C 营销理论强调企业要将

---

① 7Ps 营销理论（The Marketing Theory of 7Ps）是美国营销学者布姆斯（Booms）、比特纳（Bitner）在 1981 年提出的，他们主张在传统 4Ps 的基础上增加三个服务性的 P：人（people）、过程（process）、有形展示（physical evidence）。10Ps 营销理论（The Marketing Theory of 10Ps）是由美国著名的营销学者菲利普·科特勒（Philip Kotler）在 20 世纪 80 年代提出的，是市场营销战略思想的新发展。1984 年夏，菲利普·科特勒在美国西北大学演讲时说："我目前正在研究一种新观念，我称之为'大市场营销'：第四次浪潮。我想我们学科的导向，已经从分配演变到销售，继而演变到市场营销，现在演变到'大市场营销'。"他主张在传统的 4Ps 之外再加上 6 个 P，形成 10Ps："探查"（probing）、"细分"（partitioning）、"优先"（prioritizing）、"定位"（positioning）、"政治力量"（political power）、"公共关系"（public relations）。

消费者的满意度放在首位，应通过降低消费者的购买成本、提升消费者消费便利度，而非仅从企业和产品角度来决定整体营销策略。

消费者（customer）即企业优先考虑和研究消费者需求，建立以消费者为中心的营销观念，依据消费者的需求和购买行为，提供相应的产品与服务，由此产生顾客价值；成本（cost）即建立在4P的price（价格）基础上，不仅指企业生产成本，还包括消费者购买成本，这里的购买成本有货币支出、购买风险及因此耗费的时间和精力等。企业需要在盈利的基础上做出满足消费者心理价位的平衡定价；便利（convenience）即为消费者提供最大程度的使用便利。在4C营销理论中，企业更多需要为消费者提供便利而非自身，这是创造客户价值必不可少的部分；沟通（communication）即取代4P的促销（promotion），企业通过与顾客进行积极有效的双向沟通，建立基于企业和顾客的新型关系，更有助于企业的长期发展。

（二）观念颠覆：立足于消费者

可以说，4C营销理论是对传统4P营销理论的一种颠覆，形成了以消费者为出发点和最终归属的现代营销观念。相比于以企业和产品为出发点的传统4P营销理论，4C营销理论以消费者和市场需求为导向，是"请注意消费者"观念的必然产物，营销活动以满足消费者需求为出发点，营销模式也实现了从由内而外的推动型到由外向内的拉动型的转变，让消费者从"营销终点"回到了"营销起点"，提升了消费者在整体市场活动中的地位与重要性。

在这种立足于消费者的现代营销观念之下，消费者（customer）因素倡导定位消费者真正需求，将满足消费者需求贯穿至营销活动的全过程；成本（cost）因素讲求降低消费者在营销活动中愿意支付的成本，包括消费者在消费过程中需要付出的时间、金钱、精力等多方面；便利（convenience）因素提倡企业及产品方恰当管理多方面营销和品牌接触点；而沟通（communication）因素更是倡导企业与消费者新型互动关系的建立。在4C营销理论中，这些基本因素被组合运用，做到消费者、产品、成本、服务的和谐统一，实现消费者满意度的最大化。

三、从数据库到大数据——营销在数字时代的新发展

数字技术的发展带来营销在数字时代的进化。企业和品牌开始建立数据基础上的消费者需求导向,通过"用户画像"精准定位与锁定目标消费者,实现营销场景与内容的有效连接。

(一)建立在数据基础上的消费者需求导向

数字营销时代,企业更多地需要将消费者需求作为营销活动的出发点。作为传播目标的消费者,早已不再是单纯被告知信息的"靶心"角色,而是通过多渠道的信息比较与分析,逐渐形成自我意识。这种变化使品牌需要以消费者为前提,以更具渗透性的方式进行消费者洞察。

传统的消费者市场调查研究存在诸多局限性,如人力和财力耗费大、信息反馈周期长、样本质量难以保障等。而如今,利用大数据洞察成为数字时代的主流趋势,消费者数据的全面获取、存储、分析和利用逐渐成为可能。例如,基于Cookies数据的洞察、基于消费者搜索行为数据的洞察等,每种消费者洞察手段都有其适应的场景。

(二)精准定位与锁定目标消费者

在数字化时代之前,对于目标消费者的分析更多地停留在样本推测和定性研究的整体上,但数字技术的发展为收集和分析用户信息提供了良好的条件。大数据可以全方位追踪消费者的消费习惯、媒介接触规律等,形成技术描绘的"用户画像",使消费者的实际需求与企业的传播要求相契合。在这种技术平台和营销平台的有效对接之下,匹配目标用户需求的产品信息被准确推送,形成精准定位的定制广告。从"cost"层面来说,一方面,企业可以减少资源消耗带来的生产投入成本,更有效地定位目标消费群体;另一方面,消费者可以接收到与自身匹配度更高的产品或服务信息,有利于减少购买风险并节约时间、精力成本。而从"convenience"来看,大数据画像下的消费者,得到了更全面精准的数字化覆盖与到达,从而获取更大程度的使用便利,为创造客户价值提供基础,这是数字时代营销思维和技术手段的有效结合。

(三）内容和场景：实现有效连接与沟通

在 4C 营销模式中，企业需要思考如何在合适的场景条件下，针对特定的目标消费群体，用有传播力的内容、话题实现充分扩散传播和有效连接沟通，从而建立企业和消费者之间的新型关系。

合适的场景，是指在何种情况下，消费者及消费者需求会更集中，更便于营销。"场景"在数字营销时代的应用不同于传统 4P 营销模式中的营销渠道，它是由消费者及相应的时间地点等多维度构建出的环境，关注的不仅仅是消费者时间和空间层面的集中，更多的是群体情绪和状态的集中；它是移动互联环境下，品牌自身对消费者心理、时空、行为的洞察，从而达成识别消费者的具体所处坐标的目的，是一种品牌从传播到达成效果的应用形态。

除渠道之外，有传播力的内容和话题也是营销中的核心要素，内容营销已成为市场营销的新趋势。内容营销不是新概念，早在 1996 年，Rick Doyle 在美国报纸编辑协会的记者发布会上就提出了"内容营销"一词，但学术界对于内容营销依旧没有形成统一的定义。这里的内容不仅仅指文字、视频、图片等信息载体，还指一种战略性的思维方式，要求企业生产及利用内外部的价值，吸引特定人群的主动关注，而非纯媒体曝光。因此，与信息技术革命、传统媒体成本上升和内容创造成本降低相伴随的是，消费者开始对信息拥有越来越多的自主权。在这种情况下，如何做好吸引消费者关注的内容营销，实现与消费者有效的连接与沟通就显得特别重要。例如，在具体的营销策略上，企业不再运用媒体多渠道全方位覆盖市场的方式，而是转"渠道为王"向"内容至上"的服务方式。在营销过程中，注重呈现具有吸引力的消费语境，吸引消费者关注，从而带动其积极参与，与企业共同完成品牌价值构建。

第三节 数字营销的特点

作为数字时代一种独特的营销方式，数字营销拥有深度互动性、目标精准性、平台多样性、服务个性化与定制化等特点。

一、深度互动性

数字技术下的广告营销传播面临转型，对于企业而言，广告业需要致力于提供数字营销传播服务，对于消费者而言，智能化、精准化的信息管理目标亟待实现。营销大师菲利普·科特勒指出，如今的营销 3.0 时代，是实现产品中心向消费者中心再向以人为中心的转变的时代。如何与消费者积极互动，使消费者更直接地参与到品牌价值的构建中，是企业在数字营销时代的营销新中心。这也带来两个方向性转变：一是消费趋势的转变，由功能导向型转变为参与体验式导向型；二是营销趋势的转变，由信息告知式转变为参与互动式。故相较于传统营销传播，数字营销传播的本质已变：成为数字媒体的用户参与时代。

（一）互动性是数字营销的本质特征

从本质上看，互动即一种与他人发生的关联性，这也是数字营销传播的本质特征体现。在数字技术的进步发展下，绝大部分数字媒体都具有互动的功能，信息在其中沟通交互，使消费者能够拥有双向或多向的信息传播渠道。在这里，"互动"相较于传统传播模式中的"反馈"有一定差别，它是存在于信息传播传受之间的一种信息传播特性，在两者之间通过媒介完成信息的传达后，受众不仅用信息反馈的方式做出回应，更是在这之上，完成与传者之间的信息交流。

传播模式由直线模式转变为循环互动模式，使创意、营销与传播协同一体化。消费者在拥有更多权利的情况下，可以完成从信息的搜集、参与互动到购买及反馈的一系列行为。武汉大学新闻与传播学院姚曦教授将数字营销的互动形式分为三种，即人际互动（数字媒介作为界面两端人与人之间的交流中介）；人机互动（消费者与日益智能化的电脑、手机等媒介进行信息交换）；人与信息互动（消费者与数字终端的内容进行互动，进行信息的生产与传播活动）。

在体验经济的大背景下，参与品牌的信息传播体验，已逐渐成为吸引受众的关键诉求点。建立在经济发展基础上的消费者素养的提高，导致其对于多种品牌间的分析比较能力相应增长。商品的基本功能性诉求此时已经无法满足消费者对于商品价值的完整性感知,从广告信息传播的角度来说,图文设计的单向传播,也逐渐变成通过给予消费者"互动"体验来完成传受之间交流的模式。

(二)参与的内涵与形式

数字技术的发展赋予公众更多参与传播和自我表达的机会,在数字媒介架构的"公共空间"和"意见平台"上,消费者参与营销传播的门槛被降低,传受之间的界限已经逐渐模糊。亚伦·夏皮罗定义参与互动的用户为"借助数字媒介以及技术和企业发生联系的人",这种关联体现在主动性、互动性、参与性及创造性等特征上。其中数字媒介由于开放性和互动性,对用户在营销传播过程中产生一定卷入度,这种卷入度对其心理和行为产生重要影响力,尤其是高卷入度下的用户,会具有较高的情绪反应和参与层次。从数字营销的具体实践来看,更多地表现在对参与性和人性化的强调上,让目标用户对品牌的认知上升到思维和行动层面,甚至在病毒式传播过程中进一步形成口碑效应。消费者不仅是用户,更是传播者与传播渠道,是整体营销传播互动过程中的建构与呈现的参与者。

而用户在数字营销中呈现的互动行为,可分为主动(有意)参与和被动(无意)参与两种。主动(有意)参与多指通过创意传播本身的吸引力拉动消费者的好奇心,积极主动参与建构品牌价值。有效利用和引导用户的参与心理在整个营销传播过程中相当重要,无论是求知心理,还是娱乐消遣,促进其从心动到行动的过程都离不开创意设计本身的拉动力。

而被动(无意)参与类型的互动体验强调对旧传播格局的突破,从传播模式上运用全新的媒介语言与用户交流,用户在不经意间潜移默化地参与广告的信息传播,虽然是以被动的形式参与品牌建构,但在广告信息本身和媒介创意巧妙结合的前提下,这种互动方式无疑有助于广告信息的整体传播。

(三)与效果之间的关联

不论营销传播如何发展,其最终目标都是为促成消费者对产品的最终购买行为或者对品牌态度的改变。在数字技术发展的背景下,消费者参与品牌信息的传播和品牌价值的构建成为可能,这种与品牌传播者自发形成的互动且不可控的行为,颠覆了传统大众传播自上而下的传播效果机制。在数字营销内在逻辑要求下,良好传播效果达成大多体现在其与用户的积极互动过程中。

首先,互动是推动企业洞察消费者的有效途径。建立在数字媒体基础上的消费者互动行为,会留下可供分析和建构的数据,基于这些数据进行的消费者画像,能够准确捕捉其真实意图与需求,从而形成有效的信息回馈和有价值的市场效应。

其次,互动可探究消费者行为之上的心理层面效果。不同于传统链式效果作用机制,单纯通过媒介和渠道暴露,形成消费者对于品牌的认知和购买行为,数字营销通过互动传播,形成消费者认知基础上的对于产品或品牌的动态"元认知",主张消费者思考与怀疑精神,站在消费者主动的角度,对广告营销效果进行重新审视与构建,形成对品牌的最佳反应策略。

最后,互动可转化为数字营销的即时销售效果。随着移动终端的普及,消费者可利用多元化数字设备对产品进行讨论。不同于以往线性的购买方式,消费者的购买路径多样,可随时与品牌建立联系,并在此基础上对其进行比对分析。在传统营销中,消费者对产品产生购买意识后,缺乏转化为即时消费行为的途径,这中间的时间差在一定程度上影响整体营销效果。而在数字营销中,传播营销一体化,大大降低了消费行为中的不确定因素,消费者的兴趣与关注可在数字媒体的互动中,即时转化为购买行为。

二、目标精准性

数字营销背景下的互联网个性化传播特征明显,从传统的大众化"一对多"广播式,到如今的"通过媒介属性定位消费者特征"以及"通过消费者属性定位目标受众"的时代,从传统注重渠道曝光的营销模式,到如今的以消费者需求为核心,通过多维数据驱动形成精准营销,并在场景化、电商化的背景下,形成完整的营销闭环系统。如何通过精准定位消费者,实现资源的方向性投放,避免浪费从而得到效果最大化,逐渐成为广告主的追求目标。因此,精准性成为数字营销的又一重要特征。国内的众多一站式营销平台,通过对大数据价值的智能挖掘,将消费者需求与广告主的品牌营销目标有效结合,使品牌更积极主动地到达潜在消费者,精准广告的"一键营销时代"正待开启。

（一）基于大数据的精准营销

目前国内众多营销平台，借助专业大数据分析技术，通过对渠道的投入产出比进行数据分析，再依据不同品牌推广的需求，对渠道进行再评估及整合优化，实现最大程度的精准营销。精准营销包含 DSP、用户画像、程序化购买、智能推荐等概念。而精准数字营销可分为两个阶段：第一个阶段是通过精准推广获取更多数量的新客户；第二个阶段是通过精准运营，实现新用户的成功转化，并在形成交易的同时，实现消费者对企业品牌忠诚度的提升。

程序化购买是精准营销的常用形式，也是在大数据等技术不断发展后形成的按效果付费的常见方式。中国的程序化购买市场起步时间晚，拥有巨大的发展空间。它通过广告技术平台，自动执行广告资源购买的流程，通过 RTB（real time bidding，实时竞价模式）和 Non-RTB（non-real time bidding，非实时竞价模式）两种交易方式完成购买[1]。其顺利进行有赖于四个平台的分工运转：DSP（demand-side platform，需求方平台）、SSP（supply-side platform，供应方平台）、DMP（data management platform，数据管理平台）和 Ad exchange platform（广告交易平台）。程序化购买的核心在于搭建与管理平台，以自身的数据管理能力为基础，搭建跨越供应端至需求端的平台，通过将数据工具化与产品化，建立高效的一体化业务流程与管理体系。而程序化购买的平台数据来源较多，包括运营商、腾讯、百度、电商、数据监测、企业自有数据及广告投放等。

而"用户画像"是作为精准营销的基础存在。用户画像包括一些通用维度，如人口属性、消费场景、设备数据、动态位置等，而这些数据对于平台来说多是动态变化的。平台可依据用户的最终时刻画像，向其推荐适合的场景、渠道、商品等完成精准投放。企业的用户画像数据由两部分构成：一部分是企业内部核心数据和线上、线下数据，另一部分是外部第三方数据源。

企业对于精准投放的效果评估也是有序进行的：企业首先发出参与竞价的请求，待竞价成功后，监测效果曝光、点击和到达。而在到达之后还有一系列如注

---

[1] 艾瑞咨询. 2014中国移动程序化购买行业报告[J]. 声屏世界·广告人，2014，(11)：130-136.

册、订单、二次跳转等步骤。而企业和媒体之间的结算，也需要结合企业营销投放的驱动因素，如 CPM（cost per thousand impression，千人成本）、CPA（cost per action，每行动成本）、CPC（cost per click，按点击付费）、到达率等指标。

总之，在数字营销的精准性上，企业一方面通过融合多渠道的投放优势，对现有媒介渠道进行升级，打通媒体的产品链，根据品牌具体推广的场景不同，匹配广告渠道的投放比与力量，争取投放渠道策略最优化；另一方面通过对媒体投放渠道进行拓展，洞察营销行业动态，利用大数据对营销的媒体投放场景进行优化，使品牌从不同属性媒体影响消费者，从而抵达更多目标消费者。

（二）根据"用户画像"匹配目标用户

腾讯官方曾发布《朋友圈广告用户研究报告》，该报告显示：约 23.8%（所占比例最高）的受访者表示，他们更关注广告与自己的相关性，以至于对广告的类型没有太多要求[1]。从这里的数据可以看出，消费者并非排斥广告的存在，而是排斥与自身关联程度低的广告。如果平台推送与消费者相关程度高的广告，能够满足消费者的内在需求，这种营销的精准性和吸引力就会大很多。

数字技术在收集和分析消费者信息方面，提供了良好的条件。消费者的消费习惯、媒介接触规律以及基本的人口统计学信息都能得到全方位收集。根据消费者的一些基础属性、兴趣、产品使用时间、喜好标签等多维度，再加上对消费者的短期与长期行为进行比对分析，在技术描绘的"用户画像"基础上，用户的实际需求、客户的传播要求都被有效结合，从而告别广撒网的粗放式传播，实现精准营销。通过技术平台和营销平台的有效对接，将匹配目标用户需求的产品信息准确推送，向其投放相应的定制广告，虽说这在某种程度上存在机械化、精而不准的局限性，但目前来看，这也平衡了用户的实际需求和客户的产品诉求，达到较大程度的双赢局面。

以"美食台"微信朋友圈的广告投放为例，其本质目标是做好自身的公众号

---

[1] 王鑫. 朋友圈广告首份用户研究报告[EB/OL]. http://tech.qq.com/a/20150123/009277.htm，2015-01-23.

推广，通过日常运营与美食创意相关的主题来吸引消费者，通过精美的广告素材搭配准确定位对美食标签感兴趣的消费者，极大地提升消费者的关注度转化和营销效率。

三、平台多样性

数字时代，数字营销的渠道和平台逐渐多样化，除了传统的网站、APP、微博、微信等社交媒体，还有迅速走红的移动直播平台、短视频等。媒介融合的生态环境下，数字化信息的承载与表达呈现多样化特征，话语权的下放推动"人人都是自媒体、麦克风"的时代来临，传受之间的身份边界模糊，消费者在自有的营销传播渠道中分享、传播信息。

在这种大背景下，数字营销在丰富企业营销触角的同时，会带来很多新问题，如多入口、多平台的管理与整合问题，以及各种渠道沉淀下来的数据分析与利用问题等。企业在营销传播的过程中需要关注到每一类营销传播的主体和接触点，积极构建全方位的营销传播平台，从而打造品牌独有的信息传播生态系统。

四、服务个性化与定制化

在数字营销时代的消费者洞察中，企业和品牌需要不断创新来保证产品的"新鲜度"，但产品本身的创新，虽能提升产品自身的竞争力，却无法支撑品牌的全面发展。只有从消费者的角度出发，对产品从生产模式到终端平台的全方位营销传播创新，才能驱动品牌的长远持续发展，而这种创新的源头，正是对市场与消费者的洞察和研究。

服务个性化、定制化是伴随着网络、电子商务、信息等现代数字技术的发展而兴起的数字营销特征。随着市场环境与消费者需求的变化，个性化消费、品牌体验式消费已成为消费升级的趋势，企业与产品营销需要与消费者建立更为深入的沟通与交流，打造"千人千面"的营销体验。服务个性化、定制化，是在数字技术的大数据分析基础上，从策略层面精准定位网络时代的消费者，从而制定适合消费者的最佳传播方式，以反馈于品牌本身。数字时代，用户不仅是信息的接收者，更是信息的传播载体，而不同用户发出的需求，正是数字技术在精准"用户画像"之后，所定制营销传播策略的本源。

2017年5月，在第17届IAI国际广告奖颁奖盛典上，蒙牛以"甜小嗨"牛奶包装设计荣获平面类广告创意类包装设计铜奖，而这种创新的商业模式正是数字营销服务个性化、定制化的体现。互联网时代用户需求呈现多元化长尾趋势，消费升级促使更多消费者追求商品附加值，他们注重情感化、社交化、个性化，所以一些冰冷的标准化产品开始逐渐被"有温度"的定制化非标准产品替代。蒙牛"甜小嗨"依托于大数据技术分析，专为年轻消费者群体定制一款"互联网牛奶"。不同于传统奶制品的大众定位，"甜小嗨"将目标消费群定位于18~29岁的年轻群体，这一类群体有明显的互联网偏好，追求独立自由，乐于接受新鲜事物。所以，在包装创意上，"甜小嗨"特意采用马卡龙甜蜜配色萌系包装，包装盒上的笑脸，表现喝完甜牛奶之后很"嗨"的心情，迎合目标消费者对于"萌"的偏爱和个性化的情感传递。而产品的核心slogan"专治各种不高兴"和"开心都是自找的"更将产品特点与消费者洞察完美结合。同时，在推广策略方面，蒙牛针对目标消费群体，选择了带有乐观、自嗨、自嘲的创意风格，如在甜小嗨双微平台推出自主IP甜小嗨解忧事务所，或者是在电商销售的基础上，打造王尼玛校园"义诊"直播线上线下整合营销等，与消费者进行更多渠道、更深层次的沟通，通过情感共鸣将品牌价值与知名度植入消费者心中，从而增强用户黏性，实现营销变现。

第四节　数字营销的方法

数字营销围绕技术与市场形成了一套完整的运作流程：在消费者数据库及企业数据管理的基础上，进行行业/市场/竞争品牌过往投放数据分析，通过这些数据进行消费者洞察与媒体平台数据分析，从而制定最终的媒体渠道选择策略与广告创意策划。

一、建立基于消费者的企业数据管理

数字技术为有效而全面捕获消费者信息提供技术支持，这些数据信息对于企业营销成败具有关键性作用。在交互性的新媒体世界里，品牌不是被企业单独塑造出来的，品牌的地位和能力是被广大消费者联合塑造出来的[①]。而在社会化媒体的兴起过程中，企业与消费者的良性互动，不仅能有效梳理品牌正面形象，更能准确洞察消费者的内在需求和喜好。因此，在数字营销的方法体系中，企业需要根据自身市场定位和营销目标，建立和管理以消费者为核心的营销数据体系。该体系包括消费者数据库、企业数据库和各类产品经销商数据库，其中以消费者数据库为核心。

以数字营销公司为例，其本身以技术见长闻名于广告界，没有传统广告公司的思维束缚，更加关注广告的投资回报率（return on investment，ROI）和效果可测量，因此着重于数据的统计和分析。例如，悠易互通建立了一个汇聚 2.6 亿商业有效用户信息的大数据库，并依据数据库中的 Cookies 来抓取关键词，从而将用户属性和兴趣细分成 22 个行业大类和 230 个产品小类。也有相当一部分数字营销公司通过依附拥有大量用户数据的互联网企业来完善自身数据库，如 2015 年并入阿里巴巴的易传媒。

在手机市场上，诺基亚和小米也因为消费者的洞察和管理形成较大差距。诺基亚从 1996 年起在长达 14 年的时间里，始终占据世界手机市场份额第一的宝座，在其巅峰的 2000 年，市值达 3 030 亿欧元。但在 2013 年 9 月 3 日，诺基亚的市场份额跌至 71.7 亿美元，其手机业务部门也被微软收购[②]。诺基亚的失败源自其故步自封，错失数字营销时代的发展良机。在数字营销时代，没有良好的消费者体验，是无法为品牌价值续能的。反观小米手机，小米的成功核心在于消费者，借助数字技术建立消费者数据库，形成独有的洞察消费者的手段与方式，并通过社交媒体与消费者进行沟通，让他们参与设计和体验产品，共同构筑产品与品牌价值。

---

① 索利斯 B. 互联网思维——传统商业的终结与重塑[M]. 周蕾，廖文俊，译. 北京：人民邮电出版社，2014.
② 宗秀清. 诺基亚缘何失败？谨记这六大教训[EB/OL]. http://tech.qq.com/a/20130903/015335.htm，2013-09-03.

而在建立以消费者为核心的数据库的基础上，进行客观的消费分析与评估，从而建立企业与消费者的数字连接策略及互动传播方案，这对于企业营销管理来说也是必不可少的。

对于每个企业体和代理商而言，进行消费者关系管理是数字时代的要求，从分析和选择恰当的消费者，而后提供精确的产品、价格与服务，在最佳适当场景中，用最契合的互动方式来满足消费者需求，到最终管理成效的评估，都需要有严格的流程。企业首先需要弄清品牌和产品的市场竞争力，一方面放大产品自身的优势，另一方面通过差距分析及时弄清自身的不足。在这个基础上，设立企业的消费者忠诚度衡量指标和消费者生命周期分析，采取差异化的营销策略来提升品牌价值。最后，形成具体的消费者链接策略与互动传播方案，建立多渠道的消费者传播路径和品牌接触点管理。

二、进行行业/市场/竞品过往投放数据分析

在数字营销的过程中，利用数据对行业/市场/竞争品牌过往的投放数据进行分析，是至关重要的。具有全局观和预见性的数据分析，可以让企业更有效地掌握整体市场行情，了解竞争对手，即"知己知彼，百战不殆"，从而帮助企业做出更科学明智的策略层的决定。这里所谈的数据包括企业所处行业近期的整体投放数据、同行业竞争对手的投放数据，以及来自企业所处其他外部市场环境中的各种数据等。以汽车企业沃尔沃通过竞争环境进行营销突破为例，企业如今的整体竞争环境在行业结构、消费者需求及竞争格局等方面都发生了巨大的变化。数据挖掘技术是对传统营销时空限制的突破，企业可以有效定位任何时间和任何地点的消费者，从而全面地洞察整体行业竞争环境。沃尔沃企业作为北欧最大的以性能和质量著称的汽车企业，为了将全新车型 V40 顺利打入中国市场，通过与百度的大数据平台合作，确定目标消费者。在此之后，根据移动端、PC 端的百度搜索数据分析指数，探求品牌竞争状况，如关注 V40 的消费者同样会关注像宝马 1 系、奥迪 A3 等。与此同时，通过数据可以挖掘一些行业营销点，如价格范围。可见，大数据分析可以让企业对目标消费者和竞争对手有更准确的认知，洞悉自身的优势与差距，从而找准营销点，扬长避短。

三、消费者洞察

企业在掌握大量数据资源之后，不局限于"制作者"的身份，而是致力于让消费者参与到实际商业决策中，以数据为基础进行营销洞察与分析，一方面提升消费者对企业的好感与忠诚度，另一方面通过数字营销服务获得较多的客户资源和有力的市场竞争力。

以奥美互动传播平台的数字分析为例，它多是通过建立消费者网上营销平台进行数据追踪，包含企业自身的网站和官方平台社区、行业的垂直媒体、付费搜索引擎、微博、微信平台等，收集以消费者为中心的访问信息、行为信息，从而检测整体营销效果，对营销手段进行优化。具体而言，分为以下三个步骤。

第一，进行网站代码的部署。首先，对网站结构进行研究，确认检测工具，从整体上对数据库进行搭建部署。其次，对具体的参数进行抓取和传递，建立与网站后台、网站数据库的连接计划。最后，在此基础上进行网站代码和广告检测的代码布置。

第二，网站上线与数据收集。首先，对网站代码、广告检测代码的触发情况进行测试，并且对数据收集情况进行检测。其次，定期对数据收集的健康度进行检查。最后，对突发代码的布设和数据处理情况进行监测。

第三，进行数据的分析与优化。首先，对不同的平台（PC、手机、微信、APP……）或者网站类型的具体数据表现进行分析。其次，根据消费者具体的选择性需求，提供相应的广告/时间基础上的监测效果总体报告。最后，通过具体情况适时调整监测布局，有机整合线上和线下的营销传播手段。

通过大数据的分析与洞察，消费者的细分与档案化变得切实可行，数据成为目标消费者消费习惯和消费价值的支撑，从而精确地传播和提供商品与服务。在这一层面，之前提到的奥美互动自创了一套系统的分析方法论——Persona，来实现消费者角色分析，站在消费者的视角，了解和收集世界各地有关品牌的想法、行为、障碍及驱动力。消费者的见解和行为的洞察变得模块化，既有对个人和集群层面的挖掘，也有整体角度对于品牌消费者的勾勒与画像。

四、多媒体平台数据分析与传播生态构建

数字化信息的承载与表达呈现多样化特征，话语权的下放推动"人人都是自媒体、麦克风"的时代来临，传受之间的身份边界模糊，消费者在自有的营销传播渠道中分享、传播信息。在这种大背景下，企业在营销传播的过程中需要关注到每一类营销传播效果的主体和接触点，进行全方位、多平台的数据分析与营销传播生态构建。在这一系统中，除了目标消费群体及企业内部人员以外，还包含如社交平台、意见领袖、草根网民等多环境因素。在构建系统整体时，企业需对本品牌、竞争对手及行业整体的发展动态与趋势进行密切关注，从而全面搜集数据进行分析，对市场做出及时反应，维系与消费者沟通渠道的畅通。以选择付费媒体为例，对付费媒体的效率进行数字分析，即利用广告主在各类付费媒体投放的关键词及具体广告位的代码监测结果，来测量网站实际访问用户的点击、购买等行为信息，尤其是带有关键性质的购买决策因素。在此基础上提供相应的优化方案，增大流量和商机，从而达成更好的品牌宣传效果并树立品牌形象。另外，企业还会通过社交聆听手机社交平台上实时的用户声音，从而对网络口碑进行检测，测量产品或服务的具体市场表现、顾客态度及品牌健康度，完成危机的预警和品牌整体营销传播策略的优化。

同时，数字媒体为企业营销提供了不同于传统媒体的全新营销方式与营销平台。搜索引擎、网络游戏、微信、微博、APP 及 PC 端、移动端等，都为数字营销提供了丰富的平台基础。而信息的传递工具与传递方式也发生了变化，图片、文字、视频、语音等都可作为信息传播的介质，加上网络大 V、草根网民、企业官方平台等作为数字营销的参与者和传播者。在数字营销时代，企业做品牌营销，需要充分利用多渠道的媒介与营销工具，构建平台化的营销传播生态系统，打动消费者，实现企业资源的最佳利用及企业效益的最大化。以实体店在数字技术的影响下积极改造为例，如今的很多实体店开始融入大数据、移动终端、APP、移动支付等多样化的数字服务体验，构建平台化的营销系统。

在线上收集消费者信息、分析消费者行为，在线下打造个性化、数字化的消费体验和消费情景，满足消费者的核心需求。亚马逊于 2015 年在美国开了一家实体书店，但相比于传统的实体书店，其售卖的书籍是以多项数据进行挑选的，这些数据包括网店的消费者评价、预购量、销售量以及旗下社交阅读网站的热门指数等。除"大数据"挑选书本外，亚马逊实体书店内的书都呈现"正面朝上"的状态，仿照网上选书的样子，同时，每本书附上的 Amazon.com 上读者的意见汇集评价卡（包括评价与分数），可以给消费者全方位的信息参考以及多平台下最优化的消费体验。

五、媒体渠道选择与营销创意策划

在多方面的洞察与分析之后，营销最终需要选择合适的媒体渠道，进行广告创意策划。在国内 BAT 等门户渠道流量疯涨的大环境下，各类企业品牌商家们逐渐意识到，社交媒体已不再仅是销售产品或服务的渠道，它本身成了品牌体验的一部分，但如何选择合适的社交媒体渠道，重点经营哪一平台进行创意的策划与传播，依旧是值得思考的问题。对于大部分企业来说，并非需要每一平台都保持相当活跃度，应精选最有利于自身品牌与销量的平台，并考虑目标消费群体、社交媒体营销策略及所处行业环境等诸多因素。

举例来说，在社交媒体平台营销反响较好的产品或品牌，一般具有两个特点：一是较强的展现力；二是良好的用户体验。从展现力层面来看，提高产品的展现程度，则需结合用户的需求点来发掘产品的亮点和卖点，针对用户的这类痛点，在合适的平台上利用优秀的创意进行表现，达到强展现力的效果。而从用户体验层面来看，更多的是要推动消费者的主动分享。企业在社交媒体上选择进行重点产品推广时，需要让自己的产品在社交媒体平台上有明确的产品定位、清晰的卖点、专业的售后，展现足够的品牌透明度。而当用户获得良好的产品体验后，会在社交媒体上进行二次传播，形成链式反应。

第五节　数字营销的内容

数字营销时代，企业的营销理念与营销策略都随之发生变化，本节就其中的内容营销、大数据营销、品牌营销和跨界整合营销展开探讨。

一、内容营销

数字营销时代，媒介生态与消费环境都在发生变革，企业营销传播战略也随之改变，越来越多的企业品牌开始加大对"内容"的投入力度，扩大内容营销的市场规模。据美国媒介调查公司 PQ Media 的数据统计，全球内容营销收入在 2017 年上半年保持在 14% 的增长率，发展势头迅猛。

"内容营销"，是指建立在以有价值的内容为内核的基础上的，通过讲故事的方法，在形式多样的渠道进行传播，从而达成与消费者有效沟通并促成行动的一种营销形式。第一，"内容"可以泛指一切由企业自主创作的、任何形式的、有关品牌信息的作品，但内容价值是相对于满足消费者需求而言的，因而是内容营销的核心要素。第二，内容营销多通过讲故事的趣味性手段传递品牌信息，不同于传统广告的硬性信息传递，讲故事的手法更利于降低受众的抵触感，使消费者本能地对人格化的品牌产生信任感，从而更为主动地接受和传播品牌信息。第三，内容营销的媒介渠道形式是多样的，数字时代的网络新媒体成为内容营销的首选渠道，以企业网站为品牌内容营销的主阵地，与社交媒体、搜索引擎等其他形式共同构成内容营销的多平台传播生态。第四，内容营销的最终目的是与消费者达成有效沟通并促成其行为，营销者需要关注消费者的真实需求，从而促使其主动关注与参与。例如，2015 年 10 月，锤子科技的罗永浩发布了一款"只有 18% 的人会喜欢的"文青版坚果手机，在竞争激烈的手机市场中，专为文艺青年量身定制一款手机，本来就具有一定差异化。而这种文青标签，一方面，体现在坚果手机的外壳上，分别采用远洲鼠、落栗、鸠羽紫等颜色，都是文青喜欢的黯淡色系，通过这种外壳的极致表述，彰显文艺青年们最想向外界表现的特质；另一方面，文青版坚果手机在发布会前发布了八张"悬念海报"，其中蕴含的藏头诗不乏创意，足以体现"社群感"。在这个营销案例中，内容营销的源头是打造一种"内容性产品"，从产品端抓起，在产品酝酿期间，就注入一种"内容基因"，形成自营销，让产品成为一种社交诱因，从而吸引用户、打动用户、影响用户，让用户和产品之间产生一种正面关系。这款文青版坚果手机，从产品本身到营销传播，都将内容深深植入，赋予其目标用户群体一种强烈的身份标签，让他们有社群归属感，当他们在选择购买这个产品时，就会产生一种情绪共鸣，从而与产品本身产生最直接的互动，加深消费者对品牌的联想与记忆。

二、大数据营销

数字技术的发展，带来数据信息的爆发式增长与大数据时代的来临，企业的营销体系随之发生变化。营销理念逐渐趋于精细化发展，整体营销策略开始由"产品导向型"向"服务导向型"过渡。在数据驱动之下，企业在品牌营销过程中开始对大量数据信息进行分析，洞察消费者需求、评估消费者市场价值，提升品牌的销售转化。

大数据营销，是以大数据技术为基础，建立在多平台的大量数据之上的一种互联网营销方式，其关键在于通过数据技术采集用户大量的行为数据，在"用户画像"的基础上，精确找到目标消费者，从而完成内容的聚合与分发。

一方面，通过数字技术进行"消费者画像"。数字技术在收集和分析消费者信息方面提供了良好的条件。消费者的消费习惯、媒介接触规律及基本的人口统计学信息，都能得到全方位收集。根据消费者的一些基础属性、兴趣、产品使用时间、喜好标签等多维度，再加上对消费者的短期与长期行为进行比对分析，在技术描绘的"用户画像"基础上，用户的实际需求、客户的传播要求，都被有效结合，从而告别广撒网的粗放式传播，实现精准营销。通过技术平台和营销平台的有效对接，将匹配目标用户需求的产品信息准确推送，向其投放相应的定制广告，虽然说这在某种程度上存在机械化、精而不准的局限性，但是从目前来看，这也权衡了用户的实际需求和客户的产品诉求，达到较大程度的双赢局面。

另一方面，有利于消费者品牌接触点管理，完成内容的精确聚合与分发。接触点管理，即企业决定在何时、何地、以何种方式接触潜在消费者，并达成预期沟通目标所进行的管理行为[1]。在信息超载的消费社会中，进行有效的接触点管理十分重要且必要。如今大数据成为企业整合各种接触消费者的途径的有效方法，形成统一的声音，进行明确一致的传播，利用大数据打破企业与消费者的沟通屏障，成为企业开展品牌营销的常用手法。以百度为例，百度可利用搜索倾向、兴趣爱好等属性，将平台上的消费者进行划分，使广告主根据品牌的投放目标对特定消费者进行追踪，并且根据信息技术，设置具体的展示频次以保证营销内容的有效到达，从而畅通与消费者的各种沟通渠道。

又如男士护肤品牌碧欧泉的营销目标，是从众多男士护肤品中脱颖而出，吸引更多男性目光，增加本品牌护肤品的销量。Quadas 京纬数据通过将不同来源的数据在京纬数据 DMP 内部建立连接，实现了对碧欧泉目标用户的精准画像，从而将营销主阵地集中在机场。随后，又针对潜在用户的个性化标签，动态展现不同创意素材，进一步提升了消费欲望与转化率。具体来看，这次大数据营销分为四个关键步骤。第一，技术搜集人群标签。京纬数据通过独家的 Q+SaaS 平台，对接了如百度 BES、阿里巴巴 TANX、腾讯广点通等，监测两个月内出现在目标机场附近 3 千米内的移动设备号，将这些设备分别标上潜在用户的标签，同时开启 QBE（query by example，通过例子进行查询）自动优化引擎，通过机器学习算法得到目标用户的精准画像。第二，测试投放。在人群标签的基础上，结合内部 DMP 的历史投放数据，以及第三方数据提供商对接的人群数据，过滤掉一些干扰性因素，如可能是居住在附近的住户以及一些一次性旅游的人群，然后进行为期一周的测试投放。第三，正式投放。利用 LBS 技术对目标场景范围进行精准定向投放，选择新闻类、社区类 APP 为主投放渠道，并在投放中不断优化，进而达成转化率大幅优化。第四，重新定向及优化。在正式投放中，DMP 平台会根据实时投放反馈数据，进行重新定向投放，从而有效控制整体预算分配，避免因过度冲击对用户造成的品牌反感。这次大数据营销，不仅大幅提升了碧欧泉男性产品的品牌知名度，也在推广中有效实现了消费转化，网上免税店碧

---

[1] 王贵苏. 消解与重构：大数据时代的品牌营销变革[D]. 南京师范大学硕士学位论文，2016.

欧泉男士的产品日均销量对比活动前增长了 42%，远超客户预期，实现销售与品牌传播的有效整合。

三、品牌营销

社会经济与科学技术的发展，带来市场竞争环境的变化，产品、价格已远不是市场竞争的全部。而作为企业无形资产的"品牌"，已逐渐成为一股新兴力量占据市场，其占据消费者心智从而形成"溢价"能力，正是一种突出的市场竞争力[1]。简单来说，品牌营销就是将某种产品或者服务的形象通过一系列特定手段刻入消费者心中。目标消费者对产品会有一定需求，在此需求的基础上，企业通过各种营销策略来展现产品的独特价值，从较高层面提升企业的形象与知名度，从而促进消费者对企业的品牌价值形成良好认知。其中的关键在于，为品牌找到具有独特差异性且能打动消费者的核心价值，让消费者对品牌的个性和利益点有明确的认知，这是打造品牌竞争力的主要手法。

一般来说，品牌营销策略包括四个方面，即品牌个性、品牌传播、品牌销售和品牌管理。第一，品牌个性（brand personality），涵盖品牌的命名、设计包装、产品定价、品牌概念定位、品牌形象风格与品牌代言人的选择，通过这一系列行为策略，突出品牌符号和品牌价值，从而输送至消费者内心。第二，品牌传播（brand communication），在品牌个性塑造的基础上，构建完整的全媒体多平台传播生态，基于目标用户，建立一系列媒体策略、广告与公关活动等，打造品牌良好的口碑形象。第三，品牌销售（brand sales），包括人员推销、广告促销、事件行销等多种方式，完成品牌的销售目的。第四，品牌管理（brand management），这也是品牌营销中的重要部分，旨在于消费者心中建立个性鲜明的品牌联想，从而制定战略性目标。其需要制定以品牌的核心价值为中心的品牌识别系统，并以此统筹企业一切营销传播活动，从而不断推进品牌资产的增值，包括企业队伍建设、品牌维护、渠道管理、终端建设等多方面的内容。

2016 年的戛纳全场大奖由伦敦 Grey 为沃尔沃创作的作品"Lifepaint"获得。

---

[1] 王树柏. 品牌营销的价值：从阳刻到阴刻[J]. 广告主，2017，（1）：58-59.

该奖项的评委会主席 JWT 全球首席创意官（chief creative officer, CCO）Matt Eastwood 表示，Lifepaint 最突出的地方不仅在于其创意，更多的是品牌对社会的积极影响。在英国，沃尔沃推出"Lifepaint"的目的，更多的是保护在夜晚骑自行车的人的人身安全，其通过喷在用户的衣服和自行车上显出银色，大大提升夜间骑车的安全指数。之前，人们对于沃尔沃的品牌印象更多停留在"安全环保、品质"等标签上，而这次其跨界推出夜光喷雾 Lifepaint，设身处地地帮助弱势的夜行者，打破了品牌在消费者心中的刻板印象。

营销的根本在于沃尔沃打造的品牌人性化关怀。如今越来越多的企业开始关注环保与慈善，洞察整个社会背景下的消费者社群，发现并解决其问题。沃尔沃将品牌精神、科技与人文巧妙结合，让品牌的人文关怀与科技完美结合，让消费者从晒"善举"中获得满足感，也推动品牌形象的良性构建。

四、跨界整合营销

网络服务形态的多元化，构建出越来越清晰的去中心化网络模型，在数字技术的普遍应用下，用户作为传播个体的信息处理能力大大增强，整个网络传播呈现碎片化语境。在这种碎片化语境下，互联网的内容生产与营销呈现更加多元化的趋势。单一形式的营销容易造成成本递增、效益递减，自成一体的封闭式传播已不再适应信息多元化的时代，构建跨界整合营销的"组合拳"模式更有利于信息的整合与传播。

跨界整合营销，需从"跨界"与"整合"两个层面来探讨。这里的"跨界"，一方面，指不同企业品牌之间的跨界，这意味着对传统营销思维模式的重构，避免单独作战，积极寻求业内的合作伙伴，从而发挥不同类别品牌之间的协同效应；另一方面，指不同营销传播渠道之间的跨界，其中不仅包括线上线下的跨界，如很多实体店开始融入大数据、移动终端、APP、移动支付等多样化的数字服务体验，构建平台化的营销系统，还包括不同媒体平台之间的跨界，如搜索引擎、网络游戏、微信、微博、APP 及 PC 端、移动端等，都为数字营销提供了丰富的平台基础。在这些跨界的基础上，同时整合构成营销传播的整体平台，从而打造品牌的信息传播生态系统，而这种整合的实质，是从多个角度全方位诠释共同的品牌特征，实现企业资源的最佳利用及企业效益的最大化。

2015年8月22~23日，Uber与淘宝联手打造了一个线下场景——一键呼叫移动试衣间。在成都、广州、杭州三地的Uber用户可以一键呼叫，体验专业的神秘人士提供的一对一搭配指导与全新造型打造。在共享经济的基础上，以Uber为载体，借助专业造型师为用户进行一对一搭配指导，从此买衣服不再担心买家秀。这可以说是不同品牌、不同平台在线上线下的跨界整合营销。

Uber自身就极具话题性，加之团队擅长营销，对事件与热点的把控恰到好处。在跨界营销上，不同品牌、不同平台之间相互借力，各取所需，将彼此之间的诉求，借助Uber这种"O2O连接器"，打造1+1>2的跨界魅力！

第二章　数字营销主体及市场运行

2018年，中国互联网广告的领先优势进一步扩大。互动广告实验室的数据显示：2017年中国互联网广告的经营额达到了3 694.23亿元，相较于2017年的2 975.15亿元，增长了约24.2%[①]。这一数额不仅拉大了互联网广告与电视广告经营额的差距，而且超过了报纸、电视、广播、杂志四大传统媒体广告经营额的总和。

这一变化的原因是移动广告成为拉动广告增长的新动力。硬件与基础设施的进一步完善，使手机等移动设备的使用更为便捷，从而让围绕移动端的生活方式成为消费者的全新选择。它也是互联网广告尤其是移动互联网广告成为市场主力的根本原因。

随着广告主将传播重点转入互联网，互联网广告促使传统媒体加快融入互动、数字等创新的营销模式中。因此，如今摆在整个行业面前的重要问题是，互联网时代的数字营销该往何处去？应该以何种面目出现在世人面前？

第一节　数字营销主体

在数字营销市场中，广告主、数字营销公司、数字媒体和用户是几大不可或

[①] 中关村互动营销实验室. 广告业走出上扬曲线 年经营额接近8 000亿元[N]. 中国市场监管报, 2019-04-25.

缺的主体，随着数字技术推动市场生态环境的整体变革，上述营销主体被赋予了不同的时代特征。

一、数字营销主体——广告主

数字营销时代，广告主的行为和角色都发生了相应变化，他们积极尝试营销新技术、新形式，通过自建营销传播平台，与消费者进行互动、沟通，同时开发电商模式，实现从定位到最终传播的全面升级。

（一）广告主的概念

从概念上把握广告主，"主"字成为重点，表明其权利和义务：有权向媒体和广告代理公司提出要求，也有义务为整体广告活动最终买单。

一般而言，广告主具有四个特征：其一，身份明确。广告主做广告的目的性和功利性非常明显，即宣传自身，获得经济和社会效益。其二，为广告付款。这便排除了其他一些利用非付费宣传形式来达到传播效果的集体或个人。其三，委托广告代理活动。这一点在数字营销时代正在发生变化，或趋于淡化。其四，有利用广告推销产品和服务的行为。

对于广告主的分类方式较多，可按照营销地域范围、行业属性、媒介使用类别等进行划分。本书从经营性质和需求特点出发，将广告主划分成五种类型：其一，工业企业。包括生产生活型消费品的企业和工业型消费品的企业。其二，商业企业。这里指一个广义的范畴，区别于直接生产有形产品的工业企业。其三，政府组织。包括各级政府及其相关政治机构。其四，非营利组织。又称非政府组织（Non-Governmental Organizations，NGO）、志愿者组织、利他组织等，是处于企业和政府之间的社会组织。其五，公民（或个人）。广告内容与个人需求密切相关，随着社会大公民概念的兴起，任何组织和机构都可被看作为社会发展承担相应责任的社会公民。

（二）数字营销时代广告主的新角色

数字时代的浪潮，带来各种市场营销要素的更新迭代，整个市场机遇与挑战并存。在这种营销传播的新环境下，广告主的行为和角色也发生了相应变化。

1. "去乙方化"与广告主、营销服务商合作的短期化

如今,广告主与广告代理公司的合作时间逐年缩短,这其中最主要的原因是合作与项目的自然终结,项目制的短期合作模式越来越常见。在如今数字化转型大背景下,品牌自营内容和媒体自营广告的崛起,带来营销行业的"去乙方化"风暴,使广告主与营销服务商的传统合作模式面临挑战。

2017年中国广告市场生态调研数据显示,在新兴数字营销领域,广告主对"乙方"的信赖和认可度在下降。广告主自营的内容战略升级,强化内容在传播中的地位:其一,优质内容成为低成本聚合消费者的有效手段;其二,优质内容的三大特点,即好玩、有价值、能和消费者产生共鸣;其三,广告主内容驱动营销的两种思路,即借船出海和造船出海[1]。一方面,内容在营销传播中的重要性日益凸显,广告主开始跨过代理公司,直接寻找具有优质生产和经营能力的媒体,来完成内容策划与运营,从而缩短中间代理流程、进行高效沟通;另一方面,广告主更倾向于掌握更多营销传播主动权,通过对内组建营销团队、对外打造媒介传播矩阵,甚至收购一些专业营销公司,从而进行资源整合,减少一定的沟通成本。但从根本上说,问题的关键在于广告主自营是否能够创造较广告代理公司更优质的营销价值。

2. 尝试营销新技术、新形式与自建营销传播平台

如今的数字营销传播环境发生巨变。首先,技术更新迭代的速度加快,留给广告主学习和消化的时间便越来越短,广告主在热衷于追寻新技术的同时也伴随着焦虑。其次,新兴概念不断出现,而且这些用来引导消费者购买的新概念还有待技术的实质性支撑。最后,媒介传播的泛化趋势,很多工具技术以自身跨界应用的媒介属性进入营销传播领域。在此背景下,广告主开始从观念上发生转变,对传播本质有更深刻的理解。

一方面,他们更加积极主动地适应与尝试营销的新技术与新形式。2014年之

---

[1] 中国传媒大学广告主研究所. 升级与引领——2017年中国广告市场生态调查广告主研究专项报告[EB/OL]. http://mp.weixin.qq.com/s?__biz=MzI5NjMzMTk0Mg==&mid=2247483965&idx=1&sn=a86d63d68cd6cedea5c853793144922a&chksm=ec44bdf4db3334e2d617f031bb57e856b47fc3bc07a7f7cb084c77504f6da1865a9d1e390aae&mpshare=1&scene=1&srcid=0720Kh2ScgCiMiCrvfocNHRf#rd.

后，数字营销技术进入高速发展期，各类技术服务公司相继出现。从2016年中国广告市场生态调查广告主研究专项报告可以看出，来自多行业的受访广告主都表现出已有或计划尝试新营销技术，其中VR（virtual reality，虚拟现实）、AR（augmented reality，增强现实）、直播、跨屏互动、精准营销都成为热门概念。相比前几年的观望态度，如今越来越多的广告主开始将可观的营销预算投入对新营销技术的尝试中。更重要的是，广告主在尝试新技术的过程中不再盲目追随热潮，而是开始理性地选择与企业发展更契合的方式，从而将核心资源投入更有效率的营销技术与渠道。

另一方面，广告主开始从单纯地将业务交由广告代理公司处理，转变为建立自身的营销传播平台。数字媒体为企业营销提供了不同于传统媒体的全新营销方式与营销平台。搜索引擎、网络游戏、微信、微博、APP及PC端、移动端等，都为数字营销提供了丰富的平台基础。而信息的传递工具与传递方式也发生了变化，图片、文字、视频、语音等都可作为信息传播的介质，加上网络大V、草根网民、企业官方平台等作为数字营销的参与者和传播者。在数字营销时代，企业做营销，必须充分利用多渠道的媒介与营销工具，构建平台化的营销传播生态系统，打动消费者，实现企业资源的最佳利用及企业效益的最大化。

此外，广告主在营销管理层面更注重战略性、整合性的营销理念。一方面，广告主开始将以往的营销短期业务管理上升至长期营销战略管理，注重长期的市场培育，致力于企业整体核心竞争力的打造；另一方面，广告主在营销管理中日益强调营销手段的整合运用，体现在媒体投放上的跨媒体投放策略，对各类媒体资源的接触点加以整合运用。

3. 注重自身形象和与消费者的互动、沟通

如今的企业更加注重企业品牌形象的包装，通过各种媒介平台与消费者进行直接沟通与交流，这些平台包括企业官方网站、企业自身APP、企业微博及自媒体等。以"杜蕾斯"官方微博运营为例，"杜蕾斯"这个词已经不仅仅是一个品牌名，而成了微博运营的一个标杆，对于树立企业形象，与消费者进行互动交流都有极大的提升。杜蕾斯的微博运营以幽默搞笑的"老司机"形象为主，生产大量轻松诙谐的高质量作品，尤其是在热点事件、节日等时间节点借势传播内容，

在用户和KOL（key opinion leader，关键意见领袖）之间得到大量传播。据相关数据统计，截至2017年7月，杜蕾斯官方微博拥有粉丝数219万人，全部微博一共1.9万多条。从7月以来的一个月内，平均每天发布约6条信息，平均每条常规图文300+以上，平均每条活动图文600+以上。几乎每次传播，都能达到很好的企业品牌形象展示和用户沟通传播效果。

4. 开发电商模式与形成营销闭环

在数字营销时代，诸多企业都经历了从拒绝电商到逐步接受和拥抱电商的转变，开始打造自己的电商模式，向品牌化电商之路不断实践，形成营销闭环。对于这些企业品牌来说，它们有着品牌早期建设的红利、大量线下渠道及较好的企业和人才架构，较好地运用这些优势，可以助力企业成功转型。

第一，企业开始推出更多匹配电商需求的产品，进行产品升级。电商需求不同于消费者的传统需求，集中体现在消费者的行为差异上，即从传统购物场景中的货比三家，到以搜索为核心的货比N家的转变。因此，产品升级势在必行，需要根据电商的销售数据建立真正的电商产品，适应电商用户需求的产品升级思路。第二，企业开始线上线下联动打通O2O（online to offline，线上到线下），进行渠道升级。传统品牌的渠道是生命线，关系到产品整体销售体系的建立，但这种严格的管理方式容易形成线上线下两个独立体系。在电商的发展升级中，线上线下开始联动，形成传统渠道与电商体系的交融。第三，企业开始了数据层面的营销升级。电商化是帮助企业实现营销升级的重要过程，而数据是一切的核心，实现品牌电商化则需要实现数据运营。电商营销的新时代，数据的可视性让整个营销过程变得透明清晰，用户的行为都变得有迹可循，从而帮助企业从精准定位消费者、制定营销决策到最终的传播行为实现全面升级。

二、数字营销主体——数字营销公司

新技术浪潮带来媒介生态环境的巨变，传受之间的传播地位被颠覆。传统层面的广告代理公司由于难以适应新媒介传播环境而面临转型挑战，而众多小而精的数字营销公司则通过为广告主提供专业领域的服务而借势登场。

在中国广告业界，对于"传统广告公司"和"数字营销公司"概念的界定，一直存在边界模糊的问题，尤其是在数字营销领域。一方面，传统广告公司在积极地进行数字化改造与转型，不断扩大数字营销团队的规模和处理数字业务的数量，让自己看上去更像一家新型的数字营销公司；另一方面，专门从事数字营销业务的数字营销公司则分为创意型、技术型、综合型、管理型等多种类型，更多展现出新锐公司的非比寻常。

（一）传统广告公司面临的挑战与转型

在面对"digital or dead"的命题时，大多数传统广告公司选择并购的方式，通过投资收购数字营销公司来补齐自身短板，实现数字化转型，而另一部分传统广告公司在内部设立数字部门发展数字广告业务。在这种转型升级的现实下，传统广告公司需要做到观念层面的更新、业务操作能力的强化和服务方式的调整，才有可能在数字化浪潮下，重新巩固自身核心竞争力，实现良性的可持续发展。

1. 传统广告公司面临的挑战

第一，将客户需求作为重要的工作准则，易导致广告生产的本末倒置。由于自身结构和工作流程，传统广告公司通常以客户为工作起点，当客户利益和消费者利益发生冲突时，传统广告公司通常会在一定程度上牺牲消费者利益，从而满足客户需求。显然这容易导致广告生产的本末倒置，满足广告主的传播需要固然重要，但忽视消费者诉求、缺乏对市场反馈的及时观察，会让广告的传播效果大打折扣，造成资源的低利用率。

第二，业务层面的多层次、慢节奏，降低了广告整体运作效率。传统广告公司的组织结构多为金字塔式，这使得内部的生产模式呈现多环节线性操作，虽然便于企业统一管理，降低广告顺利上线的不确定性，但也造成了业务层面的慢节奏。在互联网时代，企业需要迅速适应市场变化，在多层次组织结构中，信息传递迟缓，用户的反馈机制出现滞后现象，会降低广告生产的整体效率，在无形中造成资源的浪费。

第三，集中渠道和声量的服务方式，容易让用户产生抵触。在服务方式上，传统广告公司通常会陷入固有的思维模式中，习惯于借助大量单向的媒体投放来获得市场关注。但在信息过载的新媒体环境下，这种运用媒介多渠道全方位覆盖的传播方式，就成了一种对注意力的强行借用，必然会对用户产生干扰。

2. 技术与数据驱动传统广告公司转型

第一，"取悦用户"，实现话语权下放。进行消费者接触点管理，从而开展"取悦"用户的广告活动，显得尤为重要。在收集分析用户信息方面，数字技术提供了良好的条件，用户的消费喜好、媒介接触习惯及基本的人口统计学信息，都能得到全方位收集。在技术描绘的"用户画像"基础上，用户的实际需求、客户的传播要求，都被有效结合，从而告别广撒网的粗放式传播，实现精准营销。虽然说这在某种程度上存在机械化、精而不准的局限性，但是从目前来看，这也权衡了用户的实际需求和客户的产品诉求，有助于达到较大程度的双赢局面。

第二，建立扁平化组织结构，发展平台模式。未来广告代理公司的组织结构发展，正呈现扁平化趋势，以扁平循环结构的轴心任务为统筹，无须重复慢节奏的线性流程，直接对应相关的组织成员，在赋予其明确权限的基础上，保证一击即中的的高效率。而在具体的业务操作上，传统的多环节线性模式正在逐步被取代，日益崛起的平台模式值得关注。新兴的程序化购买业务便是如此，广告的整体运作流程不再僵化，而是将供应端和需求端相联系，供应端以互联网为代表，而需求端以广告主为代表，简化工作流程，提升整体工作效率。

第三，向"娱乐为王、趣味至上"的服务方式转变。如何将趣味性和娱乐性与产品服务结合，从而吸引消费者注意力，带动其进一步参与，成为传统广告公司在转型中需要攻克的难关。带有趣味娱乐性的广告活动，在营销过程中会呈现出具有亲和力的消费语境，有效吸引消费者注意力，而广告本身的话题性又会带动消费者的二次传播，与广告主共同完成品牌价值的构建。

（二）数字营销公司的新面貌

在传统广告公司面临挑战与转型的同时，以原生广告、RTB 广告为代表的新型网络广告形式逐步成为市场的主流，其精准的投放、双向互动的优化体验特征，催生了很大一部分以技术为核心竞争力的数字营销（广告）公司，尤其是以智能手机为代表的移动终端的普及，为数字营销公司带来了发展机遇。

1. 高度整合的车轮轴辐式组织结构

不同于传统广告公司垂直化的组织架构，数字营销公司多采用扁平化的圆形循环组织形态，其部门间处在同一平面上而非上下级关系，相互连接与沟通，形成系统、循环的工作模式，有点类似"车轮轴辐式结构"。由于其专注于提供如搜索引擎优化、程序化购买等某领域的专业服务，几十人到数百人的队伍规模更便于沟通管理。通常，轴心角色是负责统筹的首席营销官，跳过直线流程直接找到适合项目的成员并赋予其工作权限。而客户经理、产品经理等作为车轮的轮辐存在，与首席营销官共同促进传播目标的达成。相比传统广告公司的"集而不团"，以项目组方式聚合的数字营销公司是高度整合的。

另外，这里的"高度整合"并非要求员工仅完成份内的工作，其岗位和角色更加灵活多变。例如，擅长文案的员工同时也要兼顾创意和执行，在项目负责人的带领下紧密合作，根据具体工作内容来调整分工，成为"多面手"。因此，数字营销公司的组织结构是有机整合的，具有更高的资源利用效率。

2. 立足用户的端到端平台模式

在工作流程方面，数字营销公司的出发点立足于用户，采用端到端的平台模式进行运作。数字化市场环境对效率提出更高的要求，让平台化趋势成为更多数字营销公司的发展方向。

不同于传统广告公司，数字营销公司将用户作为整体工作的出发点，在收集分析用户信息方面，数字技术提供了良好的条件。在技术描绘的"用户画像"的基础上，用户的实际需求、客户的传播要求，都被有效结合，从而实现信息的精准传播。它们的工作流程大体相似：首先通过技术支持找到目标用户，然后将匹配用户需求的产品信息精准推送给他们。

由于数字营销公司组织单元精小，它们无法像传统广告公司一样单独完成营销传播活动的全部环节，而是多采用平台化生产模式，并且将程序化购买作为主营业务。在这一过程中，平台搭建与管理成为核心。以易传媒为例，由于拥有强大的数据管理能力，易传媒搭建了直接跨越供应端到达需求端的 Ad Manager 平台，在此基础上将数据工具化、产品化以及实行工作流程管理，形成了一体化业务流程管理体系。这种系统化的工作体系极大地简化了工作程序，避免资源的低效率利用。凭借这种系统化工作流程，易传媒在短期内同时上线几十个项目，且最高可保持三百个项目同时在线。

3. 数据、用户和收费模式构成数字营销公司运作的新支点

第一，对数据高度关注。数字营销公司更加关注网络广告的投资回报率和广告效果，专注于用技术手段收集与分析数据，技术成为数据营销公司在广告市场攻城略地的新利器。例如，悠易互通建立了一个汇聚 2.6 亿商业有效用户信息的大数据库，并依据数据库中的 Cookies 来抓取关键词，从而将用户属性和兴趣细分成 22 个行业大类和 230 个产品小类。也有相当一部分数字营销公司通过依附拥有大量用户数据的互联网企业来完善自身数据库，如 2015 年并入阿里巴巴的易传媒。

第二，围绕用户展开购买。如果说传统广告公司购买的是媒介，那么数字营销公司的工作则是围绕用户开展，购买的是用户。不同于传统"二次售卖理论"中受众被动的信息接收者身份，数字营销公司的购买用户多是主动行为，根据自身需求来点击访问网页，他们代表的是无数高度细化的利基市场，在某些层面的高度相似性，有助于数字营销公司通过技术对这些小众化群体进行购买，从而进行有效信息传播。总的来看，数字营销公司的购买用户具有"细分化"和"主动化"的特点，这两点推动了数字营销的"实时互动"和"精准营销"。

第三，采用按需收费的模式。与传统广告公司较为单一的月费制相比，数字营销公司的收费方式种类更多，常见的有 CPC（cost per click，按照点击付费）模式、RTB 模式、PPC（pay per click，每次点击付费）模式及 CPM（cost per mile 或 cost per thousand impression，千人成本）模式，根据具体服务内容向广告主收取相应费用，这种形式接近按需收费，根据提供的服务来收取相应费用。选择按需收费的模式，一方面是由于数字营销公司提供某一领域专业服务的定位，不同于提供整套服务的大型营销传播集团，它们更多的是就具体业务向客户收取费用；另一方面则在于数字营销公司的技术优势，由于网络媒体之前的广告实际传播效果难以衡量，广告主大多将广告的收视率或产品的销售量作为衡量广告效果的重要因素，但并没有非常明确的标准。数字技术的发展使广告效果的精确测量成为可能，广告建立在已经产生的用户行为之上，即广告主在为广告支

付具体费用前，广告已经事先到达用户，这种精确的数据统计促使收取的广告费用精确到个位数。

三、数字营销主体——数字媒体

作为数字营销不可或缺的要素之一，数字媒体已经成为数字营销行业未来发展的重要驱动力，它通过对消费者行为的深刻影响冲击着多领域的发展与改造。当前，数字媒体行业在持续发展的道路上面临全新问题，即如何利用数字媒体的技术创新与产品服务，将数字营销效果最大化，使媒体方与广告主、代理方等市场要素在数字营销市场中重新定位，利用自身优势拓展全新市场。

（一）微博

微博（weibo）即微型博客，是一种基于用户关系，进行简短实时信息分享与传播的社交网络平台。由于具有开放性与社交性，其成为企业品牌在数字营销中非常关注的数字媒体之一。微博凭借其"短平快"的传播特征和庞大的用户基础，在数字营销中扮演着重要角色。第一，微博可作为品牌或产品的官方发生平台存在，成为企业与用户最直接有效的沟通渠道，保障内容与产品或品牌的整体营销调性协调一致。第二，微博可作为内容的发起者存在，生产与营销主体相关的内容创造，凭借其简洁、快速的传播特点，精确地向用户传达营销内容。第三，微博还可成为具有公关价值时间的创始者，在数字营销体系中担任公关舆情监测的角色，同时也会积极发掘热点事件和话题中与企业主体相关联的公关价值。总体来说，微博是品牌或产品官方与用户交流的发声平台，是热点PR（page rank，网页级别）价值创造者，也是口碑与公关的关键引擎。

（二）微信

拥有语音短信、图片、文字、视频功能等手机应用的微信，不仅作为营销工具的数字媒体存在，更成了人们的一种生活方式。正是由于聚集了大量的互联网流量，所以其具备优秀的营销平台特征。大量企业或组织，通过微信平台进行运营和管理，从而达成与用户沟通、服务、销售等目的。伴随着微信的不断发展壮大，越来越多的企业开始从简单布局到深耕细作，将其作为新媒体运营的重要战略环节。

微信平台具有几个明显特征。第一，微信用户量巨大。截至 2019 年第一季度，腾讯微信月活跃用户约 11.12 亿人，同比增长 6.9%[①]。作为一款手机应用，它基本涵盖了中国的主流消费人群，在这些人群中，找到企业或产品的目标用户非常容易，这奠定了微信运营的基础。第二，微信生态开放。作为一个不封闭的开放平台，微信欢迎更多优秀开发者的加入，开发各种工具与插件，为微信运营提供基础。第三，微信是移动社交化的典型代表。微信的熟人社交性质突出，尤其是在产品朋友圈中，非常容易达成口碑传播的效应，推动营销信息的传播与转化。第四，微信可实现运营闭环。微信的产品开发与技术支撑，构建了从信息传播、口碑分析、购买与支付及售后服务的完整运营闭环，使这一数字媒体更具实操性的平台优势。

（三）APP

移动互联网成为中国网民的主流生活方式，手机成为主要的终端设备，APP（Application 的简称，指智能手机的第三方应用程序）所承载的意义和价值不言而喻，自然成了一种非常重要的应用方式。

在数字营销时代，APP 多通过内容、活动、推广等方式来达成用户增长、活跃等目标。在这里，APP 的首要功能是满足用户的手机功能需求，包括用户的电商购物、新闻资讯、生活服务、理财、社交等多方面需求，可以说是一种服务消费者的应用类工具。对于一些具有"网络服务类"性质的企业或品牌而言，运营好 APP 是其基本生存属性。

APP 具有极大的数字营销价值。第一，APP 可通过曝光信息来展示品牌。从营销角度看，APP 的用户下载量和活跃度都意味着曝光，相对于常规的投放广告取得的 paidmedia，一款具有较好运营思路和方法的 APP 性价比更高。第二，APP 可通过高度互动来增强黏度。相比于 Web，APP 更有可能实现复杂的加护功能；相比于 H5，APP 可更便捷地使用移动硬件设备的独特功能。可以看到，

[①] 2019 年腾讯第一季度财务报表出炉 净利润达 272.1 亿元[EB/OL]. https://www.iqshw.com/qqnews/2019/0515/165883.html，2019-05-15.

APP 在移动端的应用中有着更强的体验互动性,来增强与用户之间的黏度,更具营销价值。第三,APP 的精准营销可增值服务。其功能性的运用拥有巨大的挖掘空间,成为移动互联网时代帮助企业品牌解决问题的助手,提升整体服务效率,以增值服务为前提,优化消费者体验与购买流程。

(四)社会化媒体

消费者的互联网行为趋向碎片化,使品牌在社会化网络下与用户的传统关系模型被颠覆,品牌需要重新以用户的社会化属性与体验为出发点,重新构建数字营销体系。而社会化媒体正是在这种背景下应运而生,进行社会化媒体营销,从而维护与开拓用户。

社会化媒体(social media)是一种建立在用户关系基础上,进行内容分享与用户生产的互联网平台。由于其具备"开放、分享、协作"等互联网属性与精神,因此,在内容生产与交互主体、传播模型等多方面都不同于传统媒体。尤其是在传播模型上,媒体与用户之间形成矩阵式节奏,形成多层次的网状扩散与双向的互动沟通。

社会化媒体具有三种重要的运营理念。第一,完成从 AIDMA 到 AISAS 的转变。在 AIDMA 模式中,消费者行为呈现漏斗状态,一步步从 Attention 到 Action 转变。而在移动化社交浪潮下,消费者的主动性增强,会在 Interest 之后主动搜索(Search)及分享信息(Share),而这两种行为,正是互联网社会化媒体因素下,社交因素的出现从而导致传播模型的变化。不论之后的消费者模型如何升华,最终核心都是围绕消费者需求,把握社会化媒体对传播的影响。第二,从大众传播到圈层传播。碎片化时代带来注意力资源的稀缺,从而影响社会化重塑消费者中心,而这种中心即基于消费者兴趣与内容的新中心,形成新的圈层与社交结构。因此,在社会化媒体的运营中,合理使用意见领袖,打通圈层是必不可少的方式,而这种圈层的影响力正是迎合了社会化媒体的发展理念。第三,90/10 理论激活社会化传播。也就是如何打透圈层合理使用意见领袖。意见领袖与最早跟进者,一般会占据整体人群的 10%,而影响这 10% 便能影响其余的 90%,也就是撬动圈层的核心力量。

（五）社群

社群是指通过互联网渠道，实现与用户聚集、交流、沟通并分享信息，从而形成具备社区意识与情感的群体。小到 QQ 群、微信群，大到贴吧、粉丝圈，都是社群的代表。在社群里，用户通过内容与兴趣的交互，形成精神层面的联系，如归属感、集体感等。

社群运营需要满足三个必要条件。第一，目标与内容相统一。用户加入社群是以获取内容价值为目的的，只有围绕社群运营目标，建立长期稳定的内容价值，才能使社群有更长远的发展。第二，文化与互动的统一。让用户之间产生精神层面的联系，是社群的另一重要价值，互动与交流正是高效建设社群文化、保障社群活跃度的根本。第三，机制与架构的统一。不论是物质层面还是精神层面的反馈，最终都要归根于机制的建立与高效运营，而机制的核心正是社群架构的建立。机制与架构之间需要相匹配，互相促进才能保证科学有效的运营。

（六）自媒体

自媒体是新媒体发展下的一种全新的媒体生态，打破传统媒体的话语主导权，将话语权下放，人人都可以通过媒体发表自己的观点，拥有平民化、多样化、普泛化的特征。自媒体在英文中被译为 We Media，又称"公民媒体"或"个人媒体"，它的涵盖范围很广，包括 UGC（user generated content，用户生产内容）、PGC（prefessionally-generated content，专业生产内容）、OGC（occupationally-generated content，职业生产内容）、IP（intellectual property，知识产权）等。而自媒体的传播平台包括微信、微博、贴吧等，在这些渠道中，自媒体策划与品牌相关的优质内容进行推广与传播，同时利用粉丝经济提升自身的参与度与知名度。

自媒体不同于传统专业媒体机构，后者对于信息传播拥有主导权，而前者是由普通大众主导，建立在内容与兴趣基础上的"点到点"对等传播。因此，自媒体具有以下特征：第一，平民个体化。人们可以通过这一平台自由表达观点，构建自己的社交网络。第二，低门槛自发性。不同于传统媒体的复杂运作，新媒体时代用户只需通过简单注册就能建立属于自己的媒体平台，且这种行为不具备组织行为，更多体现个体自发性特征。第三，内容圈群化。自媒体的内容形式多样，有别于传统媒体的高确定性，更多呈现出多题材、多内容的特征，但这些内容的传播呈现的是圈群化的趋势，也就是通过个人交际圈，进行多对多的网状传播模式。

（七）电子商务

中国商务部电子商务和信息化司于2018年5月29日发布的《中国电子商务发展报告2017》显示，2017年中国电子商务交易额高达29.16万亿元，同比增长11.7%，其中网络零售额达到7.18万亿元，占到全球网售份额的50.0%。商品类电商交易额达16.87万亿元，服务类电子商务交易额达4.96万亿元，同比分别增长21.0%和35.1%。全国网上零售额达7.18万亿元，同比增逾三成，占据全球份额的半壁江山，成为中国电商发展的一大亮点[1]。

电子商务多指在商业贸易中，基于互联网开放的网络环境和浏览器应用方式，买卖双方进行贸易活动，实现网上购物和交易、在线电子支付、金融活动等相关综合服务活动的一种商业运营模式。而电子商务运营注重对平台的维护与拓展、网络产品的开发与盈利，从而创造和服务市场。主要的电子商务运营模式包括：B2B、B2C、C2C、C2B。电商化是推动企业营销升级的重要过程，在如今品牌电商化的过程中，数据成了最核心的问题。不同于传统营销过程的不透明与不确定，电商时代的数据具有可视性，一切以数据为核心的行为都清晰明了，从精准定位消费者，到营销决策及最终的传播行为，都有了全新的升级。

四、数字营销主体——用户

除了广告主、数字营销公司和数字媒体外，作为营销对象的用户也是数字营销市场的主体之一，而且是最重要的营销主体，广告主、数字营销公司和数字媒体所开展的营销活动皆由它而起，它是营销市场的真正主角。

---

[1] 张帅. 2017年中国电商交易额达29.16万亿　网售规模冠全球[EB/OL]. http://news.10jqka.com.cn/20180529/c604752725.shtml，2018-05-29.

（一）从受众到用户：营销对象身份的转变

数字媒体时代，传统媒体的垄断地位被解构，受众开始不断加强与媒体之间的联系，而不再仅仅依赖于某一类媒体获取信息，而是积极参与到信息的生产过程中，拥有传受双重身份，演变为媒体使用者，其参与性和主动性大大增强。因此，"受众"这一概念已无法准确表达这些使用者的特征，"用户"一词相对更为合适。用户指的是某一种技术、产品、服务的使用者，"用"代表主动性，"户"代表独特性、差异性。相比受众的概念，用户更符合数字媒体时代的传播逻辑和规律[1]。

在传统媒体时代，企业大多借助大众媒体的新闻传送通道来传播品牌信息，让受众在接收新闻信息的同时接收品牌信息。在这个过程中，营销多是单方面的"广而告之"，受众仅成为简单的信息接收者，与品牌之间存在着巨大的区隔，好的广告创意和制作、覆盖率高的媒体成为企业营销的关键。伴随着数字技术的发展和移动互联时代的到来，传统的营销方式已经无法适应快速变化的市场环境，作为技术、产品、服务使用者的用户，其能动性和参与性显著提升。在这种情况下，满足用户的动态需求，将用户纳入企业的生产和营销环节，为用户提供更加深刻的营销体验，是未来的总体趋势。因此，数字营销时代企业更强调互动性、能动性和自主性，时刻以用户的个性化需求为中心，并与用户一起共创品牌价值。

（二）用户的基本特征

与传统媒体时代受众的被动、被忽略相比，数字媒体时代用户的地位大为提高，具有更强的主动性和参与性，其需求与喜好往往成为广告主、数字营销公司和数字媒体开展数字营销活动的主要依据。

第一，用户的主动性和参与性更强。在数字技术构建的"意见平台"和"公共空间"上，传受间的界限趋向模糊，用户参与营销传播的门槛被降低，成为整体营销传播互动过程中的建构与呈现的参与者。在数字营销时代，用户的角色发

---

[1] 张小强，郭然浩. 媒介传播从受众到用户模式的转变与媒介融合[J]. 科技与出版，2015，（7）：123-128.

生很大变化,从单向被动接收品牌信息,到积极主动参与企业品牌价值共创,这种特征的凸显得益于数字媒体的开放性和互动性。

第二,用户消费社交化趋势愈加明显。购物逐渐成为社交生活的副产品,越细分的社交圈层,社交分享的力量越具有影响力。埃森哲 2018 中国消费者洞察报告显示:90%的消费者都有自己的兴趣圈子,以美食、旅游、运动健身最为普遍。此外,有 87%的用户愿意和别人分享购物体验或者发表评论,其中 55%的用户会在社交应用中分享自己的购物体验,而这类用户也更易受到社交分享的刺激和影响,使消费呈现"购买—分享—再购买"的连锁反应[1]。

第三,用户更加强调体验至上。在用户心中,购买的不仅仅是产品、技术、服务,更是一种体验,这无形中需要企业对营销的每个环节都进行全面提升,优化每一个可能与用户的营销接触点。埃森哲 2018 中国消费者洞察报告显示:57%的消费者购买或表示有兴趣购买虚拟现实或增强现实产品,其中,有 45%的消费者希望可以通过虚拟现实和增强现实设备体验有兴趣购买的商品。因此,企业不仅仅需要加强"智能购物"体验的技术手段,更要在营销上同步升级,帮助用户寻找到最适合自己的产品和品牌[1]。

(三)用户在数字营销中扮演的角色

在数字营销中,用户提供的数据极为关键,这是数字技术进行"用户画像"的基础,用户的消费习惯、媒介接触规律及基本的人口统计信息,都能得到全方位收集,从而形成用户多维度的基础属性、兴趣、个人习惯等标签,将广告主的传播要求和用户的实际需求进行有效结合,告别广撒网式的粗放传播,实现精准营销。

对于广告主和数字营销公司而言,在以用户为核心的数据库的基础上,进行客观分析与评估,建立广告主与用户的数据链接策略及互动传播方案是必不可少的。包括分析和选择恰当的用户,提供精确的产品、价格与服务,在最适当场景中,用最契合的互动方式来满足用户需求,最终形成具体的用户数据优化营销策

---

[1] 埃森哲:2018 中国消费者洞察报告[EB/OL]. http://www.199it.com/archives/732743.html,2018-06-05.

略，建立多渠道的用户传播路径和品牌接触点管理。

数字媒体作为渠道方，则在数字营销中承担了通过收集用户数据从而精准触达用户的作用。在国内 BAT 等门户渠道流量疯长的大环境下，各类企业品牌商家逐渐意识到，社交媒体已不再仅是销售产品或服务的渠道，它本身成了品牌体验的一部分，如何选择合适的媒体渠道，选择重点经营平台进行创意策划与传播，都成为值得关注的问题。广告主在媒体上选择进行重点产品推广时，需要让自身产品在媒体平台上具有明确的产品定位、清晰的卖点、专业的售后，展现足够的品牌透明度。而当用户获得良好的产品体验后，媒体的二次传播会形成链式反应，促成更广泛的用户触达。

数字营销时代用户拥有很高的自主权，他们可以通过多种渠道来表达自己的意见和建议，企业、用户和品牌之间可实现实时的互动、对话。对于企业来说，用户已不再是产品和品牌信息的单向被动接收者，而逐渐成为其创造者，UGC 已逐渐成为营销传播的新走向。用户开始参与到整体营销生态链的运作过程中，既是营销的起点，也是营销的终点，用户的需求和想法会对企业整体营销战略和运作细节产生影响，形成一个闭环。

从最初单向被动接收产品和品牌信息，到成为品牌建设的参与者，成为企业品牌共创的一部分，用户在数字营销时代的角色发生了很大变化，而这种变化的本质，在于以用户为中心，企业在用户思维的引导下，与用户一起对品牌进行建设与维护。企业的目标已不仅仅是一次性推送或销售，而是更多地着眼于产品的长期拓展与企业价值观的构建，从而获得更多用户的认同与忠诚，形成良性可持续循环发展。

作为智能手机市场后起之秀的小米公司，其成功之道就来源于"米粉"的力量。"相信米粉、依靠米粉，从米粉中来，到米粉中去。"雷军对于小米商业模式的解读即用户与企业、品牌的共创，推动用户参与小米产品的完善和品牌建设，与用户共同创造一个软硬件与互联网合力共赢的公司。

作为白酒行业黑马的江小白，在营销过程中的一个很重要的特征是"品牌众筹"，即将由企业来完成的品牌事务，交给用户完成。以江小白语录瓶为例，江小白将其命名为 2.0 表达瓶，以"我有一瓶酒，有话对你说"作为宣传口号，鼓励用户创作文案。用户可以通过扫描瓶身二维码，或者在江小白微博、微信公众号、官网上点击链接，上传照片和选择背景，撰写文案，被选中的文案可以作为江小白的正式产品，批量生产并在全国同步上市，由此实现真正的私人订制。此时，用户已经从一个单纯的消费者转换成了生产者，并且随着文案的产出，大部分用户都会在社交媒体进行转发和传播，在某种程度上降低了企业的营销成本。而将用户的产出产品化，也在某种程度上实现其和品牌的互动，同时又让产品变成一种流量入口，吸引更多用户的关注。

第二节　数字营销市场发展与运行

当前，中国互联网广告的领先优势进一步扩大，大量广告主开始加快融入互动、数字等创新的营销模式中，数字市场呈现出全新的发展态势，整体经济环境向好、移动支付和人工智能等新技术的应用等，都为数字营销的发展铺平了道路。

一、国外数字营销市场发展概览

从互联网雏形——阿帕网的出现至今，互联网已走过近半个世纪，从实验室走向市场，并最终改变人类工作、生活和娱乐等方方面面，互联网发展呈现出从科研教育到商业应用的清晰脉络。

（一）1969~1993年：互联网在欧美的起源与探索

1969年到1993年，网络媒体整体仍处于探索时期，主要目的多用于军事、科研领域，并未真正进入大众生活。

1946年，世界上第一台计算机ENICA在美国诞生。1957年，苏联发射第一颗人造地球卫星，在与美国的竞赛中赢得了空间领域的胜利。这使美国国防部决定进行高级研究局的组建，计划通过计算机网络促进先进军事指挥和控制系统的发展，以应对苏联的核攻击。网络结构的去集中化是最直接的军事目的，这导致互联网作为一个权力分散的系统而存在。当时的互联网以封包交换（packet switching）通信技术为基础，这个系统使网络可以独立于指挥与控制中心而运作。互联网的产生,从一开始就打上了军事目的的烙印。

在 1969 年刚起步时,互联网只是美国一个小型的公共计算机网络,这一网络有一种计算机语言和一套协议[①]。直到 1974 年,TCP 协议和 IP 协议被提出,再到 1983 年被确定为网络的标准协议,美国才真正建立起全国性互联网。

除了军方赞助,科学研究的价值成为推动互联网发展的第二重要因素。最初由于军方和科学界均不希望受到中央网络的控制,因此双方建立了良好的工作关系。后期双方在安全问题的优先排序上发生了分歧,经友好协商后,互联网于 1983 年分成军用和民用两部分,但仍作为精英工具存在,未开放让大众消费。

20 世纪 80 年代,商业网络服务在公共互联网之外兴起,但未收到明显成效。同时由于欧洲和美国反文化运动的兴起,互联网逐渐从技术精英的工具转变为虚拟共同体的创造力,成为民主的代理场。

1985 年,欧洲粒子物理研究所的内部网启用了互联网协议,1989 年又开通外部网互联网协议,并于 1991 年创建了万维网。20 世纪 80 年代和 90 年代,互联网的发展实现了国际化,此前主要以美国为中心。

1990 年,美国军方将公共互联网的骨干业务分流出来交给国家科学基金会,结束了军事使命。直到 1991 年,美国互联网商业开发的禁令才被解除,这也是互联网迈出的非常重要的一步。

1993 年,马克·安德森等创办了"网景"公司,"网景"浏览器的推出加速了互联网的普及速度,使互联网有可能真正走出技术高手的圈子,进行大众化普及。同年,克林顿政府提出的"信息高速公路"计划进一步推动了互联网的商业化进程。此后,互联网开始逐步从实验室走向市场,并最终席卷全球,成为推动人类社会进步的重要驱动力量。

(二)1994~2000 年:欧美地区的互联网商业化尝试

1994 年到 2000 年,是互联网的商用尝试期。搜索引擎、商业网站、网络广告等在此期间都有初期的发展,网络经济的热潮一度达到顶峰。

[①] 柯兰 J,芬顿 N,费里德曼 D. 互联网的误读[M]. 何道宽,译. 北京:中国人民大学出版社,2014.

20 世纪 90 年代中期，人们开始接受互联网的市场化。1994 年，杨致远和大卫·费罗在美国创立了雅虎。搜索引擎进一步加速了互联网的商业化步伐。1995 年，美国的公共互联网完成了私有化。1996 年 4 月 12 日，雅虎正式在华尔街上市，上市第一天的股票总价达到 5 亿美元。互联网的商业价值开始逐渐凸显，性质也发生了变化，它像一座大型商场或虚拟商店开张，可以出售产品和服务。

商业化在互联网的普及上发挥了重要作用，但同时又实施了经济控制和元数据控制，对互联网的多样化和自由产生了影响[1]。互联网的商业化因此带来一系列副作用：网络广告的干扰性；互联网服务对于贫富阶层呈现差异性；商品化空间中的广告和销售，损害了互联网公共领域的性质等。

2000 年，美国在线与时代华纳合并，带给整个互联网行业强大的信心，网络经济的热潮达到高峰，此时互联网的商业化发展已成燎原之势。

（三）2001~2004 年：互联网寒冬中的商业网站启动期

2000 年下半年，互联网进入第一次寒冬，4 月纳斯达克科技股暴跌，美国的网站相继进入倒闭期和并购潮，但世界商业网站却在这种背景下开始启动并获得新生。

2000 年底，由于上市融资热和烧钱圈地热，以及并不成熟的经济环境和技术环境，互联网泡沫的破灭成为必然。但此后，世界网络经济开始通过多种方式寻求适合自身特点的发展道路。

美国网站率先做出示范性探索。2001 年 4 月微软公司宣布开设订阅收费服务网站，《纽约时报》也开始测试一系列收费的信息产品，ABC News、雅虎等纷纷走上收费的尝试之旅。此后，商业网站开始在内容、发展模式、盈利手段上有了新的发展，迎来网络媒体的跨越式成长。

（四）2005 年至今：网络媒体全面发展

在这一阶段，互联网呈现全面发展态势，从 PC 端的全面发展到移动端媒体的强势增长，互联网逐渐成为全球人类生活的重要力量。

---

[1] 柯兰 J，芬顿 N，费里德曼 D. 互联网的误读[M]. 何道宽，译. 北京：中国人民大学出版社，2014.

2006年，杰克·多西、伊万·威廉姆斯和比孜·斯通创办了 Twitter。2007年，Twitter 在美国 South by Southwest 音乐节上第一次吸引了大众的眼球，并且获得了当年的全美互动网络大奖。2009年，Twitter 用户量大增且发展迅速，而随着知名度和用户数量的增长，Twitter 的业务和目标在不断扩大，用户体验不断提升。目前，Twitter 已成为全球范围内使用最广泛、信息量最大的微博应用，且发展仍旧红火，其成熟的盈利模式包括实时搜索、高级账户收费、移动与客户端服务、平台开放与合作、战略合作、广告等，随着开放平台的逐渐成熟，其未来的商业价值依旧巨大。

除网络媒体之外，电子商务、移动生活、智能穿戴设备、物联网等方兴未艾，都在改变着全球互联网用户的工作和生活方式。

二、中国数字营销市场规模与运行态势

中国网络媒体出生、成长、发展、变革的轨迹，折射出中国数字营销市场的变化与社会的变迁。

（一）中国数字营销市场发展小史

从互联网刚在中国萌芽即创办网站，到不断探索自身发展路径，赶在互联网热火朝天的 2000 年赴美上市，再到之后互联网泡沫破灭，遭遇滑铁卢，而后重新抓住新媒体发展的契机，中国网络媒体和与之伴随的数字营销市场一路走来，虽道路崎岖却也走得坚实。

1. 1987~1993 年：互联网在中国的起源与探索

互联网在中国的起源始于实验室。1987 年 9 月 20 日，钱天白教授向世界发出中国第一封电子邮件"越过长城，通向世界"，宣告中国人开始使用互联网。1990 年 11 月 28 日，钱天白教授代表中国正式注册了中国的顶级域名 CN。直到 1994 年 4 月 20 日，中国开通与国际互联网相连的 64K 网络信道，才标志着中国正式加入国际互联网[①]。

---

① 彭兰. 中国网络媒体的第一个十年[M]. 北京：清华大学出版社，2005.

在正式接入国际互联网之后，中国开始积极铺开互联网的基础设施建设，Chinanet（中国公用互联网）、CERNET（China Education and Research Network，中国教育和科研计算机网）、CSTNET（China Science & Technology Network，中国科技网）、CHINAGBN（China Golden Bridge Network，中国金桥信息网）等四大骨干网工程都相继展开。

2. 1994~2000 年：中国互联网的商业化萌芽

互联网在中国的发展迅速，随着网络经济的快速升温，传统媒体争相创办网站，期待创造和"美国在线"一样的网络神话。

1995 年，《神州学人周刊》成为中国第一家走上互联网的媒体，此后三年，网络媒体迅速增长，呈现出向前推进的强劲势头，多路媒体开始了探索之路。

在此期间，张树新翻版了"美国在线"，开发了"瀛海威时空"网络，成为普通中国人网络生活的启蒙导师。《人民日报》《中国经营报》《广州日报》《北京青年报》和 *China Daily* 等多达 30 余种报纸在互联网上开始发行电子版。

同时，新浪等商业网站的纷纷成立，更是为互联网经济的发展增势。1999 年的广告监测数据显示，互联网站的广告收入在当年第四季度比第一季度增长了 651%，互联网址在电视和报刊上大量投放广告，投放总计达 1.56 亿元。网站开始争先恐后烧钱买版面来博关注，"烧钱""圈地""风险投资""上市"等词语名噪一时。

网络媒体的发展也被政府提到了战略高度。2000 年 1 月，国务院新闻办公室在北京召开首次互联网络新闻宣传工作会议，并确定了包括中国互联网新闻中心、《人民日报》、新华社、《中国日报》和中国国际广播电台等在内的首批重点新闻宣传网站，这从侧面说明了网络媒体当时地位上升的事实。

3. 2001~2004 年：商业网站的跨越成长

2000 年下半年，互联网的第一场暴风雪从美国刮到中国，但中国仍有新浪、网易、搜狐三家门户网站逆风赴美上市，开始效仿国外的收费，尝试重新定位其他的盈利方式。2001 年网易在纳斯达克的停牌使其传统广告受到剧烈冲击，其开始向提供个人收费服务的方向转型。2002 年 4 月 12 日，新浪进行架构整改，核心业务包括新浪网、新浪企业服务、新浪热线。同时，搜狐也开始面向个人和企业开展一系列收费服务。当时商业网站的收费服务主要包括对个人用户收费、对企业用户收费和对互联网服务进行收费。

这三家门户网站都开始逐渐摆脱对雅虎的纯粹模仿，开始重新定位并摸索自身发展之路，并在 2002 年下半年实现了盈利，为自身的进一步发展打下了良好的基础。此后，中国的商业网站发展开始逐步走向规范和理智。

2003 年成为中国网络媒体发展史上的一个分水岭。网络媒体复苏，网络经济重现曙光，尤其是非典事件的爆发，成为网络媒体和电子商务获得迅速发展的契机。

4. 2005 年至今：全面发展

2005 年之后，PC 端的网络媒体进入全面发展阶段。国内商业网站汇聚大量人气和流量。同时，博客、人人网、QQ 等社交网站开始兴起，新型网络盈利方式得到拓展。博客成为这一时期最引人瞩目的互联网产品。2005 年，全球博客数量突破一亿，中国博客数量达到 1 600 万，实现了从"小众"走向"大众"的过渡[1]。大量社交网站的发展为社交关系的商业应用奠定了基础。

2009 年，3G 牌照的发放推动移动互联网产业进入新的发展阶段[2]。值得一提的是，2011 年推出的微信，成为移动互联网发展史上的里程碑产品。截至 2017 年末，微信的月活用户数接近 10 亿，成为新兴的"中国式互联网产品"，而基于微信的 O2O 服务、电子商务、移动支付、微信营销、企业宣传等更是蓬勃发展，进一步推动了移动互联网的发展，创新了企业的营销方式。

（二）中国数字营销市场规模

互联网广告从起步期、调整期到跨越期、猛进期，市场规模与市场格局都出现跨越和提升，其中移动端广告发展尤为迅猛。总体来说，数字营销市场呈现出良好的发展态势。

---

[1] 方兴东, 张笑容. 2005—2006 年中国博客发展与趋势[J]. 国际新闻界, 2006, (5): 44–47.
[2] 吴静. 数字化媒体研究的若干热点——2006 年新媒体研究综述[J]. 新闻知识, 2007, (2): 27–30.

1. 中国网络广告市场规模

中国网络广告的发展历程大致分为四个时期[①]：第一阶段是1997年至2000年，以大陆第一则互联网广告诞生为标志，市场规模实现从无到有的零的突破，初步成长为亿级市场，可称为互联网广告"起步期"。第二阶段是2001年至2002年，互联网泡沫的破裂带来互联网行业的"寒冬"，使网络企业的运作重心从"融资"转为"盈利"，这一阶段的互联网广告在运作思路、经营方式、客户结构等方面都进入"调整期"。第三阶段是2003年至2006年，互联网广告发展迎来转机，网络经济的复苏、重大事件对互联网的促进等，促使网络广告市场规模超过13亿元，又经过三年的成长达到60亿元，市场规模与市场格局都出现跨越，进入互联网广告的"跨越期"。第四阶段是2007年之后，"奥运经济"为互联网广告带来历史性机遇，国家对互联网广告的重视进一步提升了其价值，使其市场规模突破百亿元进入"猛进期"。值得注意的是，2016年中国互联网广告营业额达到2 305.21亿元，首次超过报纸（359.26亿元）、广播（172.64亿元）、电视（1 239.00亿元）和杂志（60.31亿元）等传统媒体当年广告营业额的总和（1 831.21亿元），表明网络媒体已经发展成为中国无可争议的第一大媒体，网络广告市场具有无限广阔的发展前景。中国广告市场2005~2018年的广告营业总额和报纸、广播、电视、杂志与互联网广告营业额的变化情况如表2-1所示。

表2-1　2005~2018年中国广告市场报告（单位：亿元）

年份	广告营业总额	报纸广告营业额	广播广告营业额	电视广告营业额	杂志广告营业额	互联网广告营业额
2005	1 416.30	256.05	38.86	355.29	24.87	40.90
2006	1 573.00	312.60	57.20	404.00	24.10	60.70
2007	1 741.00	322.19	62.82	442.95	26.46	81.56
2008	1 899.56	342.70	68.34	501.60	31.02	100.00
2009	2 041.03	370.50	71.80	536.19	30.40	109.16
2010	2 340.50	381.51	77.17	679.83	32.23	183.00
2011	3 125.55	469.45	90.95	897.92	52.09	296.73

[①] 黄河，江凡，王芳菲. 中国网络广告十七年（1997-2014）[M]. 北京：中国传媒大学出版社，2014.

续表

年份	广告营业总额	报纸广告营业额	广播广告营业额	电视广告营业额	杂志广告营业额	互联网广告营业额
2012	4 698.00	555.63	141.06	1 132.28	83.27	437.97
2013	5 019.75	504.70	141.19	1 101.10	87.21	638.80
2014	5 605.60	501.67	132.84	1 278.50	81.62	969.09
2015	5 973.41	501.12	124.49	1 146.69	71.90	1 589.00
2016	6 489.13	359.26	172.64	1 239.00	60.31	2 305.21
2017	6 896.41	348.63	136.68	1 234.39	64.95	2 975.15
2018	7 991.48	312.57	136.66	1 564.36	58.79	3 694.23

注：此表为本书作者自制，每年的相关数据来自原国家工商行政管理总局（现国家市场监管管理总局）的统计，这些材料皆见于《现代广告》各年的公开发布。2018年各项数据来自《中国市场监管报》2019年4月25日第4版之《广告业走出上扬曲线 年经营额接近8 000亿元》。

资料来源：黄河，江凡，王芳菲. 中国网络广告十七年（1997-2014）[M]. 北京：中国传媒大学出版社，2014

2. 中国移动广告市场规模

在互联网网络广告中，移动端广告发展尤为迅猛，其增速远高于互联网广告的增幅。智研咨询2018年发布的数据显示，我国的移动互联网广告市场规模已经由2012年的53.2亿元增长至2017年的2 648.8亿元……在整个网络广告市场的渗透率超过70%[①]。

移动广告随着移动互联网的迅猛发展，大致经历了三个主要阶段，即从用户被动接受广告信息的push时代，发展至用户主动咨询订阅的pull时代，再到如今基于大数据技术的定向推送的双向交互时代。其中有几个关键节点。

2006年——移动广告导入期：广告主开始试探性进入行业，逐渐确立商业模式。

2009年——移动广告增长期：互联网进入3G时代，移动广告的用户量激增，进入发展黄金期。

2013~2014年——移动广告爆发期：移动端开始成为广告投放的主流渠道。

2016年——移动广告成熟期：程序化购买技术不断趋向成熟。

近年来，移动广告市场发展呈现出一些明显特征：

---

① 智研咨询. 2018年中国移动广告行业市场规模及发展趋势分析预测[EB/OL]. http://www.chyxx.com/industry/201804/635083.html，2018-04-27.

其一，传统广告的投放渠道日趋衰落，移动广告增长迅速。广告行业在发展中渐趋成熟，投放渠道被逐渐打开。APP、移动搜索等营销渠道的推广及移动端用户量的积累，移动端已逐渐成为广告主的首选渠道。

其二，移动广告平台市场加速洗牌，行业技术不断优化升级。中国产业信息网发布的《2018年中国移动广告市场规模及市场发展空间分析预测》显示，中国移动广告平台整体市场规模在2017年达到332.3亿元……[①]程序化购买技术已经渐趋成熟，整体平台技术正处于优化升级阶段，行业的未来发展空间巨大。

其三，移动DSP市场仍保持增长，广告主着眼于平台的搭建与优化。移动DSP技术对于促进广告投放一体化、智能化有明显作用，可有效提升广告的投资回报率。未来，会有更多广告主将着力点集中在DSP平台的搭建与优化上。

人工智能、物联网和区块链技术的导入，必将带来我国移动广告市场的跨越式发展，其未来发展趋势可以预见：

其一，移动广告市场将会持续扩展。随着传统媒体向互联网的大幅度倾斜，用户对移动广告的需求将持续增长，从而激发移动广告的潜在市场发展。

其二，技术升级，推动智能精准化成为发展风向。广告投放技术的升级，推动移动广告进入智能高效的时代，行业竞争开始由专业性服务向智能技术转变，或将侧重搭建DMP、DSP等产品矩阵，提升广告投放的效率。

其三，精耕垂直领域，提升广告投放专业性。之前的移动广告业涉及领域较广，专业性较为缺乏，未来发展可集中特定垂直领域，深耕行业内品牌影响力，形成核心竞争力。

其四，把控数据真实性，引入第三方监测。为提升广告投资回报率，广告主期待引入第三方进行数据监测；数字营销公司将注重技术开发和数据分析，适时调整营销策略，提升品牌竞争力保证数据真实性的同时，借此获取广告主的信任。

（三）中国数字营销市场运行态势

中国的数字营销市场整体发展态势良好。一方面，经济增长推动消费升级换

---

① 2018年中国移动广告市场规模及市场发展空间分析预测[EB/OL]. http://www.chyxx.com/industry/201801/604690.html，2018-01-17.

代和消费需求的个性化、定制化；另一方面，互联网和数字经济改变数字营销市场的资源配置方式，将更多地借助市场那只"看不见的手"来调节供需、转变生产方式，助力国内品牌从中国制造走向中国创造。在这样的市场环境下，移动支付、人工智能等新技术的运用将为数字营销的发展营造良好的市场氛围，数字营销行业内广告主、数字营销公司和数字媒体之间的边界将变得模糊，并按照互联网思维进行重构，共同打造全新的数字营销产业生态圈。

1. 经济增长渐趋平稳与消费需求升级

近年来，伴随着中国的经济规模逐渐扩大、多红利因素消退，经济的高速增长时期已成为过去，中国经济进入"新常态"，从2017年开始显示出稳定复苏的发展态势。中国人民大学发布的《2017—2018中国宏观经济分析与预测报告——新常态迈向新阶段的中国宏观经济》报告指出，"2017年中国宏观经济在世界经济同步复苏、稳增长政策持续发力、供给侧结构性改革全面推进、新经济持续向好、市场预期不断改善等因素的作用下出现了触底企稳基础上的反弹，宏观景气、微观绩效、结构调整以及新动能培育出现持续改善的局面，整体经济呈现'稳中求进，进中向好'的超预期复苏的态势"[①]。

经济形势向好，消费需求相应面临升级要求，带给品牌更多的发展选择和发展路径，越来越多的行业需要在市场化环境下为消费者提供更优质的消费体验。在转型升级过程中，企业需要注重产品品质的保证，更多地将产品需求转化为品牌服务需求。

2. 互联网改变资源产生与配置方式

2016年举办的第三届世界互联网大会，提出了互联网发展"下半场"的新概念，强调数字新环境下的企业需要转变创新发展方式，而非一味模仿。在互联网的"上半场"概念中，企业多以改变资源配置方式为核心。例如，电子商务的发展，使商品流通的资源配置方式发生转变；而移动电子支付的发展，使现金流通的资源配置方式发生转变等，特别是在"共享经济"浪潮下，这一模式在住宿、

---

① 杨瑞龙，毛振华，刘元春. 2017—2018中国宏观经济分析与预测报告——新常态迈向新阶段的中国宏观经济[EB/OL]. http://www.3mbang.com/p-227331.html，2017-12-26.

出行等领域的实践，都促进了相关行业资源配置能力的提升。在这一阶段，互联网由于规模化发展，为粗放型发展提供了机会，多数行业的创新停留在表层。而在"下半场"阶段，互联网不仅仅停留在资源配置方式的改变上，更体现在资源产生方式的转变上，互联网行业与其他传统行业相结合，使线上与线下的边界逐渐消失，甚至融为一体。因此，在数字技术的推动下，各行业之间的边界将逐渐被打破，并按照互联网思维进行重构。

三、技术发展为数字营销铺路

移动支付技术在数字营销的生态环境中起到"铺路"的作用，VR/AR、人工智能等技术逐渐对营销市场产生影响。

（一）规模化的移动支付技术应用

2016年是中国传统媒体广告和互联网广告发展态势发生重大转变的一年，互联网广告的整体销售额超过了广播、电视、报纸、杂志等传统媒体广告的销售额，成为最受广告主青睐的载体，其中移动媒体广告成为拉动广告增长的新动力。

移动优先的策略逐渐成为共识，市场投放的费用逐渐向移动端倾斜。究其根本，归于基础硬件设施的进一步完善，从而推动以移动端为核心的生活方式成为消费者主流，使移动端数字营销成为市场主力。例如，一些从移动端基础上起步的APP便有着不俗的市场表现，其提供的"专项服务"和"内容"便分享到诸多市场红利。而传统的门户网站也相继推出移动端平台，借助短视频、直播等形式汇聚流量，注入更多商业价值。

在数字营销的生态环境中，移动支付技术也起到"铺路"的作用。网上购物已开始向线下交易环节发展，覆盖全面的场景生态，以用户为核心，连接体验、购买、沟通、分享等多环节的营销生态。在营销一端，企业通过第一、第二、第三方大数据进行消费者资源挖掘；在营销另一端，消费者使用移动支付方式时，便建立起与企业品牌的持续沟通通道。企业进而通过后续营销服务来维系与拓展客户关系，形成全新营销闭环。

（二）VR/AR、人工智能等新技术推广

科技发展带来技术的进步，VR/AR、人工智能等技术在营销中逐渐对社会发展产生影响，其应用追捧与迷茫并存。VR技术将虚拟或真实的场景体验，精准传递给远程用户，拥有创造和转移场景的能力；而AR技术则在真实场景中，帮助消费者强化自身体验和能力。举例来说，中青旅遨游网在北京多家连锁门店引入了VR设备，几分钟内就可以为消费者提供"沉浸式"的爱尔兰仿真风景游。淘宝BUY+也在"双十一"时，将本是网页平面购物界面转换为"虚拟实景"，通过这一技术，消费者可以真实体验在日本药妆店、美国百货店的购物感觉。

人工智能技术在2016年以"人机大战"的形式进入公众视野，但人工智能会如何影响社会，在大众和专业人士的眼中，呈现出两极化的局面。一方面，乐观派认为这一技术推动人类社会进入文明的新高度；另一方面，悲观派认为技术发展会给社会带来反面作用。尤其是在2016年11月18日，第十八届中国国际高新技术成果交易会上的一名机器人打破展台玻璃，不幸砸伤路人，被网络舆论放大为"全国首例机器人伤人事件"，引发了围绕人工智能技术应用与发展的热烈讨论，热度一直呈走高趋势。

（三）技术进步推动数字市场营销方式的创新

在不断增长的市场需求下，数字行业的发展思路在拓展与翻新，新媒体形态的涌现、新核心技术的应用，推动数字市场营销方式不断创新。传统营销逐渐转变为效果转化导向，内容逐渐在营销策略中占有战略性地位，同时社交平台营销、大数据营销等都被深度结合到产品的创新服务中，为消费者带来真正的全方位体验。

1. 效果导向催生品牌创新路径

从观念到内容，再到具体的产品与呈现形式，这些整合和优化创意、技术、策划的效果广告越来越受到广告主青睐，因而基于因果推论的传统营销，正逐渐转变为效果转化导向。

随着新的媒体形态和消费者决策路径的多样化，数字营销对目标设定有了全

新的思路，"品牌和效果"成为可兼顾的选择。传统营销中对于品牌广告与效果广告的对立划分，在数字营销中有了更全面的决策路径，使品牌广告在与消费者的互动中可兼顾效果转化，进而推动营销生态的新走向。

一方面，将数字媒体的营销资源进行生态化转变。为了充分挖掘营销资源，电商的营销渠道不再局限于商品销售与服务上，数字媒体也不仅仅专注于内容传播，内容本身与渠道资源的界限逐渐模糊，正在逐渐融合与渗透，形成一种整合营销的资源生态。"品牌"和"效果"不再像从前那样划界清晰，一些互联网企业将媒体资源打通，让社交平台与电商平台进行数据整合，让品牌营销向效果转化。另一方面，推进多屏同源数据的构建。业内很多第三方公司正在积极尝试，包括跨终端的识别算法以及跨终端的同源样本库这两种方式，从而实现互联网环境下消费者购物行为和媒体行为的数据化分析，对品牌与效果之间的转化进行实时追踪与测量分析。

2. 探索内容营销的发展与升级

在数字营销领域，内容是品牌与消费者互动的重要因素，依托内容进行创意生产与传播有独特的效力。围绕数字营销渠道，企业一方面通过微电影、制作剧等新型传播形式进行传播；另一方面围绕内容，将品牌的形象及内涵植入相关内容中。而在探索内容营销升级的过程中，内容逐渐在营销策划中占有战略性的地位，企业不仅注重内容本身，更会着力于提升品牌内容创新、运营及分发能力。具体来说：第一，投入 IP 内容的创作，更多地发掘周边产品及粉丝运营等更多层面的 IP 价值，着力于与其更深度的合作；第二，着力于社交平台上的短视频、视频内容营销、内容化广告等方向；第三，利用大数据定位消费者的实际需求，从而进行内容上的智能分发。

当前广告正在与数字媒体的内容创作发生更高层面的融合，它从形式到内容以更原生的内容化方式到达消费者，内容化广告逐渐成为热门。2017 年五大视频媒体公开公布的内容化广告总计有 17 个，关注内容化广告产品的营销人员达到了 81.2%，营销内容上的强关联，使品牌信息在潜移默化中影响消费者，同时又保证了媒体的整体播出环境。例如，2016 年的影视剧《老九门》热度很高，同时在探探 APP 上由剧中角色出演的贴近剧情的内容化广告让消费者很有新鲜感。

聚焦内容化营销，其方向多是以媒体资源或者热点事件为核心产品，将内容深度植入，将广告信息结合剧情内容创意发力，并进一步结合用户的场景需求。在消费者时间与注意力的争夺中，一方面，企业聚焦优质而积极的内容输出，如生活类垂直内容、娱乐内容、自媒体等，有利于消费者更愉快地消费时间；另一方面，企业需要聚焦有意义的知识型高阶内容输出，提升品牌价值。另外，聚焦工具性的实用性内容，也会在一定程度上帮助消费者节省时间成本，更高效地解决其问题。

3. 社交平台营销

社交广告在数字营销中开始逐渐受到关注，社交广告为广告主和消费者之间提供了一种情感连接方式，它通过洞察消费者的个性化需求，在适时的场景互动中满足消费者深层次的情感诉求。社交广告虽属于展示型广告，但其通过追踪和分析消费者在社交媒体的行为，为广告主提供投放情景化、原生化内容的平台。

而在社交内容的形式化创造上，企业逐渐从已有的社交表达方式上探索出新路径。首先，有机整合形式与内容，从而激发消费者兴趣。其次，加强对垂直化社交平台的关注，有针对性和区隔性地进行社交表达，拉近与消费者的距离。再次，形式化创造线下体验，又注意消费者创造和分享内容。最后，及时捕捉社交热点的势能，深度挖掘热点本质，同时借助热点内容与品牌的相关性来借势营销，从而放大品牌效应。

4. 大数据的应用渗透

大数据对于数字营销来说已不是新概念，基于消费者行为分析需要海量数据，如出行、搜索、消费、点击等作为支撑，再次凸显了互联网入口的作用及渠道的优势。波士顿咨询研究表明，传媒行业的数据使用量仅次于银行业，每创造100万美元收入，便需要使用近760GB数据。

而大数据在数字营销中的应用逐渐深入，不再仅限于第三方数据。2017年的调查显示，使用第一方、第二方、第三方数据的营销人员均超过70%。第一方数据是指企业自有的用户数据，是企业数据库中的用户产生的业务数据或通过日志收集的用户行为数据，这类数据的可信度较高，主要用于用户价值分析、精准推送、改进产品和营销服务等，多与第二方、第三方数据打通融合，获得多角度洞察。第二方数据多来源于企业合作伙伴,如合作的数字营销公司和数字媒体,通过媒体平台之间数据的打通,来提升数据驱动数字营销的能力。第三方数据是网络广告监测机构通过监测网页广告的浏览量和点击量,有助于企业正确评估网络广告效果。由于第三方数据来自企业和数字营销公司、数字媒体之外的第三方机构,因而其数据相对客观。目前,第三方数据供应商,正借助交换、收购等方式,拓展大数据的广度与深度,如跨屏媒介数据融合,线上线下数据打通等。

当然,在数据应用的透明度与可信度上,还存在一定提升空间,如数据暗箱操作与人为作弊问题等,所以提升数据的公正可信度,成为大众对数字营销效果评估的期待所在。

5. 直播机遇带来场景营销机会

直播机遇的来临,一方面体现着对沟通方式的改变,如即时传播、去中心化、更直观的体验;另一方面直播使内容的创作呈现个性化、场景化、互动性的特点。它不仅作为媒体传播平台存在,也成为商品营销的渠道,具有更多元化的角色价值。不过,直播作为一个刚刚兴起的媒体形态,依旧存在很多不确定性,在内容创制、变现方式上有很多需要发展和创新的空间。

其中最引人注目的是场景机会得到发掘。第一,网络直播是一种典型的传受双方信息适配的过程。移动时代场景的意义得到强化,即场景传播通过为消费者提供个性化服务与精准传播,从而增强用户黏性。而在直播中,主播对用户的提问有问必答,并根据现场需求变化传播内容与场地,都体现着信息适配理念。第二,网络直播给予用户深层次的交互体验。网络环境下的社交行为,有着必要的场景化需求,而网络直播作为社交媒体正是实现场景构建的平台。在直播的过程中,直播已逐渐成为一种社交方式,直播间就是社区,社区内的社交互动即创造直播内容。网络直播平台和场景融入信息交互中,将带给用户生动的社交体验。

6. 技术的营销转化与落地

以 VR/AR、人工智能、人脸识别等为代表的新技术开始引起广泛的社会关注,作为基础应用或是内容噱头,新技术在数字营销中已成为重要驱动力,引发营销方式的变革。VR/AR 技术应用范围较广,从演唱会、大型小型活动直播到模拟看房系统、购物系统及支付宝 AR 实景红包等，其硬件驱动效果明显，而在应用程序和内容方面也在持续跟进。人工智能带来对话式的信息呈现、内容的定制化生产及个性化推荐等，越来越多的原生营销内容，有望通过这项技术抵达消费者。而认知识别技术通过图像、语音、人脸等一系列识别，不仅增加消费者互动意愿，而且可通过更加丰富的场景和用户数据，实现精准传播。

而在技术营销中，实现让技术化元素在营销中的落地也是必不可少的。若要达到技术的普及应用，则必须在营销转化过程中发挥技术的核心价值。以技术的核心价值为前提，不应拘泥于形式化的技术应用，在营销的内容和形式中，需要将新技术深度结合到产品的创新服务中，为消费者带来真正的全方位体验。例如，LBS 技术在兴起之初仅用于酷炫的展示，如今已逐渐成为以地理位置为基础的场景营销的标配。

四、交易制度的变革轨迹

广告代理制作为一种具有委托代理性质的契约关系，是市场经济发展下的阶段性产物。我国的广告代理制沿袭着西方广告代理的分工和交易机制，并受到国家行政制度规范影响，传统广告交易模式存在委托代理失衡等弊端。而在新兴技术浪潮驱使下，市场经济意识被逐步放大，传统广告市场的交易"惯例"被新兴广告交易业务模式——程序化购买打破，解构了传统广告代理制中的交易机制和分工机制，通过单向代理的市场分工模式和实时竞价的交易模式，实现广告市场运行的委托代理关系的最优化激励。

（一）广告代理制的确立与困境

作为一种经营机制，广告代理制的核心要素——代理内容和代理佣金模式一直处于变化发展中，代理内容经历了从单纯的媒介代理走向全面、专业的综合代理过程，但也随之出现了新的问题，内在的行政色彩和固定的代理费等均成为制约广告代理制发展的重要因素。

1. 广告代理制的确立过程

广告代理制是伴随着社会需要和行业发展内在要求应运而生的，它的产生、发展与确立，前后经历了近一个世纪。其漫长的发展历程，主要分为三个阶段：依附于媒介的媒介推销阶段、脱离媒介的媒介掮客阶段和独立的专门化代理阶段。最早期的广告代理是以媒介代理者的身份出现的，随着早期报纸广告带动报社收入的增加，报社开始聘请专人负责招揽广告业务，为报社销售广告版面，故这一时期又被称为"版面销售时代"。而市场竞争的加剧，使广告代理由单纯的媒介代理逐渐向独立且专门化的代理演进，各媒体开始在报社（组织）内部正式设置广告部门，集中经营广告业务，原先受雇于一家媒体的版面推销人员，也开始介于广告主和媒体之间，廉价批发媒体的版面，高价零售给广告主从而赚取差额利润，成为利用媒体版面赚取差价的掮客（中间商）。直到19世纪60年代末，广告业开始进入独立的专门化代理时代，其重大标志之一就是真正具有现代广告公司特征的广告代理公司的出现，其完全不同于早期的媒介代理，而是向为广告客户提供全面、专业服务的方向发展。

当市场主体逐渐倾向于"委托—代理"模式运行时，表现结构为"广告主—广告代理—媒介"的广告代理制作为市场运作的内生机制确立，从而促进广告市场的专业化分工和广告产业的独立发展。广告代理制的正式确立，依赖于分工机制和交易机制的形成，分工机制作为核心，确定各市场主体的分工；交易机制作为保障，确定各市场主体的利益分配，在市场运行中协同发挥作用。在分工机制上，三大主体的职责分工明确：广告代理公司作为独立的经营实体，为广告主和广告媒介提供双向的专业化服务而存在；广告主提供经费发动广告活动；广告媒介通过刊播广告来提供广告发布服务。在交易机制上，广告代理佣金制的提出与确认，成为广告代理制得以确立的重要因素。广告代理公司在从事广告代理活动时，接受广告客户的全权委托，在其广告方案和策略获得客户认可并付诸实施后，广告代理公司可从代理广告的媒介刊播费中，获得15%的代理佣金。至此，专业意义上的广告代理制正式确立。

而作为一种经营机制，广告代理制的核心要素——代理内容和代理佣金模式一直处于变化发展中。代理内容经历了从单纯的媒介代理走向全面、专业的综合代理过程，而代理佣金制15%的固定佣金比例，导致广告公司和客户常为昂贵的媒介刊播费以及由此升高的广告代理费发生纠纷。为此，出现了如协商佣金制、效益分配制、实费制等收费方式来缓解矛盾。

2. 广告代理制遭遇的困境

广告代理发展到专门化的综合代理时代后，随之出现了新的问题。一方面，广告主更加成熟理性，使信息不对称的程度降低，导致广告代理公司的媒介代理费用在一定程度上减少；另一方面，随着全球数字技术的发展和信息化浪潮的来临，媒介的传播环境日益复杂，广告代理公司的专业化服务能力受到质疑，部分广告代理公司甚至出现"零代理"状况，广告代理制受到来自媒介的多重挑战。由于存在信息的不对称，广告主随时会面临广告代理服务的投机行为，如交易前的逆向选择和交易后的道德风险，这些行为均会导致高交易风险和成本。

究其原因，是我国广告代理制关系中存在约束缺位。在我国，市场核心三者的相互作用形成委托代理关系，其本质更偏向于一种基于市场交易的契约行为，交易双方在契约之上的信息不对称环境中各取所需。由于委托方和代理方之间的约束机制的局限性，双方无法从内在信息了解彼此，仅能从外在行为进行观察，从而导致双方地位的非对称性，由这一关系产生的市场效用随之被质疑。

内在的行政色彩和固定的代理费等均成为制约广告代理制发展的重要因素，从委托代理关系视角来看，我国的广告代理制并非为最优化契约关系。新技术浪潮的来临，特别是程序化购买的出现，使传统代理制的交易模式和分工机制面临重构。

（二）程序化购买的兴起

程序化购买广告兴起，并在很短时间内形成较为完整的产业链，重构着传统代理制的交易模式和分工机制。

1. 认识程序化购买

顾名思义，程序化购买，即通过自动化、系统化、数字化的方式，对传统广告代理模式中的三大市场主体广告主、媒介、代理公司进行重塑，实现程序化对接，找出匹配用户的广告信息，从而通过购买的方式进行广告投放与实时反馈。对程序化购买的定义一般分为狭义和广义两方面：从狭义上来看，仅指将算法、技术及数据运用至提升数字展示广告的效果；而广义上的程序化购买，则是指将算法、技术及数据运用至整体营销生态中，实现整体广告营销产业链的效率。它的出现，标志着未来广告从购买"媒介"向购买"用户"时代的转变。

程序化购买广告拥有完整的产业链：作为需求方平台的 DSP、作为销售方平台的 SSP、作为数据管理平台的 DMP、作为广告交易平台的 ADX 及第三方检测机构等。需求方平台 DSP 主要服务广告主，通过专业的大数据开发进行软件分析，为广告主有效的广告投放提供科学决策。销售方平台 SSP 主要服务媒介资源，通过联盟汇聚网络媒体流量。数据管理平台 DMP，通过挖掘和分析大数据资源为 DSP 公司提供数据服务。而广告交易平台 ADX，在为 SSP 公司和 DSP 公司的程序化交易提供平台的基础上，收取服务费用。此外，第三方检测机构主要负责对网站流量和程序化购买广告效果进行实时监测，共同打造广告整体营销产业链的效率。

同时，程序化购买呈现数据化、精准性与个性化等特征。首先，大数据生态下"一切可量化"，用户关系的信息被数据化，并成为新媒体场域中拥有巨大广告价值的特殊"资本"，它充分挖掘数据价值，突出对数据的利用和重视。其次，程序化购买强调对海量数据进行分析，从而获得具有价值的产品服务，远非简单的数据叠加。在数据基础上精准分析和定位，将广告传播效果具体体现在销售层面，帮助广告主实现整个营销过程的持续精准化。最后，程序化购买强调个性灵活，便于广告主为用户提供个性化服务。广告主可根据自身需求对广告投放的媒体环境进行有效筛选，媒体方可对自身广告位进行有效管理，用户的广告体验和认知也得到相应优化，共同推动产业链整体的优化升级。

2. 程序化购买过程中遇到的问题及其解决对策

程序化购买在具体交易过程中也存在一些问题，如大数据的获取、流量作弊、虚假点击和跨屏识别等问题，都对程序化购买的发展提出了更长远的要求。

1）大数据流动交易解决数据孤岛问题

大数据的获取一直是影响程序化购买的重要因素，由于大量数据无法进入市场交易，程序化购买公司难以获取和分析全面的大数据资源，从而呈现数据孤岛现象。例如，腾讯、阿里巴巴、百度这样的互联网巨头，兼有互联网媒体和企业经营的性质，分别掌握着用户的社交、电商交易及搜索大数据，却没有让这些资源实现有效利用和共享，不利于程序化购买产业的长远发展。

故而通过建立大数据流动交易机制显得尤为必要。一方面，大型互联网企业可以通过建立自身的 DSP 公司和广告交易平台，来实现与 DSP 公司之间的数据共享，如腾讯建立的 Tencent Ad Exchange、阿里巴巴建立的 Tanx 平台及百度建立的 DSP 投放服务等。另一方面，规模较大的品牌广告主可以通过建立 DMP 数据管理平台来优化企业内部的大数据利用和管理，同时与供应商、分销商提供的第二方数据以及 DMP、DSP 公司提供的第三方数据进行有机整合。另外，建立严格的大数据交易市场与平台也可以有效推动大数据的流动和行业规范的形成。

2）行业标准优化产业生态

流量作弊会直接影响程序化购买广告的效果。一方面，网站的虚假流量必然会对广告主的利益造成伤害；另一方面，作为程序化购买公司的核心竞争力，数据流量的虚假会造成实际广告效果的偏差，从而导致整个行业的信任危机。

对此，需要出台行业标准并在此基础上建立第三方检测平台，为程序化购买的广告产业创造健康的市场环境。由于我国的程序化购买处于起步发展阶段，诸多市场行为均有待规范，因此，建立良好的行业标准具有重大意义和价值。例如，在 2015 年 7 月，全国信息技术标准化委员会（China National Information Technology Standardization Network）分委员会审议通过了中国数字化营销与服务产业联盟提交的行业标准，包括《程序化营销技术：协议》《程序化营销技术：执行规范》《程序化营销技术：数据规范》《程序化营销技术》，在此基础上辅之以广告监管机构和行业协会的作用。另外，通过权威程序化购买企业的声誉排名，也能有效引导资本的流向，推动行业良性发展。

3）创新合作模式解决跨屏识别问题

新媒体环境下，用户可在电视、户外、移动端、PC 端进行自由切换，这对程序化购买的跨屏用户识别提出了全新要求。不同于传统 PC 网络环境，移动互联网下通过 Cookies 识别和定位用户成为难题，跨屏识别成为阻碍精准定位和投放的一大重要因素。

对此，除了跨屏识别技术的创新外，需要大型互联网企业和程序化购买公司创新彼此之间的合作模式，实现多屏 ID 的整合，从而精准定位目标用户。目前，一些拥有用户大数据资源的 DSP 公司，通过依托大型互联网企业，进行用户的跨屏识别及多屏程序化购买。而另外一些 DSP 公司则部分依托大型的营销传播集团，部分属于本土独立或外资，它们利用自身积累的大数据资源、部分互联网开放的大数据资源与企业内部建立的 DMP 数据管理平台有效对接，打通整个产业链的数据流通，推动多屏程序化购买的发展。

第三节　制约数字营销市场发展的因素

在数字营销的市场运行中，技术、数据、行业规范及道德自律等问题，都是制约其发展的重要因素。

一、技术制约因素

在数字营销领域，"数据"在多个行业彰显的能量使人们看到了全新的发展路径。技术的发展与变迁无疑值得欢欣鼓舞，但此处不妨借用苏珊·朗格在《哲学视野》中的话来谨慎看待这个问题：一些观念会在短时间内以惊人的力量给人们的知识状况带来巨大冲击，它们似乎有希望能解决所有问题。因此，每个人都想迅速抓住它们，作为用来构建综合分析体系的法宝与概念体系。这种宏大概念的流行，一时间把所有东西都挤到一边。

这种论述用于数字营销背景下对于大数据的狂热追随也较为恰当，大数据的兴起并非是对其他思考和理解方式的否定。以数据为核心的经济发展模式还处于初期阶段，其基础轮廓下的技术逻辑还没有被完全理解，数字技术带来美好图景的同时也包含着众多可能性风险。除了担忧信息安全等技术性风险外，我们还需要将关注的目光集中到数字技术本身。

（一）对海量数据的分析处理能力欠缺

作为零售业巨头的沃尔玛，输入其数据库中的总体数据规模预计达到 2.5PB，这一数据规模相当于美国国会图书馆整体书籍存放量的 167 倍。而淘宝的数据统计量显示，其一日产生的数据量可以达到甚至超过 30TB，这仅是一家互联网企业一日的数据处理量。对于如此体量数据的处理，遇到的首要问题就是技术。如此海量的交易和交互数据，使大数据在复杂程度与整体规模上，超出常用技术在合理时间和成本上对于数据的抓取、存储与分析的能力。而目前使用的数据库技术源于 20 世纪 70 年代，在这种情况下如何重新构建整体数据结构以适应数字营销时代，以提升对海量增长数据的分析与处理能力。当前对大数据所要具备的处理能力，等同于曾经 PC 机对小数据的处理能力[1]，是难以适应实际需要的。实际上对大型的数据进行实时分析，需要使用如 Hadoop 的分析处理技术，并在数据库中加强对数据和资源的访问控制。因此，谈数字技术的应用，首先需要考虑技术层面处理和分析的不足之处，这是前提条件，也是数据中心成为亚马逊、谷歌等最高机密的原因所在。

（二）数据量的增大与数据规律的失真

数据量的急速增长会让一些错误的数据掺杂进整体数据库，造成分析结果的不确定[2]。大数据有另一层定义——多样性，即不同来源的信息混杂交错在一起，会增大数据的混乱与风险程度，使处理这种非结构化的海量数据变得困难。

更多数量的信息同时意味着更多虚假关系的信息。斯坦福大学教授 Trevor Hastie 曾经用"寻找一堆稻草里的一根针"来比拟大数据时代的数据挖掘，但问题是面临如此多类似针的稻草，如何寻找一根针成为亟待解决的问题。海量的数据使显著性检验成为难题，真正的关联反而难以寻找。

以 2006 年网络游戏历程扩散的回归分析为例[1]，在样本量为最开始的 5 241 个时，文化程度、收入、年龄这三个变量在线性回归分析中呈显著性特征；当样本量增加至 10 482 个时，除以上变量，性别和独生子女两项变量也开始变得显著；而当样本量增加至 33 万时，所有的变量都呈现显著性，即所有因素之间都

---

[1] 刘德寰. 大数据面临的风险和现存问题[J]. 广告大观（理论版），2013，（3）：67–73.
[2] 舍恩伯格 V M，库克耶 K. 大数据时代：生活、工作与思维的大变革[M]. 盛杨燕，周涛. 译. 杭州：浙江人民出版社，2013.

存在联系。所以,在样本量增长到一定程度时,会出现无法推论的现象,得出不真实的统计学关系。若要对一种现象进行客观而深刻的分析,不仅需要数据,更需要理性的分析思维,坚持理论与分析方法的不断创新。

(三)封闭数据与缺失数据

"整合可以带来数据的增值,但整合的前提是数据的开放。"与信息层面的公开数据概念不同,开放更多地指的是数据库层面的概念,即将原始数据及元数据通过可下载的电子格式置于网络上,其他方可自由使用。这可以满足公民的知情权,更重要的是,让数字时代的生产资料等数据自由流动,从而推动网络知识经济与创新的发展。但目前面临的数据壁垒问题,仍旧是一个平台一个数据,造成数据信息的封闭与割裂。

例如,腾讯、搜狐、新浪、网易四大微博的数据平台就出现了各自为战的局面,它们彼此之间相互独立,每一个都是依据自身的用户数据进行行为分析。这种封闭的数据环境会造成多层面分析的局限性及数据的同质化。例如,在不同平台上均开通账号的用户特征是什么,仅在一个平台上开通账号的用户特征是什么,风格、活跃度是否相同等,这些分析在封闭的数据环境下是难以进行的。这种数据层面的界限使多数企业依旧处于"盲人摸象"的境地,缺乏广阔的分析空间和分析思维。一些大型的互联网企业如腾讯、阿里巴巴、百度等,它们是作为大型的互联网媒体同时也是经营性企业存在的,均掌握着大量的用户数据资源。然而,它们彼此之间的大数据资源呈现数据孤岛,并未实现数据的利用与共享。

另一层面的风险表现在数据的缺失上。数据量的增大带来缺失数据比例的提升。从大数据的整体来看,具体到分析哪一个层面的问题都缺乏一定的数据量。一些企业会在数据的收集整合过程中通过技术修复手段来避免这类问题,但反而会失去原始的真实数据,给问题的分析带来风险。

对于缺失的数据的确可以尝试通过模糊数据集理论来解决,但是很多具体层面的研究情境对数据的要求是确定的。海量数据、全数据等并非数字时代对大数据的真实需求,接近精确、运用开放的分析方式才是我们更迫切需要的。技术层面的局限使目前的数据呈现封闭性、断裂性、缺失性,从某种层面来看我们仍处于"小数据时代",这与我们热衷追随的各种大数据的方法、技术在一定程度上是相互矛盾的。

数据是企业最重要的资产,而且随着数据产业的发展,将会变得更有价值。但封闭的数据环境会阻碍数据价值的实现,对企业应用和研究发现来讲都是如此,因此我们需要合理的机制在保护数据安全的情况下开放数据,使数据得到充分利用。有效的解决办法之一是公正的第三方数据分析公司、研究机构作为中间商收集数据、分析数据,在数据层面打破现实世界的界限,进行多家公司的数据共享而不是一家公司盲人摸象,这样才能实现真正意义上的大数据,赋予数据更广阔全面的分析空间,才会对产业结构和数据分析本身产生思维转变和有意义的变革。

二、数据造假与虚假点击问题

数据造假正在逐渐啃噬营销的根基,数字营销时代,消费者的注意力和媒介触点相当碎片化,品牌在激烈的竞争中希望以各种方式吸引消费者注意。但数据造假在整个营销行业已不再是个别现象,市场上购买虚假流量便宜又便捷,如一元即可在 PC 端购买一千个独立 IP 制造一千次点击,但这种虚假的数据无法带来实际的销量,也给整合数字营销行业造成破坏性影响。这种数据造假是由整个产业链中多方的利益纠葛造成的:其一,媒体平台为了通过漂亮的广告触达数据提升在广告主面前的话语权;其二,广告代理商和中间商需要对媒体投放效果负责,但广告主单方面的 KPI(key performance indicators,关键绩效指标)要求给其带来巨大压力;其三,第三方检测公司的行业数据来源和维度各异,整合清洗有一定难度,其既是"运动员"又是"裁判员"的身份为数据检测带来一定困扰。要想真正解决"被浪费的另一半广告费"这一个世界性难题,需要全行业的共同协作,一方面需要代理商和数据监测公司真正抵制异常流量;另一方面媒体要帮助建立、推行统一的可见性测量标准,同时也需要广告主制定更为合理的 KPI 标准。

虚假点击问题在数字营销行业同样突出,上文提到一元即可在 PC 端购买一千个独立 IP 制造一千次点击,制造虚假数据。点击数据原本是用来表现用户需求的重要指标,对广告主进行科学广告营销具有重要意义,但虚假点击和流量购买的出现,导致广告效果的可信度大大降低,对整个行业发展产生了很大的负面影响。要解决虚假点击问题,需要利用好精确的网络分析技术,甄别出总体点击中的真假部分。例如,明确点击问题的常用指标有"跳出率"和"二跳率",跳出率指的是网民点击广告进入广告主网站后,只浏览了一页的访问次数所占的百分比,跳出率很高表示虚假点击的成分高;而二跳率则表示用户点击某一链接或者按钮进入深层页面,相对于跳出率,二跳率能够更加有效地体现点击量的质量和用户行为。

当然,制约数字营销市场发展的因素还有很多,如数字营销的法律规范缺失、行业管理规范缺失和伦理规范缺失等,这些内容在以后的相关章节中再行论述。

第三章　消费者洞察与确定营销目标

广告业界有一个像"哥德巴赫猜想"一样的难题，它是由著名广告大师约翰·沃纳梅克提出的：我知道我的广告费有一半被浪费了，但遗憾的是我不知道被浪费的是哪一半。如何尽可能地提高营销质量、提高回报率一直都是业界孜孜以求的目标。要实现这个目标，其中的关键就是深刻洞察消费者和切实锁定营销目标。

第一节　消费者洞察的概念、特点与实现途径

要了解消费者的喜好、习惯和真实需求，就必须做好消费者洞察，它是一切营销工作的起点。有了它，目标消费者的锁定、整体营销方案的制定及其执行都将顺风顺水、水到渠成；反之缺了它，则其他任何工作开展起来都将举步维艰、难以为继。

一、消费者洞察的概念

消费者洞察是来自营销学的一个概念，即"customer insight"，也被翻译成"用户洞察"和"客户洞察"等。那么，什么是消费者洞察呢？要给消费者洞察下一个准确的定义，就要先厘清"洞察"的意思。"洞察"一词，最早出自宋代罗大经《鹤林玉露》卷三："彼异端也，尚能洞察其徒心术之隐微，

而提撕警策之，吾儒职教者有愧矣。"此处"洞察"有深入、清楚地察知之意。按照这个意思来理解消费者洞察，它是指消费者接触人员或服务人员对消费者行为的深入观察与了解。真的是这样吗？显然不是，至少不全是。默林·斯通曾这样描述消费者洞察："它意味着对于消费者的深入理解，并有意识地将这样的理解用于帮助消费者实现他们的需要。消费者洞察也意味着智慧的机构能够以此更好地定位自己，从而满足顾客或者利益相关者的需求、获得盈利、控制预算、安心和合乎道德。"[①]而包·恩和巴图则指出，消费者洞察，即发现消费者的新需求和隐性需求，并将之应用于企业的营销实务，它为发现新的市场机会、找到新的战略战术提供条件，从而成为能够提高营销成效和摆脱市场肉搏的有效途径[②]。这里，至少有两层意思值得注意：其一，消费者洞察是对消费者的深入理解，不是一般意义上的了解，而是理解，而且还要"有意识地将这样的理解用于帮助消费者实现他们的需要"；其二，发现消费者的新需求和隐性需求，它们不仅包括消费者的现实需求，还应包括其自身都还没有意识到但却真实存在的隐性需求。由此可知，数字时代的消费者洞察指广告主、数字营销公司和数字媒体等机构，通过对消费者数据的全面分析、掌握，对消费者深入理解，发现其新需求与隐性需求，并将其有效应用到市场营销和与消费者互动环节中的行为。它是数字营销的起点，也是开展数字营销的基础性环节，能有效帮助消费者实现其需要。

一般地说，消费者洞察能够洞悉消费者需求，确定目标消费群，将品牌价值与目标消费者从心理上连接起来，从而为确立营销主题指引方向。换言之，数字营销方在精准定位的基础上，依靠消费者数据库，通过社交平台、搜索引擎、自媒体等数字平台，在对的时间、对的地点，以目标消费者偏好的形式，传播其喜好的内容，形成精准送达。无疑，这种"定制式"内容更容易被消费者接受。在许多社交平台，消费者不仅可以与营销方互动，还可能直接参与营销内容的生产，成为品牌传播环节中的一员，使许多营销信息在社交网络上形

---

① 斯通 M, 邦德 A, 弗斯 B. 市场调查宝典：客户真识[M]. 汪开虎, 唐珏, 译. 上海：上海交通大学出版社，2005.
② 包·恩和巴图. 认识——消费者洞察：让我们做得更好[J]. 销售与市场，（4）：18-21.

成爆点。在此过程中，消费者因自身参与而获得成就感，有助于提升其对品牌的忠诚度，更有助于促进其购买行为的产生，从而最终提高销售额，实现品牌推广，甚至是口碑积累。

消费者洞察还能促进对消费者个性化需求的重视。得益于全样本大数据，消费者在什么时候，什么地点，是什么样的情绪，需要什么要的信息，倾向于接收什么形式的信息都受到了营销方的重视，很多以往依赖线下市场调研常被忽视的潜在需求也能被"洞察"。不仅消费者喜欢什么，消费者不喜欢什么也会被"洞悉"。例如，亚马逊不会发送促销邮件给多次未打开类似促销邮件的消费者，淘宝站内"猜你喜欢"等推荐板块里的"不喜欢"按钮。当消费者每一个细枝末节都被收集并且被洞察的时候，消费者不仅获得了需求的满足，而且能拥有更好的体验。

消费者洞察对人性的关注让消费者的地位发生了转变，从营销内容的被动接收者转变为主动接收者、创造者，甚至是传播者。消费者有机会勇敢地做一回自己，表现自己的个性和真性情，并与品牌形成良性互动，这种参与感、幸福感能增强其心理的满足感。长安福特翼虎携手微博大项目"带着微博去旅行"合作大曝光品牌，赞助植入的微话题"带着微博去旅行"获得 194.2 亿阅读量和 4 637.2 万的讨论，高达 4 800 万用户在微博上通过该话题分享了这次旅行的文字、图片和视频。

二、消费者洞察的特点

在消费者洞察被系统地提出以前，这个概念早就在各类营销活动中被广泛应用。在传统营销中，消费者洞察紧贴细分市场，围绕目标消费者进行，且洞察还必须有明显的相关性，成为品牌和消费者之间的桥梁，能够让消费者"感同身受"。它洞察的还必须是消费者没有被触及过的需求，洞察的是表象背后更深层次的逻辑。进入互联网时代以后，数据的计量单位从 PB（1 000 个 TB）到 EB（100 万个 TB），再到 ZB（10 亿个 TB）。互联网时代的消费者洞察能够实现时间跨度上的实时监测，以有效的大数据作为驱动力，深挖消费者行为，最终实现洞察流程智能化。

（一）实时监测与勤于观察并重

消费者洞察需要建立数据库，借助各种研究工具实时监测数据，并通过收集、分析、处理数据，作为营销的依据；此外还需要勤于观察，做生活的有心人，在生活中发现消费者的情感细微处，甚至"痛点"。唯其如此，才能称得上是消费者洞察。

1. 实时监测数据

市场是时刻变化的，消费者的需求也在不停地变化；调查是静态的，是被调查者某个阶段做的事情或想法。而洞察则是动态的研究，是对消费者的长期追踪。在大数据时代，表现在建立产品的消费者数据库，实时分析数据和建模，深挖消费者行为。亚马逊作为一家全球领先的电子商务公司，便通过收集消费者数据建立了专有数据库，并以此作为其营销的依据。以李诞新书上市时亚马逊的邮件推广营销为例。首先从消费者的购买数据中筛选出购买过李诞书籍的消费者和关注过李诞书籍的消费者；然后分析他们的行为数据，如他们的浏览和购买行为数据显示他们都更青睐低配送费的产品，这样给目标消费者的推送邮件主题就可以加入"李诞新书（包邮）"这个元素。同时，在收集和处理数据的时候也要实时关注研究工具的合适性，一个错误的研究工具可能会导致很多错误的结论。因此，在消费者洞察的过程中一定要不断审视当前的状况，合理使用各种工具。

2. 勤于观察生活

"洞察"的本质是一种建立在数据分析基础上的思维方式，应该是每一个高阶营销人的思维模式。海量的数据提供的是关于市场和消费者的"事实"，并不能直接与品牌营销发生关联，这时候就需要洞察在中间起桥梁的作用。这样的洞察大部分源于对生活的勤加观察，特别是对于亲情、友情、爱情和权力欲望这些人类本性的深入挖掘，这些记忆相互连接起来，会成为人们源源不断的素材库，助人们产生新的感悟，为冷冰冰的事实披上"情感"的外套，成为一个很好的营销点子。麦当劳2017年以"没有过不去的坎，只有过不完的坎"为主题拍摄的广告短片，以新人试用期为切入点——新人试用期是绝大部分职场人都会经历的阶段，麦当劳将此段时间的酸甜苦辣作为洞察对象，并将这种成长与麦当劳的陪伴相关联，与众多有类似经历和情感体验的职场人产生共鸣，实现了品牌与目标消费者的关联。

（二）以有效大数据为驱动

传统的营销大多依赖市场调研，市场调研耗时长，需要耗费大量的人力、物力和财力，抽样调查是其普遍采用的调研方法，获取的数据只是"小数据"，样本选取和分析过程的小误差都有可能导致营销结果的失败。不仅如此，市场调研可以反映的问题有限且具有时间上的滞后性。而随着移动互联网、移动终端、物联网和云计算的快速发展，通过各类互联网设备，消费者的偏好、地点、个性、生活方式等信息都可以获取到，无论是数据量、数据类型还是数据分析速度都在快速地增长和提升，对消费者的洞察呈现出全样本的"大数据"。

当然，虽然海量数据为洞察消费者提供了强大的驱动力，但并不是数据越多就越有价值。海量数据呈现无规则和碎片化的特点，存在着大量的无用数据，需要进行辨别和判断，需要摒弃无用数据，挖掘数据的深层价值。

（三）流程智能化

2017年10月19日，新一代的人工智能（artificial intelligence，AI）系统阿法元（AlphaGo Zero），完全从零开始，不需要任何历史棋谱的指引，更不需要参考人类任何的先验知识，完全靠自己的强化学习和参悟，以100∶0击溃上一版本阿法狗（AlphaGo）。而阿法狗曾在2017年5月以三局全胜的成绩战胜了世界排名第一的中国棋手柯洁。人工智能正在朝着自我学习的方向发展，在没有任何先验知识的前提下，通过完全的自学，在极具挑战的领域，达到超人的境地。在经历了PC、移动互联网两个阶段后，人工智能正在渗入互联网营销的各个阶段，并且正在助力实现洞察流程的智能化。人工智能搭建场景，自主有选择性地挖掘并筛选消费者的数据，创建准确、及时的模型，在营销者与消费者的每一次互动中，捕捉消费者的心理、态度乃至情绪。例如，纽约的创业公司Immersive Labs在其生产的数字广告牌上安装了一款软件和网络摄像装置，该广告牌通过人脸识别技术，可以识别和分析观看者的体貌特征、看广告的时长等信息。人工智能有能力破译这些复杂的矩阵，为各种营销活动提供巨大的洞察力和创意指示，把最有效率、消费者最感兴趣的信息传递给广告主、数字营销公司和数字媒体，进行智能分发与投放，并通过智能匹配创意、触达与出价，做到更多的流量触达，更低的操作成本，更好的用户体验和更佳的营销效果。

三、消费者洞察的实现途径

关于消费者洞察的实现途径，学术界、业界众说纷纭。有信奉"数据即万能"的技术派，也有人认为洞察就是要抛开所有的"技术、工具和物质"来思考人本身的需求。究竟怎么样才能形成好的消费者洞察呢？其实，在互联网时代，数据和人性都是完整的消费者洞察必不可少的两个维度。

（一）从数据出发进行洞察

数据资产的驱动力量来自两个方面：其一，大数据技术的驱动，大数据领域每年都会涌现出大量新技术，成为大数据获取、存储、处理分析或可视化的有效手段；其二，多元化数据源的驱动，涵盖线上线下。

随着待分析数据规模的迅速扩张，大数据技术正在以非常快的速度更新迭代，相反数据产生的场景是相对稳定的，除了传统的市场调研，还有基于搜索场景的洞察，基于消费者浏览的洞察，基于社交媒体的洞察等，每一种消费者洞察手段均有各自的适应场景。其主流场景包括以下几个。

1. 基于搜索场景

在这个信息爆炸的 DT（Data Technology，数据处理技术）时代，人们被各种信息所包围。当人们遇到自己不懂的问题时，或者对特定信息产生需求时，就会对相关关键词进行搜索，并可能不断修改关键词以获取精准信息。洞察搜索行为背后的意图是洞察消费者的重要途径，业界一般把搜索意图归为三类——导航类、信息类和事务类。

2. 基于浏览轨迹

很多互联网用户可能都会有类似的经历，一名设计工作者想要购买一款笔记本电脑，首先通过"适合设计师使用的笔记本电脑"等关键词在搜索引擎中进行信息搜寻，浏览论坛、微博等网站，然后根据获取的信息分别在淘宝、京东等电商网站上进行价格对比，浏览买家评论。尽管这一系列行为不一定会产生直接的购买行为，但是这些浏览数据都会被记录和收集；在其后的一段时间里以邮件、网页广告弹窗等形式向消费者推送关于笔记本电脑的内容。淘宝店主就能通过卖家工具"量子恒道"记录各个时段的店铺流量情况，并汇总历史的流量数据对比，了解买家的采购高峰，还能记录首页、分类页、商品被访问的详情，从浏览量，访客停留时间，跳失率等多个数据维度进行记录汇总，让淘宝卖家随时根据访客行为调整分类页、首页布局。

3. 基于地理位置

对于营销者来说，通过接触到目标消费者的定位数据，了解消费者在什么时间去过什么地方，停留时间，做的事情，甚至从用户经常去的地方可判断其最近感兴趣的东西，然后利用某种规则关联再综合起来，更精准地洞察用户的真实需求，将消费者的需求与企业连接，抓住稍纵即逝的营销机会。获取目标消费者地理位置的途径主要有以下几种。

（1）地理位置与地理围栏。

地理围栏，即用一个虚拟的栅栏围出一个虚拟地理边界，当手机进入、离开这片区域或在区域内活动时，手机可以自动接收到通知。目前地理围栏有三种主流实现方式：

Wi-Fi，如百货商场的Wi-Fi，连入或者断开后会自动收到商场的优惠券、活动讯息。

GPS，像高德、百度都提供免费的地理围栏接口。

iBeacon，IOS的蓝牙微定位技术，开启蓝牙，获取定位。

（2）地理位置与签到。

地理位置+签到的模式在很多商场里都运用得很频繁，消费者进入商场并使用商场APP进行签到，积分到一定数目就可以获得某种优惠。

（3）地理位置与AR。

AR是一种实时地计算摄影机影像的位置及角度并加上相应图像、视频、3D模型的技术。AR较VR而言，技术更容易实现，商业的变现能力更强。例如，支付宝2016年推出的实景红包，"双十一"抓天猫活动都利用了AR的技术，也都取得了不错的宣传和营销效果。

4. 基于社交媒体

社交媒体上的用户行为主要表现为发布动态、点赞、分享、评论和点击页面情况等,除了可以洞察用户社交媒体的使用习惯来为营销计划的制定服务以外,用户发表的动态、点赞和分享行为都透露出用户的情绪,对情绪数据的价值挖掘也开始受到重视。社交媒体脸书(Facebook)在博客中宣称,利用用户的情绪数据,脸书可以判断用户是否恋爱,何时开始,何时在约会及何时分手,脸书可能比某些情侣自身更早地察觉到他们之间萌生了爱意。

(二)触及内心的洞察

消费者洞察这个概念很容易让人误以为所有的洞察都来自消费者,但如要形成触及消费者内心深处的洞察,对于社会、文化和人性的洞察起着画龙点睛的作用。品牌需要检视自身在消费者世界里的社会作用、品牌建设的理念和策略,如何与文化挂钩,抓住人性。

1. 社会洞察

怎样才能被称为一次成功的社会洞察?同样是对"剩女"现象的洞察,以下两则广告的表现大相径庭。在宜家最近的一则电视台广告里,一家三口在餐桌前吃饭,母亲摔筷子怒道再不带男朋友回来就别再叫我妈!下一瞬间,男友突然出现,家人喜笑颜开,好事说来就来,轻松庆祝每一天。而化妆品SK-Ⅱ的《她最后去了相亲角》中"剩女"这个群体面临着巨大的结婚压力,原本她们抗拒的上海人民公园相亲角,最后却成了她们勇敢发声的广场:"我们要掌握自己的命运,我们需要得到社会的理解,我们要改变自己'被议论'的命运。"宜家的广告一经播放立即引起很多人的反感,认为广告涉嫌性别歧视,歧视单身女性;而SK-Ⅱ却得到了大量的认可和支持,获得了非常不俗的传播和互动成绩。

在社会各方面都经历着巨大变革的中国当下,要发现一个社会现象并不困难,但是能简单观察到的很有可能是陷阱,应当不仅仅停留在对社会现象的简单反映,而要深挖和解析掩盖在现象背后的深刻问题,要透过现象看本质。

2. 文化洞察

文化洞察指重新思考某种文化或者群体,能表现某种文化在社会中的上升与下降的过程，品牌与文化能起到相互促进的作用，文化洞察很多时候能够起到拔高品牌定位外延的作用。品牌将新兴的文化意义和自己的价值体系联系起来，成为活跃的文化大使，以此和消费者的时代精神产生共鸣。懂得驾驭文化的品牌正以新的方式、通过新的渠道、在新的时刻和消费者互动，这些都讲述着文化的故事，从而更具吸引力并使人信服。消费者购买这些品牌的产品和体验，并成为这些故事的一部分，同时他们自身的文化身份也得以强化。

农夫山泉的长白山四季插图系列包装就很好地体现了文化洞察。它主要体现了长白山的自然生态文明，选取了濒临灭绝的动物、植物等多种具象的元素，透露出浓浓的生态和人文关怀气息。

3. 人性洞察

人性洞察是触及消费者内心最关键的部分。营销工具和交互技术在不断更迭，但消费者的人性本质却是经过漫长的人类进化所沉淀下来的品质。很多成功的营销案例均触及了 11 种人性欲望之一：好奇、虚荣、嫉妒、傲慢、冲突、罪恶、稀缺、贪婪、唯美、情色和社交。UCC 咖啡文案"每天来点负能量"系列，勾起消费者吐槽的欲望，它的平面文案每一段就像日常记录的随笔感言，让消费者产生深深的共鸣。人性有弱点也发光点，都能成为营销的切入点，很多经久不衰的话题"爱""亲人"等很容易触动消费者。2015 年飞鹤乳业通过深入挖掘春运期间"用户候车时间长、场景化用网行为突出"的特点，根据腾讯提供的春运人流数据分析，联手移动和电信两大运营商，共享中国 30 万基站，实现城市机场、火车站、商圈等地流量全覆盖，让每个人都能在机场、候车站和商圈等地免费使用网络，拉近与家人、朋友的距离。

第二节　分析目标消费者的特征

随着时代的进步和生活水准的提高，中国居民的消费水平实现了质的飞跃，在消费升级趋势下，消费者越来越成熟。互联网技术的飞速发展也使品牌与消费者之间的信息不对称减少，消费者自主选择权越来越大，对品牌的要求也从最初的产品满足需求延伸至获得更好的消费体验上，呈现着与传统市场消费群体不同的特征。因此，科学定位目标消费者，洞悉互联网时代目标消费者的类型特征，并最终落实到数字营销的应用上，是当下企业竞争、行业发展必不可少的环节。

一、目标消费者的分类及特征

目标消费者是指企业的产品或者服务的针对对象，是企业产品或服务的直接使用者。无论是在现实世界还是虚拟网络世界，一个品牌都要面对数量庞大的消费者，但是适合本品牌产品或服务的目标消费者其实只是其中的一部分，即总体目标消费者。他们有共同的需求和偏好，也有易于界定和辨别的特征，方便识别和沟通。

（一）目标消费者的分类

在总体目标消费者中，最具消费潜力的人群被称为核心消费者。核心消费者是品牌成长的主要力量，然而市场的存量主要依靠核心消费者之外的总体目标消费者。

核心目标消费者是生意增长的主要来源。一般来说，四类人群经常被界定为核心目标消费者：第一类是品类进入点消费者，如星巴克选择的24~32岁人群就是星巴克消费的进入点人群，这一人群在最初消费该品类产品的时候，更容易成为该品牌的忠实消费者；第二类是比进入点消费者更年轻的品类消费者，相对来说，其消费产品的周期会更长，最有望成为未来该品类的重度消费者的人群；第三类是品类的重度消费者，他们是品类的主要消费者，贡献了绝大多数的消费量；第四类是意见领袖，影响人群越多越符合品牌形象的意见领袖的加入，对品牌的推广作用就越明显，能促进品牌的消费人群基数的增长。

（二）目标消费者的特征

随着互联网不断升级发展，消费环境随之发生着深刻的变化，目标消费者表现出与以往时代完全不同的新特征。

1. 社交化

艾瑞数据监测产品 mUser Tracker 2017 年的数据显示，36.7%的消费者会同时拥有 3 个移动社交应用，80.0%以上的消费者每天使用移动社交应用的时长在 1 小时以上，而在消费方面，44.7%的消费者会在移动社交应用中直接购买看中的产品[①]。相较报纸、杂志、广播和电视等传统媒体，QQ、微博、陌陌、微信等社交平台相继成长起来，针对不同的消费者群体形成了各不相同的场景，移动社交对于多数消费者而言不仅已经成了手机中的必备工具，而且正在成为主要的且值得信赖的信息来源。因此，利用社会化媒体，瞄准目标消费者，进行数字营销已经成为数字营销方的"规定动作"。

2. 细碎多样化

随着收入的增长和产品选择范围的扩大，消费者有能力选择表现他们独特个性的产品，而科技的进步也为消费者提供了更广阔的天地，有可能不断探索和展现本真与自我，追求个性化需求。例如，很多年轻人会选择去"冷门地"旅行，看小众电影，并通过这样个性化的方式来进行自我标榜或者群体标榜。同时消费者的标签日趋多样化，他既是"民谣中毒者"，又拥有"背包客"和"北漂族"等多重标签，再用性别、年龄这样的人口统计学特征已经无法准确定位需求细碎化且一直在变化着的消费者。

3. 绿色健康化

自我定义的幸福感已经替代传统上对成功的定义（即财富和地位），成为消费者新的追求。一方面，消费者渴望解决城市拥堵和环境污染等问题，希望城市拥有更加自然宜居的环境，希望品牌提供更绿色、更健康的产品或服务；另一方面，越来越多的消费者倾向于优先选择具有生活品位、彰显高品质的产品或服务，并且愿意为有道德感的品牌支付更多的金钱。

4. 口碑化

面对良莠不齐的海量信息，对于消费者而言，很难有一个信息渠道的重要性与可信度能和口碑传播相比。在线上，其他顾客以自身为例，图文并茂的产品评

---

① 2017 年中国移动社交用户洞察报告[EB/OL]. http://www.jiemian.com/article/1465811.html，2017-07-12.

价成为很多消费者产生购买行为的重要借鉴，因而一批"专业"消费者崛起充当意见领袖的角色。他们有明确消费目的，他们对专业内容有着高接受度，愿意将自己的见解或经验分享集合进行传播，并且受到其他消费者的信赖。

二、识别目标消费者

要识别目标消费者，首要工作就是要选择好合适的维度，一定维度下的目标消费者群体具有鲜明的特点，可区分性比较强，操作起来相对容易，最重要的是识别出的目标消费者能够指导营销活动。在分析目标消费者特征时已经提及单一维度很难精确定位需求日益个性化的消费者，因此应当根据具体情况，尽可能多地综合各种可获得的数据选择维度。同时，技术发展、行业变化和竞争对手的动态都会对消费需求和购买偏好产生影响，为了保持对市场变化做出最快的反应，营销计划制定者应适时调整消费者细分框架。大致而言，识别目标消费者有以下四大维度。

（一）按地理变量识别消费者

通过地理细分将消费者划入不同的区域，如国家、省（自治区、直辖市）、市、县、社区，或是诸如长株潭等城市群。地理划分通常比较稳定，有利于快速地确定目标消费者集中的区域，是对消费者进行定位的基础。例如，TalkingData 移动数据研究中心的报告《2017 新消费趋势洞察报告》表明，"90"后潮男多分布在一线城市，亲子消费人群较多分布在三线及其以下城市，老年旅游人群多分布在一、二线城市[1]。

（二）按人口变量识别消费者

人口特征指的是消费者的自然属性。对于单个消费者而言人口变量指的是年龄、性别、受教育程度、家庭规模、社会阶层、收入、国籍、宗教、职业等。对于某个组织而言人口变量是指所在行业、企业的规模、注册资金、经营范围、经营期限、企业法定代表人等。这些变量也是相对稳定的，数据获取难度小，有利

---

[1] TalkingData：2017 新消费趋势洞察报告[EB/OL]. http://www.199it.com/archives/641412.html.

于增加对目标消费者的理解，获得其轮廓特征，选择易于到达的媒介。

（三）按心理变量识别消费者

对于单个消费群体而言，社会心理变量包括个性、态度、价值取向、社会阶层、生活方式和生命的阶段等。对于单位消费群体而言，心理变量包括社会团体的组织气氛、企业文化等。消费者的心理是驱动消费行为的根本因素，也是最复杂、最难把握的因素，并且会随着社会的发展而改变，如近几年"炫耀性消费"正在向"隐蔽性消费"转变。

（四）按行为变量识别消费者

虽然消费者心理是最真实的，但是并不是迎合消费者心理就一定能成功开展营销活动。举一个最简单的例子，大部分消费者都希望以最少的代价获得最好的商品或服务，但是体现到消费行为中却截然相反，消费者往往并不会选择价格最低的商品，因为在消费者心里，"便宜货"更多地跟"质量不过关"和"山寨"等关键词关联，因而营销人员还需结合消费者的实际行为进行判断。行为变量包含追求的利益、购买时机，使用者的状况、使用率、对产品的态度、品牌的忠诚度等。

三、目标市场与目标消费者

目标市场和目标消费者是两个很容易混淆的概念。目标市场，是指企业在市场细分之后的若干"子市场"中，所运用的企业营销活动之"矢"而瞄准的市场方向之"的"的优选过程；目标消费者是指企业的产品或者服务的针对对象，是企业产品的直接使用者。

目标市场是目标消费者的需求、购买力与购买行为的集合。通常情况下，目标市场和目标消费者是基本统一的，但也存在一些高度分离的情况，需要仔细区分。例如，可乐的目标消费者和购买者可能都是同一个人或是同一个人群；而对于婴儿奶粉等产品就不同了，对奶粉有需求的是婴孩，即它的目标消费者，但是做出购买决策的却是家长，形成了目标市场，这部分人群才应该成为营销活动的目标。

第三节 分解目标消费者的行为

将消费者行为定义为消费者为寻找、购买、使用、评价和处理能够满足自身需求的产品或服务的行为。消费者行为主要探讨个人和家庭消费者怎样支配资源（时间、金钱、精力）购买用以消费的产品，包括买什么样的产品、为什么买、购买时间、购买地点、购买频率、使用频率、购后评价、此类评价是否对顾客将来购买产品产生影响及其处理方法[1]。心理学对目标消费者行为的分解有很多维度，本书聚焦购买行为的全流程，将消费者的行为分为动机过程、决策过程和反馈过程。

一、影响消费者行为的因素

从营销角度看，了解影响消费者的动机、决策和反馈过程的因素，可以掌握消费者哪些需要没有满足或没有完全满足，有助于制定营销组合策略，也可以为企业进行市场细分和定位、选择目标市场提供依据，对企业确定营销目标具有重要意义。

（一）政治因素

消费虽然属于消费者的个人行为，但是生活在特定的国家、地区和社会环境中，就会受到政治因素的影响，主要包括两点。

1. 政治制度

政治制度是在特定社会中统治阶级通过组织政权以实现其政治统治的原则和方式的总和。它对消费者的消费方式、内容、行为具有很大的影响。例如，封建时代清朝统治阶级对妇女处处限制，缠足裹脚，可供妇女选择的基本局限于尖头小鞋；随着封建制度的瓦解和妇女缠足现象逐渐消失，我国妇女的双脚才逐渐得到解放，为了适应这种变化，形式多样的女式鞋子出现了。

---

[1] 希夫曼 LG，卡纽克 LL，维森布利特 J. 消费者行为学[M]. 第10版. 江林，等译. 北京：中国人民大学出版社，2017.

2. 国家政策

国家政策是国家提倡什么、反对什么最直接的体现，并以政策的形式对消费者行为产生影响。例如，枪支的使用，《中华人民共和国枪支管理法》第三条规定："国家严格管制枪支。禁止任何单位或者个人违反法律规定持有、制造（包括变造、装配）、买卖、运输、出租、出借枪支。"而在美国持枪是受美国宪法（第二修正案）保障的公民权利。因此，同样是枪支，在中美两个国家由于政策不同而呈现出截然不同的状况。

（二）文化因素

除了政治因素外，影响消费者行为的还有文化因素，包括价值观念、宗教信仰、风俗习惯和亚文化等。

1. 价值观念

价值观是基于人的一定的思维感官之上而做出的认知、理解、判断或抉择，也即人认定事物、辨别是非的一种思维或取向，从而体现出人、事、物一定的价值或作用，属于精神图像，能够长期稳定地对消费行为产生影响。持"炫耀性消费"思想的消费者消费的主要目的是"炫耀"，对物的消费具有浪费性、奢侈性和超前性；而相反，"实用性消费"思想是消费者对所消费产品的实用性的价值取向，这部分消费群体更看重的是产品的质量、方便和实用性。

2. 宗教信仰

宗教信仰是信仰中的一种，指信奉某种特定宗教的人群对其所信仰的神圣对象（包括特定的教理教义等），由崇拜认同而产生的坚定不移的信念及全身心的皈依。宗教信仰对消费行为的影响有直接和间接两个方面。直接影响是指透过各种律法、教条、习俗及仪式来直接约束、限制人们的生活方式和消费方式；而间接影响则通过价值观的传播和扩散来影响消费行为[1]。例如，食物采购上的禁忌、妇女着装款式和行为的信仰禁忌、个人卫生习俗以及对娱乐方式等方面的宗教影响等。

---

[1] 李剑峰，等. 宗教对消费者行为影响研究：国外文献评述. 第四届（2009）中国管理学年会——市场营销分会场论文集[C]. 2009.

3. 风俗习惯

风俗习惯是特定社会文化区域内长期以来人们共同遵守的行为模式或规范，包括民族风俗、节日习俗、传统礼仪等，它们对消费者的行为有着深远的影响。例如，端午吃粽子、中秋吃月饼的传统习俗每年都会带来粽子和月饼的热销。

4. 亚文化

亚文化是指某一文化群体所属次级群体的成员共有的独特信念、价值观和生活习惯。普遍按照年龄、性别、地理、宗教等人口统计特点来划分亚文化，消费者因其不同的归属，形成不同的消费亚文化，同一个人可以分属于不同的亚文化群体。在当下中国，"90"后群体崛起，他们被冠以多元化标签，"粉丝经济"和虚拟世界构筑的"ACG 文化圈"成为"90"后娱乐消费的重要方式①。

（三）社会因素

消费者生活在一定的社会之中，因而其行为要受到所处群体、家庭、社会角色与地位等社会因素的影响。

1. 群体

群体可分为自身群体、原生群体、间接群体和参考群体。自身群体对受影响人施加直接影响；原生群体常起非正式作用，如家庭、朋友、邻居和同事等；间接群体通常很正式，但是作用不明显，如宗教组织、专业协会、工会等；参考群体作为直接（面对面）或间接的参照物来影响人的态度或行为，人们受参考群体的影响，但本身不在参考群体中，如某个人的偶像就是参考群体。

2. 家庭

家庭是社会中最重要的消费者购买群体，不同的家庭角色对于不同商品的购买起到决策作用，因此家庭成员对购买行为影响极大。

3. 社会角色与地位

指一个人在社会中扮演的角色或在组织中起的作用和占有的位置，反映了社会对个人的承认，通过传达他们的地位和社会对他们的需要来影响他们的消

---

① ACG 是动画（animation）、漫画（comic）、游戏（game）三个英文单词首字母的缩写，ACG 文化发源于日本，以网络及其他方式传播，是华人社会常用的次文化词汇。

费行为。

（四）个人因素

影响消费者行为的个人因素主要包括年龄和生命周期阶段、职业和经济状况、生活方式、个性和自我概念等。

1. 年龄和生命周期阶段

人们在年龄不断增长和正在经历的人生阶段会随着时间的改变而改变，并引发消费行为的改变。以求学为例，高考、大学本科学习、考研、出国留学、研究生学习，营销人员的关注点应该随着消费者人生状态的变迁而实时更新。

2. 职业和经济状况

职业和经济状况是影响消费者行为的关键因素，会直接影响消费水平。即使是同一个产品品类，也会针对目标消费者的收入水平开发不同产品，采用不同的营销手段来接近消费者。

3. 生活方式

生活方式的范围非常广泛，指不同的个人、群体或社会成员在一定的社会条件制约和价值观念指导下形成的满足自身生活需要的全部活动形式与行为特征的体系。生活方式表现出来的内容远比人的社会地位更有个性，其对消费者消费的影响更加直接，如"素食主义者"的生活方式就对其食品购买产生直接影响。

4. 个性和自我概念

每个人独特的个性将影响其消费行为，个性也是相对稳定的，个性常用形象性的言辞来描绘，如张扬、热情、爱社交、爱冒险、自我保护强等。而品牌也具有个性，消费者往往会选择符合其个性的品牌，二者的相关性极强。

二、消费者的动机过程

消费者的动机过程是一个将消费需求和动机转化为目标的过程。

（一）需求

需求是一种由于缺乏某种东西而产生的生理或心理上的不平衡的状态，它是整个消费者行为过程运作的基础。临床心理学家亚伯拉罕·马斯洛确定的需求层次理论从低层次到高层次将人类需求分为生理需求（食物、水、空气、住所和性）、安全需求（保护、秩序和稳定）、社会需求（爱、友谊和归属感）、自我需求（威望、地位和自我尊重）和自我实现五个层次。

（二）动机

动机被视为个人内在的驱动力的一种，大多数情况下大部分需求都沉睡在人的内心深处，需要驱动力来促使个人树立目标。主要的动机包含感情动机、理智动机和惠顾动机。感情动机是由人的求美、嗜好、攀比和争强好胜等心理引起的动机；理智动机是消费者对比各种需求和各种商品，并进行认真思考后产生的客观周密的动机，具有很强的理性；惠顾动机是指消费者对特定的品牌或商家产生了特殊的信任后重复地、习惯地购买的动机，是感性和理性共同作用的结果。

（三）目标

目标是需求的具体化，而所有的消费行为都是以目标为导向的。需要注意的是，需求与目标并不是一一对应的，要实现同一个需求一般会有很多可选择的目标。例如，一个人想减肥，可以通过节食实现，也可以选择健身，更可以将两者结合。

三、消费者的决策过程

当消费者感知到自身的需求，并进行了一定的对比、调查和评估，乃至产品或服务体验后就会做出消费决策。作为营销计划的制定者，除了熟稔这个流程，还应清楚哪些因素干扰了消费者的决策过程。

（一）准确信息的匮乏

消费者在做出决策前，一般会通过个人、广告等商业来源和媒体等公共来源来搜寻协助做出决策的信息，形成选择范围。一个品牌不仅要提供充足的信息并让信息抵达消费者，让自己进入消费者的知晓组，还要确保自己提供的是准确的信息，不仅信息内容要准确，信息的语义偏向也要准确，即提供正面的信息。

（二）他者的态度

他者态度一般来源于消费者身边人群和媒体的评价。一方面，表现在从众购买上，他者对于某品牌的偏好对消费者的选择有一定的导向作用，其中意见领袖发挥着重要的作用；另一方面，他者对于消费者已有偏好的品牌的态度可能也会带来消费者购买意图的调整。

（三）风险的感知

趋利避害是人类的本能，当消费者感知到一种或者多种风险时，进行消费决策会更加谨慎。例如，产品功能无法达到预期，产品威胁健康，产品故障维修难度大等。消费者感知风险的程度受到消费金额、消费者自信水平和产品使用功能的重要性等因素影响。

四、消费者的反馈过程

当消费者做出购买行为后，对于营销人员来说并不意味着结束，还应该对消费者购后行为进行持续性跟踪。

（一）购后满意度

满意度取决于消费者对产品期望与实效之间的差距。如果实效高于期望的差值越大，满意度越高；反之，如果实效低于期望的差值越大，满意度越低。购后满意度会直接影响消费者对产品的处置和口碑形成。

（二）购后处置

消费者购买产品后是否马上使用、使用频率、使用间隔、使用时长、如何使用，甚至是否有创新使用方法等信息都对营销人员有重要的价值。

（三）反馈与传播

消费者在购买产品后往往会进行反馈，形成口碑，口碑内容中包含着大量的来自消费者的自发的对品牌和产品的评价、意见、建议甚至投诉。其中对品牌形象传播最重要的是人际口碑和网络口碑。人际口碑主要在购买者和他的亲人朋友间形成,营销人员可干预和分析的空间不多。而在网络空间里,"消费者帮助消费者"的互助模式已经成为一个关键的消费者反馈和信息收集渠道。比起广告说辞,消费者更愿意相信同为消费者发表在大众点评、美团等专业点评平台,微博和微信等社交平台上的图文反馈。营销人员可以将不同网站上的消费者反馈内容整合在一起,分类和排序,感知消费者情绪的变化趋势,监测产品口碑,找到最关键的消费者评价内容。

第四节 通过为消费者画像确定营销目标

什么是消费者画像?根据消费者的社会属性、消费行为和生活习惯的差异制定标签规则,方便机器做标签提取、聚合等分析,将消费者区分为不同类型,抽象出一个消费者的商业全貌,绘制消费者画像是确定营销目标的前提。

一、消费者画像需要具备的元素

消费者画像多采取层级概念,从上至下包含了画像体系、维度和标签三个层次:第一层次画像体系,它反映的是关于消费者最初级、最基础的信息,如自然特征、社会特征、地理位置、兴趣爱好、消费者价值、需求特征等;第二层次维度,它是画像体系下属层级,是用来表现画像体系的,如用于表现消费者价值的维度可能有消费能力、生活习惯、消费者分群等;第三层次标签,也被称作数据点,是每个维度下人为规定的高度精练的特征标识,有效的标签点建设是精准绘制消费者画像的基础。首先标签是高度精练且易于理解的文本,然后每个标签表达的含义具有唯一性,并且与其他标签区分度明显,标签本身无须再做太多预处理工作就能被机器提取。例如,在生活习惯这一维度下就可能出现"奢侈""小资""经济""节俭"等标签。

二、消费者画像的作用

从公司营销层面来说,消费者画像为精准营销提供了坚实的信息基础。精准消费人群；实时收集消费者行为数据，不停地完善消费者画像；实现精准推送相应的营销广告或服务信息；跟进消费者反馈数据，不断调整营销计划。最后不断优化消费者画像，辅助制定阶段性目标，指导重大决策，更有助于避免同质化，达成精准营销。

从产品层面来说，消费者画像可以指导产品研发及用户体验优化。一方面，消费者画像通过人群细分，确定核心人群，有助于确定产品定位，并根据消费者标签优化产品设计；另一方面，完善产品运营，提升消费者体验，通过事先对消费者数据库的分析、处理、组合，绘制消费者画像，评估消费者喜好、功能需求统计，为消费者提供更加良好的体验和服务。

从数据管理层面说，在绘制消费者画像的过程中，消费者信息和行为可以成为重要的数据源，通过关联规则，指导新业务的拓展或为他所用，积攒数据资产，最大化数据的价值，甚至可交易数据，促进数据流通。

三、消费者画像的步骤

获取消费者画像依次包含目标设定、数据采集、建立数据仓库、消费者建模和系统可视化五个步骤。

（一）目标设定

目标设定既包含企业目标的设定，也包含目标消费者的识别。构建消费者画像可以实现的战略目标非常多样，如改进产品设计、提升服务质量、增加消费者黏度和精准营销等，消费者画像的构建会根据战略目标的主要诉求而有所区别。因此，需要确认主要目标和效果预期，指导整个消费者画像构建工作的开展。消费者识别是为了区分消费者、单点定位，其识别方式多元，如手机号、Cookies、注册 ID、邮箱、微信/微博/QQ 等第三方登录等，这些都是互联网消费者特有的身份标识。其中手机号是目前移动端最为准确的消费者识别标识，但随着消费者隐私保护意识的增强，手机号注册意愿越来越低，微博/微信/QQ 等第三方登录成为较好的折中选择。

（二）数据采集

消费者数据分为静态信息数据、动态信息数据两大类。静态信息数据指相对稳定的信息，主要包括用户的人口属性、商业属性、消费特征、生活形态、CRM五大维度[①]。数据挖掘是最为常见、也较为精准的一种方式。当数据有限时，往往需要定性与定量结合。定性方法如小组座谈会、消费者深度访谈、观察日志法、Laddering阶梯法、透射法等，主要是通过开放性的问题探究消费者真实的心理需求，具象消费者特征；定量方法则主要通过问卷调研的方式进行，这类信息通常自成标签，无须过多建模预测，更多的是数据清洗工作。动态信息数据主要来源于消费者的行为轨迹，具体包含场景、媒体和路径三个来源。场景包含访问设备、访问时段和访问时长等；媒体指消费者访问的媒体平台类型，如社交类、资讯类、游戏类等；路径则指消费者进入平台、使用平台和离开某个媒体平台的轨迹。数据常用的采集方法包括API、SDK和传感器采集等[②]。以SDK埋点为例，程序员根据预先设定要获取的数据类型，在前/后端模块使用Java/Python/PHP/Ruby语言开发，撰写代码把SDK埋到相应的页面上，用于追踪和记录用户的行为，并把实时数据传送到后台数据库或客户端。

（三）建立数据仓库

主要包含数据清洗和数据标准化两个步骤。大部分原始数据并不符合直接使用的标准，包括数据空缺和噪声、不一致、重复、错误、无效等问题，为了确保后期数据挖掘和建模的准确性，避免对决策造成负面影响，需要对原始"脏数据"进行清洗，即预处理。除了剔除"脏数据"，还需要将数据标准化。数据源自不同的设备和平台，数据格式也各式各样，消费者画像的建立需整合多源数据。

（四）消费者建模

通过算法模型来定义人群的消费者画像，其中最重要的步骤包括标签计算和

[①] CRM是"customer relationship management"的英文首字母缩写，即客户关系管理。
[②] API是"application program interface"的英文首字母缩写，即应用程序接口；SDK是"software development kit"的英文首字母缩写，即软件开发工具包。

标签验证。

1. 标签计算

在模型可靠性验证的基础上，部署生产运营环境来进行标签计算。消费者画像的数据模型，可以概括为下面的公式：消费者标识+时间+行为类型+接触点（网址+内容），主要包括时间、地点、人物三个要素，简单来说就是什么用户在什么时间什么地点做了什么事，所以会打上某个标签。消费者标签的权重可能会随时间的增加而衰减，因此定义时间为衰减因子 r，行为类型、网址决定了权重，内容决定了标签，进一步转换为公式：标签权重=衰减因子×行为权重×网址子权重。

2. 标签验证

建立标签模型后还须通过实践来保证标签对应的处理结果跟预期大体相符。首先，针对不同的数据内容和业务目标设计不同的规则和算法进行模型的构建，消费者画像的制定必须考虑具体业务场景或特定行业，在不同场景下同一标签名称可能表示不同意思，如游戏角色里的女并不代表现实生活中该消费者也是女性。其次，画像的粒度需要适中，不是越细越好，标签越多覆盖人群反而越少，表征能力越弱，反而不利于消费者洞察的进行。此外，消费者特征是动态的，会随时间变化，也可能随场景空间而不同，消费者数据不会是一成不变的。

（五）系统可视化

利用数据可视化工具，将群体或个人的消费者画像用一种清晰易懂的视觉化方式呈现出来，表示类属的饼图、堆叠横条图、矩形树图、马赛克图和旭日图等，时序数据可视化的条形图、折线图、散点图、点线图和径向分布图等，空间数据可视化的位置图、统计图表、箱线图和子弹图等。数据可视化主要借助于图形化手段，清晰有效地传达与沟通信息，但并不意味着数据可视化就需要将所有的可视化手段都应用上去，使画像看上去绚丽多彩、极端复杂，根据消费者画像使用人群和使用需求有针对性地传递信息才是核心目标。

四、消费者画像技术

消费者画像涉及的技术非常多元且复杂,本书顺应建立数据仓库、消费者建模、系统可视化和数据应用的构建逻辑,对消费者画像涉及的主流技术进行了梳理。

(一)消费者画像技术架构

消费者画像技术架构如图 3-1 所示。

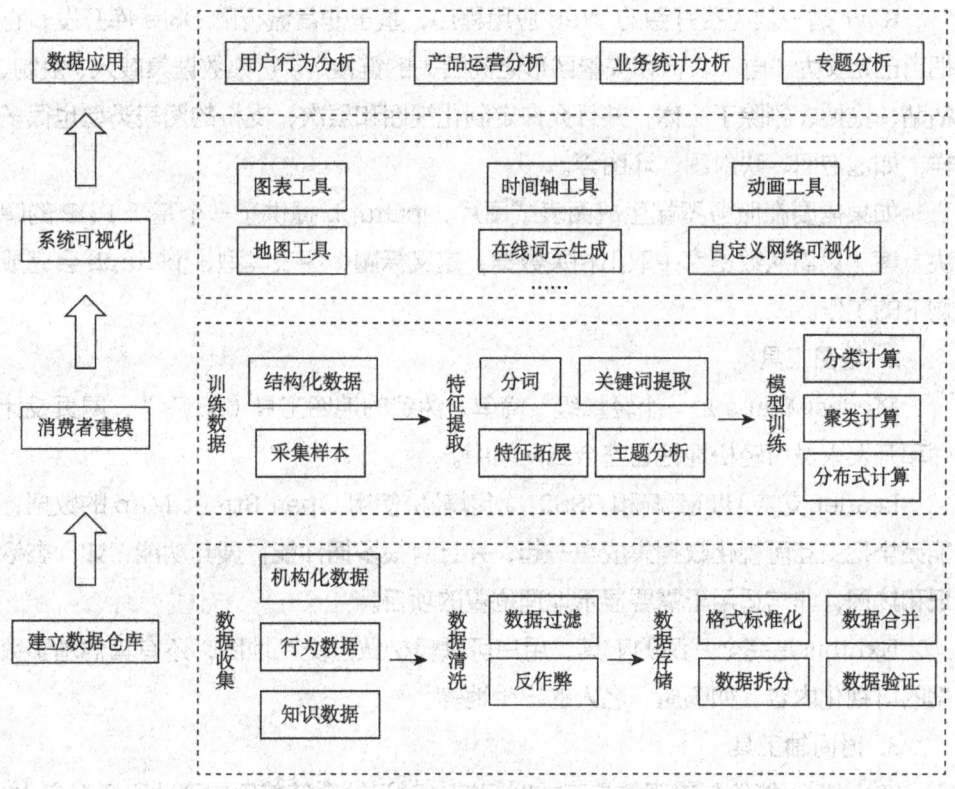

图 3-1 消费者画像技术构架图

(二)系统可视化

系统可视化在消费者建模与数据应用两个板块之间起着桥梁的作用,是消费者画像能够被读懂并应用的重要保障。与建模之类的技术方法相比,可视化所涵盖的技术方法要广泛得多，系统可视化工具包括以下六种。

1. 图表工具

Google Chart Tools 从简单的线图、Geo 图、gauges（测量仪），到复杂的树图都提供了大量设计优良的图表工具。

i Charts 提供了一个用于创建并呈现图表的托管解决方案，可供选择的图表种类众多，每种类型都可实现完全定制，选择适合主题的颜色，并且能进行交互，从 Google Doc、Excel 表单和其他来源中获取数据。

Raw 是一款免费开源的 Web 应用程序，基于非常流行的 D3.js 库开发，它把自己定义为"电子表格和矢量图形之间丢失的链接"。它集数据集载入、复制、粘贴、拖拽、删除于一体，并且允许定制化视图和层次，支持的图表类型也很多样，如泡泡图、映射图、环图等。

如果需要在服务器端生成图表或图片，jpGraph 提供了一个基于 PHP 的解决方案，只需从数据库中取出相关数据，定义标题、图表类型，jpGraph 会完成剩下的工作。

2. 地图工具

Modest Maps 是一个轻量级、简单、免费的地图工具（JS 库），网页设计师和开发人员可轻松地把它整合到网站中。

Leaflet 支持 HTML5 和 CSS3，可以轻松使用 Open Street Map 的数据，能完全把交互可视化数据集成在一起，并且有很多插件能扩展其功能，如动态标记和热图，非常适用于需要显示地理位置的项目。

Exhibit 是完全开源的工具。用户可以轻松做出交互地图，还有其他基于数据的可视化内容，如国旗、名人的出生地等。

3. 时间轴工具

Timeline 能绘制美观的交互式时间轴，时间轴会随着用户滚动鼠标而变化，点击时间轴上的元素，可显示更多信息。

Cube 是一个开源的系统。它是基于 MongoDB、Nodejs 和 D3.js 开发的，它可以构建实时可视化的仪表板指标，如使用 Cube 监控网站流量，统计每 10 分钟的请求数量等。

4. 在线词云生成工具

Tagxedo 的在线词云生成工具，可以根据提供的词语及频次的数据集，生成精美的词云图片。

Wordle 是一个用于从文本生成词云图的工具。云图会更加突出话题并频繁地出现在源文本，可以调整字体、布局和配色方案等样式，完成的词云图还可以打印出来或储存。

5. 动画工具

Bonsai 是一款免费开源的 Java Script 图形库，用户可以使用它创建图形和动画。该库使用 SVG（scalable vector graphics，可缩放矢量图形）作为输出方式来生成图形和动画效果，拥有非常完整的图形处理 API，可以使人们更加方便地处理图形效果，它还支持渐变和过滤器（灰度、模糊、不透明度）等效果。Bonsai 支持标准动画和关键帧动画，设置了一系列的连续动画，并且拥有大量的简单函数，可以在动画中使用。

6. 自定义网络可视化工具

Keylines 是一个 Java 工具包，能够用一个快速、简单的方法创建自定义网络可视化。它不是一个预先构建的应用程序，使开发者可以用几行代码改变节点、链接、菜单和添加整函数，给予了使用者更多自由，包括地理空间整合、时间条、各种布局模式和过滤选项。

第四章 企业数字营销实践

2013年创立三年的小米公司市值达到100亿美元,2014年小米公司入选美国商业杂志 *Fast Company* 全球50大最具创新力公司。小米的互联网企业模式颠覆了许多企业的传统营销思路,靠着互联网和用户就将自己推向了巅峰。小米公司在其创业之初就敏锐地意识到"专注、极致、口碑、快"的互联网文化,提出"做爆品、做粉丝、做自媒体"的战略理念,不仅鼓励员工成为顾客,也鼓励顾客入职企业,将客户参与感放在第一位,把服务做到极致。创办米粉节,让全国各地的小米粉丝有一种集体归属感;创办"小米之家",不断推出针对粉丝的线下活动;从小米论坛、QQ、微博到微信,小米深谙社交媒体沟通交流之道。这一系列举措,让小米成为中国发展最快的互联网公司之一。除了手机通信行业,还有家电、生产制造业等越来越多的行业试图复制小米的神话[①]。然而小米是个纯植根于互联网的企业,传统企业数字化营销转型不能一味复制小米,要基于自己的实际情况。

第一节 企业数字营销人员的新角色

在数字营销时代,市场和消费者都对企业数字营销人员提出了新要求。在传

---

① 黎万强. 参与感[M]. 北京:中信出版社,2014.

统营销范式下，企业营销人员的角色是通过各种营销渠道将品牌信息传递给大众，帮助企业在消费者心中塑造品牌形象，进而影响消费者的决策行为；而在数字时代他们的任务将变得艰巨。以前由于信息的不对称，品牌形象完全由广告塑造，广告说什么，消费者就听什么，甚至就信什么。现在由于信息的扁平化，消费者会通过各种方式和渠道了解到企业和品牌，品牌"赤裸裸"地展现在大众视野下，接受大众的审视，包括好的、坏的甚至是丑陋的，这将给企业营销人员带来巨大的挑战。

一、企业数字营销人员应具备的能力

传统媒体时代，企业营销人员更倾向于"做"一个营销管理的大管家，需要考虑全面，把控全局，从内部协调各个部门，将各种资源组合在一起，包括生产、供应链、市场、销售、公关、人力、财务等以达成目标。所以，他们大多停留在编制营销计划和做年度预算的层面，具体的营销操作、执行则交给乙方去做。

而数字营销人员则应该是"液态"的。他们必须懂得进退、流动并持续不断地调整自身的角色和行为，必须将营销活动延伸到种类众多的渠道和内容中去，观察哪些类型的活动和渠道最能引起人们的兴趣，并运用那些行之有效的渠道和内容[1]。这就要求企业数字营销人员起码应具备两种能力：营销和 IT 能力。现代营销学之父菲利普·科特勒把它们描述为"2M"能力，即 Madison 和 MIT 的双向能力，前者表示麦迪逊大街的创新创意，后者表示麻省理工学院的科技使用、数据处理能力[2]。层出不穷的互联网技术和应运而生的新的营销方式不断塑造着企业数字营销人员，到今天，他们显现出有营销新思维、会处理数据和懂技术的特点。

第一，企业新营销人员首先要拥有营销的基础思维。数字营销只是营销众多方式中的一种，但其营销本质没有变，即创造卓越的客户价值，建立在客户价值基础上的盈利才能保证持续性的增长；其次还必须对品牌、媒体、消费者心理等

---

[1] 格林伯格 E, 凯茨 A. 数字营销战略[M]. 马宝龙, 张琳, 译. 北京: 清华大学出版社, 2016.
[2] 王赛. 营销4.0: 从传统到数字, 营销的"变"与"不变"——"现代营销学之父"菲利普·科特勒专访[J]. 清华管理评论, 2017, （3）: 60-64.

有深入的理解，才能把握住营销的核心。此外，仅有基础营销思维还不够，营销环境在不断变化，在新环境中什么样的营销方式才能达到最优的效果，这些都是数字营销人员应该衡量和思考的。

第二，企业数字营销人员必须具备处理数据、洞察消费者、升级传统营销的能力。数字营销与传统营销的不同在于营销过程的数字化，消费者行为可被数据记录，其喜好、个性和习惯等均可被数据预测。企业自有数据、媒体方数据和运营商等三方数据均可被收集、整理和打通，企业数字营销人员如果不会处理数据，不能通过数据分析进行洞察消费者，并制定相应的企业战略和产品策略，那么就不能算是合格的企业数字营销人员。

第三，新技术的有效可行与企业营销战略适配是数字营销成功的关键。AR、VR、直播等，每一项新技术的出现都会掀起营销市场的浪潮，正如创新扩散理论中的创新者和早期使用者，率先吃螃蟹的人虽然冒着极大的风险，却也总是新技术最大的受益者。例如，百雀羚一则长图文广告让这个老牌国货高调回归消费者视野中，并圈粉无数[①]。但是，并非只要是新的就是好的，事实上新技术的有效可行和与企业营销战略的适配才是最为重要的。因此，企业营销人员需要观察、判断新的技术形式是否符合企业营销的需要，是否能将它们融合到企业的营销战略中去，更好地服务于企业的整体营销目标。

二、企业数字营销人员的职责

与传统营销人员相比，企业数字营销人员的任务更为艰巨，除了制定整体营销策略、协调部门配合外，还需要更新、掌握新技术，借助自有平台开展数字营销。其主要职责有三项：

第一，从整体上洞察行业发展动向，制定品牌营销战略，明确投资回报率才是数字营销的终极目标。

---

① 2017年5月7日，在母亲节即将来之际，百雀羚与局部气候合作，在其官微和局部气候调查组公众号上发布了名为"一九三一"的推送，为其推出的母亲节"月光宝盒"系列产品做推广。该长图文广告延续了百雀羚一以贯之的民国风，集民国历史、谍战、恶搞等元素为一体，采用"一镜到底"的长图形式，中间没有隔断，总长度为427厘米，给移动端用户以新的观感。

第二，企业完成信息化建设、数字转型后，积极构建企业的数据库，分析整理数据，洞察目标人群和市场走向以期制定合适的策略。企业数字营销人对外要选择优秀适合的合作伙伴——具有高战略性思维，能够整合数字媒体和传统媒体，能够"玩转"数字经济的广告代理机构。

第三，企业营销人员要会操作社交媒体营销。企业数字营销人员通过自建官网、社交媒体账号，应用新媒体技术手段掌握核心和目标用户的行为数据，精准洞察消费者，并与消费者互动，聆听消费者的需求和反馈，通过策略性的引导和协调使品牌影响最大化。

总之，企业数字营销人员需要整合和跨界的眼光和能力，把营销、数据、技术打通，精准洞察消费者，让企业获得最大的投资回报率。

第二节　企业数字营销的新框架

企业数字化转型直接影响了企业内部组织形态的变化，从部门之间组织架构的相互融合到传统营销战略的变与不变，再到企业间、部门间营销合作的网络化，"连接"成为数字营销的大势所趋。

一、企业数字营销的组织架构

企业一旦引入数字营销，新的业务模式势必会带动组织架构的调整更新，用传统营销的组织架构来配合新的营销模式，会因不适配而导致效率低下。那么，在数字营销时代企业该如何调整组织架构来适配数字营销呢？

（一）从打破到连接

互联网的一个突出特征就是去中心化，而数字营销注重快速反应、迭代更新及扁平化管理，这意味着自上而下的等级架构势必坍塌，决策不能再依次走过堂审批流程，需要相对独立的团队，他们有自主决定权，遇到突发事件和热点可以即时定夺。

随着新型数字营销渠道和手段的增多,整合营销的必要性提升,原来市场营销部门下的内容、广告、媒体、公关等与新兴的数据分析等,平行部门之间的"部门墙"应该被打破,它们需要在统一的框架下合作与相互配合,不仅执行如此,在更高的策略、数据、反馈等层面它们更应该保持一致,进行打通整合。再者,数字营销时代,营销已经不只是产品销售环节的事情了,营销上溯到产品构想、研发、生产、销售每个环节之中。例如,小米的产品从研发开始征求大众的构想和意见,每一个米粉都是营销传播的一员,因此数字营销应该像水一样渗透进每个部门和环节。

信息传播结构扁平化,内部组织结构自然也要变得扁平化。不止 CEO(chief executive officer,首席执行官)、CMO(chief marketing officer,首席营销官)应该懂得品牌理念,每一个员工都应该接触到品牌理念。在自媒体大行其道的时代,每个员工都可能成为 KOL,成为泛营销者。小米要求所有员工"全员客服",就是鼓励每个员工都参与进来,成为产品和品牌的"代言人"。

互联网让万物互联,每个人也都被连接在一起。数字时代是一个连接的时代,人与人、人与产品、产品与产品等连接管理的重要性,对企业整体经营的成败有着重要的决定性影响。真正把内容、广告战役、客服、CRM(customer relationship management,客户关系管理)、移动电商、广告投放等环节的流程全部打通进行数据综合分析、全面更新工作范式,才能有效地实现连接管理。否则,大量企业只能头痛医头、脚痛医脚,在局部环节实现一些简单的营销创新,最终很难实现整体营销投资回报率的提升[①]。

企业各个部门之间和营销整体的打通连接,员工与品牌的连接,最后到品牌与消费者的连接,当所有被连接在一起,营销无处不在。

(二)自建内容生产团队

数字营销 1.0 是对媒介工具的应用,以互联网为主要载体的数字化媒体被纳入媒介购买考虑的范围中,仍然是传统"推送式营销"手段;而数字营销 2.0 时

---

① 张锐. "连接管理"时代的到来——2015 年中国数字营销前沿展望[J]. 中国广告, 2015, (6): 120–123.

代彻底革新了传统营销范式,它更注重与参与者的互动性、体验性,强调与品牌战略的深度结合①。与传统市场营销部门只需要采购和管理媒介不同,数字营销的重点越来越偏向于以消费者为中心的沟通管理,基于社交媒体的消费者服务和沟通成为需要加以管理的重要部分。因此,自建内容生产团队,管理社交媒体,发布原生广告,紧追热点资讯和与消费者沟通是数字营销团队不可或缺的一部分。这方面海尔、支付宝等微博蓝 V 最有代表性。

虽然目前有不少以社交媒体如微博、微信营销成功的代理公司,部分企业将新媒体运营委托给它们去做,但是这种"催熟"的互联网流量来得容易,去得也快,在极短时间内便会被遗忘、被消耗。伴随流量红利加速消失,国际大牌(企业)开始尝试自己做数字营销。

(三)构建自己的大数据运营管理系统和数字化信息平台

过去,关于消费者的营销决策和相关数据分散在各个品牌单元、渠道部门和区域营销机构,企业缺乏集中的数据管理和全方位的消费者视角,因此难以实现深入的消费者洞察,也就难以实现交叉销售和向上销售②。现在企业通过构建营销信息系统、MIS(management information system,管理信息系统)、OA(office automation,办公自动化)系统、CIS(customer information system,消费者信息系统)等现代化信息管理手段,把各种营销信息电子化、数字化,把分散的消费者数据集中管理,各品牌和媒体按需要获得相应数据以支持其营销活动,整合大数据能帮助企业优化决策,改善资源分配,更好地洞察消费者。

基于此,每家企业都应该构建一个以自身为中心的海量信息网,包括企业的官网平台、线上自销平台、互动网络社区、危机防御平台、社会化媒体平台①。这些平台不仅是与消费者交流、互动的场所,也是企业直接获得消费者数据的工具。如果仅依靠第三方平台,企业的消费者行为数据都将掌握在别人手里,同时企业对第三方平台的支出也是巨大的。

---

① 任学. 基于企业品牌战略的数字营销[J]. 国际公关,2010,(1):91.
② 王赛. 数字时代营销战略的转型方法论[J]. 企业家信息,2017,(1):63–66.

二、从传统营销战略到数字营销战略

菲利普·科特勒的《营销管理》正式出版至今已经过去 50 多年了，半个多世纪里随着商业的发展营销思想发生了巨大变化，营销所扮演的角色越来越突出，逐渐发展成为企业发展战略里最重要的市场竞争战略：帮助建立持续的客户基础，建立差异化的竞争优势，并实现盈利。经典的营销理论如 4Ps、STP、品牌战略在数字营销时代虽然发生了变化和调整，但是营销的本质并没有变[1]。

（一）用户价值为上

20 世纪 50 年代营销发展过程是客户（消费者）价值不断前移的过程，客户（消费者）从过往被作为价值捕捉、实现销售收入与利润的对象，逐渐变成最重要的资产，和企业共创价值、形成交互型的品牌，并进一步将资产数据化，企业与客户（消费者）之间变成一个共生的整体[2]。互联网让信息扁平化，电商物流极大地为消费者提供了多样化的选择，消费者只要动动手指就可以替换掉一家企业的产品，选择权完全掌握在消费者手中，因此企业必须以消费者的需求作为第一要素规划生产运营。

在产品上，以前企业都是大规模生产满足不同消费者；在数字化时代，为了满足分散化的消费者需求，企业需要更精准的消费者洞察，推出不同类别的产品，以适应其个性化的需求。

在宣传上，需要线上线下全面增加消费者"接触点"，无论是宣传信息还是产品服务都需要小心管理，以最大化消费者忠诚度。社会化营销在移动互联时代的效果显著，因此社交媒体曝光、加强社交连接互动，搭建网上社群是建立口碑和知名度的重要策略。

在数据收集上，保护消费者隐私，征询及尊重消费者偏好，才能建立长期信

---

[1] STP 理论，即 "segmentation"（市场细分）、"targeting"（目标市场）和 "positioning"（定位）三个英文单词首字母的缩写。市场细分的概念是由美国营销学家温德尔·史密斯（Wendell Smith）在 1956 年最早提出的，后来美国营销学家菲利普·科特勒对它进行了完善，形成了成熟的 STP 理论。该理论主张在市场细分的基础上确定自己的目标市场，最后把产品或服务定位在目标市场的确定位置上，它是战略营销的核心内容。
[2] 王赛. 数字时代营销战略的转型方法论[J]. 企业家信息，2017，（1）：63-66.

任。数字营销时代，消费者信息数据暴露在网络上，而且现在没有监管和规定规范这一行为。有责任感的企业如果做到保护消费者的隐私数据，必能赢得其好感和信任。

（二）营销的核心不变

互联网时代消费者的消费活动很大程度上从线下转到线上，其线下线上的行为轨迹因为移动互联网和物联网技术的发展，被记录和集合成大数据，也即"消费者比特化"，而消费者的互动和交流则转移到社会化媒体上。消费行为的变化促成了营销策略的调整，但是颠扑不破的是营销的核心：需求管理、差异化价值和持续交易的基础[1]。

其一，需求管理。洞察、挖掘消费者需求是商机所在，在新的形势下，消费者需求个性化、分散化，各种小众、长尾的需求更需要企业去关注。

其二，差异化价值。市场竞争激烈，同一领域产品或服务日趋同质化，品牌很难脱颖而出，所以品牌要像赛斯·高汀所说的那样成为普通黑白花奶牛中的一只紫牛。广告营销的黄金时代已经结束了，4Ps 理论已不再起作用，是时候加入一个新的"P"——purple cow 紫牛。只有拥有与众不同的产品或者创意，企业才能在市场中处于领跑者的地位，才能取得非同凡响的业绩[2]。今日头条用机器算法推荐建立起区别于一般新闻客户端的区隔性、差异性优势，所以在整个领域一直领先，其他新闻客户端无法超越。

其三，持续交易的基础。建立起品牌的企业绝不会甘心一次性营销，扩大消费群体、可持续性销售才是长远的发展之道。不断创新使产品升级，创造相关配套产品，优化售后服务，保持与消费者的沟通、交流，创建社群都是维持持续性交易的方法。

（三）营销战略环节的变化

从市场细分到产品战略再到品牌塑造，每个环节都被互联网和数据技术重塑

---

[1] 王赛. 数字时代营销战略的转型方法论[J]. 企业家信息，2017，（1）：63-66.
[2] 高汀 S. 紫牛[M]. 施诺, 译. 北京. 中信出版社，2009.

再构。

1. STP 的调整

50 多年前菲利普·科特勒提出成熟的 STP 理论，分别是市场细分（segmentation）、目标市场（targeting）和市场定位（positioning），在数字化的今天，实现它们的手段和方法都有所升级，市场目标定位更加精准细分化。

在市场调研方面，传统的调研方法如问卷调查、邮件调研的缺点都被弥补，消费者比特化降低了调研成本，大样本的定量调研不在话下，智能化信息处理技术便捷了数据处理分析。同时基于网上的评价分析和讨论，推测用户态度，得到用户的真实反馈和意见。精准的数据和趋势预测帮助企业洞察消费者需求和完善产品。

在市场细分上，网络连接了不同地域的文化和年龄的人群，市场细分的指标已告别传统，超细分和精准画像使细分达到极致，淘宝千人千面排名算法基于每个买家的不同特征推荐商品，网易云音乐的算法推荐得到广大用户好评。听歌识曲、拍照索衣，人工智能技术比搜索关键字更精准地满足了用户需求。

在目标市场选择上，因为市场的精细分化，目标市场也更加小众。定位之父里斯（Ries）在世界营销峰会上说：很多公司越把自己聚焦在大众，得到的往往是小众，而把自己聚焦在小众的公司，最后耕耘出来的却是大众，真正的市场机会往往是在相反中产生的。许多小众营销最后过渡到了大众营销，如小米、零度可乐。互联网时代为小众营销创造了条件：消费者的聚合，电商平台和物流的发展。想把小众营销做大的企业还需要贴近消费者，聚合创造力和想象力，以扩大企业边界，提供更具深度的内容打开市场。它的实施框架为：特定客户群—快速连接—产品众创—圈层推介—跨群扩散—分项衍伸—附加盈利[1]。

2. 产品战略 4Ps 的转变

从市场营销组合的要素来看：产品（product）、价格（price）、渠道（place）、促销（promotion）在数字营销时代也在发生转变。

---

[1] 王赛. 小众营销战略, 你知道如何落地[EB/OL]. http://www.sohu.com/a/149077636_167160, 2017-06-15.

产品战略上，走向了共创，企业让用户更多地参与到创作过程中，给予创意、体验反馈、改进建议等。例如，精益化创业 MVP（Minimal Viable Product，最小可视化产品），做一款小产品，先给发烧友或朋友使用，听取他们的建议，反馈改进产品。再如众包模式，集中大众的智慧或知识来提供某种产品或服务，Facebook 早就开放了后台，让有编程能力的用户自己编写小程序和游戏，知乎这种 UGC 的生产方式也是典型的众包。

价格策略上，无差别定价转化为动态化场景化定价、免费化与补贴优惠组合策略。LBS 定位技术的发展和移动互联的随时可触性，促成了场景化动态化定价，Uber 针对用车高峰期首创的动态定价算法不同于传统定价法的地方在于，它做到了同时兼顾时间、空间、天气、路况等多重场景维度的变化，通过大量的数据提取、高速的数据加工、建立大规模的计量经济模型和数据库从而完全达到实时反应，实现不同场景下定价的"量身定制"。克里斯·安德森提出"免费"是未来的商业模式，新型的"免费"并不是一种左口袋出、右口袋进的营销策略，而是一种把货物和服务的成本压低到零的新型卓越能力。这是数字化时代的一个独有特征，如果某样东西成了软件，那么它的成本和价格也会不可避免地趋于零。同时补贴和优惠组合策略牢牢抓住了消费者心理，天猫"双十一"因为折扣力度大，成为一年一度的"节日"，商家通过在支付宝和微信上投放卡卷，引流 O2M[①]。

渠道策略上，从单渠道、多渠道转向 O2O、O2M 及全渠道。O2O 是传统互联网与线下实体店互动。O2M 是 O2O 的场景化的细分，即线上或者线下跟移动端互动的一种模式，O2M 要让客户从 PC 屏、电视屏或者地铁海报、门店二维码转移到移动端。全渠道更是强调线上、线下渠道的共同发力。不论是 O2M 还是 O2O 或是全渠道，都强调把所有的触点数字化，当消费者和品牌的所有接触都有数字购买渠道，自然能带来效益的提升。

---

① O2M，有两种解释：一种是线上电商与移动互联网的结合（online to mobile）；另一种线下实体店与移动互联网的结合（offline to mobile）。一般以 offline to mobile 的渠道营销为主，线下实体店负责顾客体验，移动端做好顾客服务。

3. 品牌形象的共建

品牌不仅要做紫牛，突出差异化价值，在社会化营销时代，品牌还要有性格。哪个品牌最"污"？杜蕾斯。这种"性格"不仅是企业自己通过营销广告传达的，更是品牌与消费者共建的。通过社交媒体，品牌在与用户交流互动中一起塑造了品牌形象和性格，而且这种形象更容易深入人心。海尔官方微博在与九阳等伙伴微博互动中无意中爆红，得到上万粉丝的互动留言，从此一发不可收拾，成为80万蓝V总教头，建立了有趣年轻的品牌性格。

（四）以投资回报率为终极目标

企业营销部门和营销总监需要懂得分析哪种类型的活动值得继续，哪些数字营销渠道值得投资，还需要比较数字营销和传统营销活动哪种更适合自己的产品，更能获得最大化收益，并借此来制定预算分配。根据哥伦比亚大学的一项研究，世界500强公司中65%的营销人员认为，比较数字媒体活动的有效性是其业务中的一项重大挑战[1]。许多数字营销人员并没有在比较时将投资回报率作为标准。他们认为对于一个微博活动来说上了热搜、获得点赞、增加粉丝量、品牌得到曝光就达到了目标，这些模糊的目标很难比较数字化活动的相对有效性，更别说管理营销费用的支出。每一个点赞或浏览能转化成一单位销量有多少概率？数字化时代，精确的投资回报率测量确实很难，但它仍然是数字化决策关键的一步。

三、营销合作网络化

市场竞争日趋激烈，产品同质化严重，任何产品都可以随时找到替代品。企业光靠自身力量在一众竞争品牌中脱颖而出、出奇制胜有很大难度，何不在竞争的寒冬"抱团取暖"？在新的技术和商业环境里，更多的企业已经开始超越自身的运营管理范围，把视野扩大到整个生态圈，与自己业务上下游的企业通过开放式协作整合整个生态的业务，在一个平台上为用户提供全方位服务，让整个操作

---

[1] 格林伯格 E，凯茨 A. 数字营销战略[M]. 马宝龙，张琳，译. 北京. 清华大学出版社，2016.

更便捷，由此与竞争对手产生差异化得到用户的偏爱。这样的整合形成一个巨大的网，每个合作的企业形成网上的一个节点，合作的企业服务类型越多样化、个性化，网眼越小，不止大众用户，小群体用户也会被收入网中。传统营销时代，企业之间也会合作，但是合作企业少，固定流程，规模较小。数字化时代，企业间更容易相互沟通交流，明确各自独特优势，互联网更为合作提供了有利的平台。例如，携程整合了出行旅游各个方面服务的品牌，如酒店、交通、美食、门票、保险等与旅游有关的各个行业服务，用户在一个平台上就能办妥各方面的准备工作，节省了大量搜集资料的时间。从信息匮乏不对称到互联网时代的海量信息再到信息整合，这是一个用户获得信息由简至繁再由繁至简的过程和趋势。企业与相关企业通过合作，整合与自身产品有关的服务，为用户带来省时省力又更便捷的信息和服务，实现了自己和合作伙伴的共赢。

以大数据营销为基础的数字营销时代，数据绝对是企业最宝贵的资产之一，除了企业内部数据，第二方的同行业产业链上下游数据、合作企业的第一方数据，以及第三方的用户行为数据、空间数据（场景、地理信息等）都对企业营销活动形成有力的支撑。企业想做大做强，共享数据、打通各方数据势在必行，但是数据孤岛的形成阻碍了企业共享数据和数字营销的发展。而区块链的应用有望解决企业的这一痛点，这就需要企业与品牌之间相互信赖，协力合作，织出链接各方数据的网络，共同探索出保护企业数据安全和用户隐私的解决方案。

互联网时代是一个大连接的时代，在营销生产上，企业不仅与经销商连接、与合作伙伴连接，还与用户连接。众包、参与式生产让用户上溯到企业的生产环节，用户口碑营销使用户在营销环节发挥了不可忽视的作用。以互联网技术为线，企业、伙伴、用户为节点织出的这张营销网络，能覆盖更大的市场和网罗更多的用户。

第三节 企业自建数字营销平台

当人们逐渐实现数字化生存，数字营销平台就相当于企业的线上公司和门店，是企业营销传播活动的大本营。企业要想实现数字化转型，自建数字营销平台必不可少。

一、企业数字营销平台的类别

企业数字营销平台主要分为 PC 端和移动端，PC 端主要包括集团网站、企业网站和电子商务网站；移动端包括手机网站、APP（移动客户端）、微网站等（图4-1）。

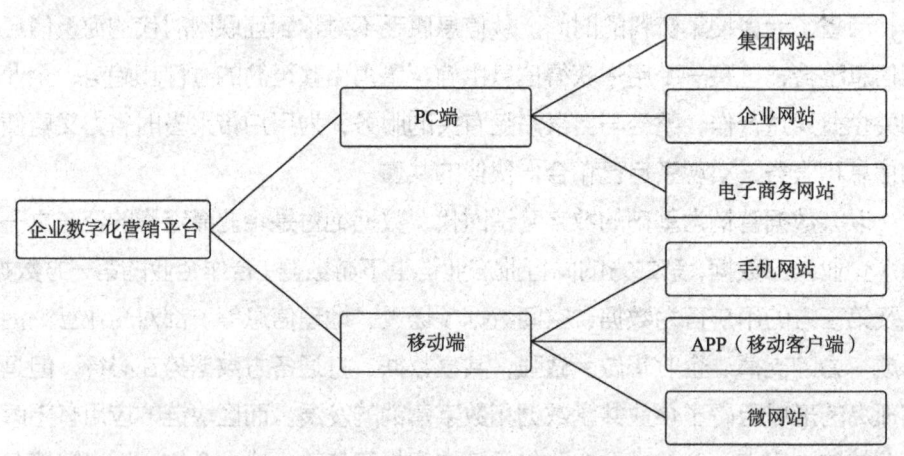

图4-1　企业数字化营销平台组成图

集团网站主要针对拥有多个企业的大型企业集团，集团下属多个业务相互独立的企业，因此集团需要有独立的对外宣传的展示平台及入口。集团网站的主要作用有：集团形象展示、舆论资讯传播、产业合作推介、品牌文化塑造、人力资源服务、投资者沟通等。

企业网站和电子商务网站可以合二为一，也可以相互独立。大多数企业将电子商务放在京东、天猫等电商平台上，也有部分企业自建电子商务平台，在自己的官网上直接售卖，如苹果、华为、HM（Hennes & Mauritz AB）等。

手机网站即适应手机浏览的企业官网，通过手机浏览器输入网址进入，由于手机屏幕大小和 CPU 处理能力有限，专为手机设计的移动官网可以优化用户浏览体验。

APP（移动客户端）更是专为企业移动营销量身打造的个性化平台，APP（移动客户端）一般具有流畅操作、便利体验、互动性强的特点，企业专有的客户端可以个性化体现企业的业务性质和风格特点。APP（移动客户端）平台的搭建方便企业掌握用户数据，实现移动办公和多渠道营销战略。

微网站是指以微信为载体的微型站点，包括微官网、微信公众号、小程序、H5等多种玩法形态的定制开发。

二、企业数字营销平台的作用与重要性

基于网络营销和移动营销的快速发展，入口无处不在，企业想要最大化触达消费者，首先要重视自有数字化营销平台的建设。其重要性表现在以下四个方面。

（一）企业数字营销平台是对外宣传的窗口

企业数字营销平台最基础的功能是告知，全面清晰地展示企业所提供的产品或服务，提供足够的信息让消费者做出购买决策。再则是品牌形象展示，一个好的网站设计能让用户直接全方位感触到企业的品牌形象，通过企业简介、产品生产设计、公司文化及各种专业信息彰显企业的品牌文化和专业素养。

（二）企业数字营销平台是连接用户的纽带

通过这个纽带，官网与用户建立起联系，通过网址链接，用户可以随时"被找到"。无论在做线上线下活动还是搜索引擎推广，贴上网址信息，当潜在用户想进一步了解产品时就会"戳"进官网，这是企业与用户相互了解的入口。企业官网开通了信息和便捷的渠道，用户无论遇到什么问题，需要寻求什么帮助的首选渠道，都可以在官网上寻找到线上沟通渠道和客服电话。

（三）企业数字营销平台是开展电子商务的渠道

淘宝和天猫培养了新一代消费者线上购物的习惯，加上物流的便捷，网络支付的迅速，每年在线销售额都在以两位数的百分比增加。而企业官网的在线销售更便捷，也让消费者对产品质量更放心。

（四）数字营销平台是企业实现引流转化的潜在阵地

企业的数字营销有一个共同的技巧：将目标流量引导至企业官网，然后官网将这些流量转化为用户或潜在用户，并通过用户购买行为将其变现，转化为实际利益。所以，企业官网在数字营销中发挥着重要作用——流量变现，官网上提供的企业产品信息或营造的品牌形象，最终都要为转化利益服务。例如，促进用户的在线购买、引导用户订阅公司邮件。此外还可以累积顾客行为数据，从注册到网页浏览，网站不仅可以得到用户或潜在用户的电子邮件等基本信息，还可以获取用户行为数据，再针对用户精准投放广告，开发潜在用户。

三、企业数字营销平台的运营

企业数字化营销平台搭建需要具有鲜明的特色，这样才能发挥其入口作用，这就需要企业数字营销平台良好的运营。

（一）积极推广营销

平台建设好对于平台的推广工作是非常重要的。网站要优化搜索引擎，APP要加强软件商店及广告推广，微网站和微信公众号等则要做好社会化营销。

搜索引擎营销是企业网络营销的重点，网站关键词优化的目标就是要在搜索引擎网站的关键词搜索中上首页，除去广告推荐的网站和链接，最好能做到排名第一。怎么做到排名第一？了解搜索引擎相关知识很必要。以百度为例，从网站基础优化上说，网站内部的结构即网络的所有网页由 div+css 构建起来，css 样式都外部调用，这样就大大减少了多余的代码，提高了关键字在网页中的密度，百度喜欢结构简约而主题突出的网站。从内容建设上说，百度根据关键词和文章相关性来判断搜索符合度和页面质量，然后对应排名，文章相关性即页面标题与页面内容要有相关性，主题突出；关键词要选择最符合自己主题的，在蜘蛛搜索引擎进行对网页爬行的时候，会先对每一个文字给予最大的权重，要想优化重点的关键词，在布局关键词的时候一定要把相关或比较重要的关键词放在首页当前位置，最好是用 h1 标签进行概括。从外部建设上说，发外链能使网站文章和网站曝光增多，获得更多点击，外链包括博客、论坛、软文、友情链接，尤其是百度自己的产品如百度文库、贴吧、百度知道等,它们被收录的权重更高。

(二)打通社交网站与连接场景化营销

企业数字化营销平台是企业品牌、产品所有线上营销活动的中心和基础,它连接着所有社会化媒体,即使外围媒体发生变化,但是流量和信息仍然能通过社交媒体流向官网[①]。未来是以人为中心、消费者主权的时代,企业要转变观念,注重用户体验,与用户建立强连接关系。微信作为中国最大的社交平台,是进行社会化营销的优势平台。企业可以把握住微网站的平台优势,如微信设置了多个入口可以直接跳转小程序商城进行商品购买,大大提高了社会化营销的直接转化率和复购率。

新零售要实现线上线下全渠道融合,应该更为重视直接服务用户的线下场景。线上平台和线下营销活动的互通互动,可以开发出更多营销玩法,同时收集更多维度更加全面的用户行为数据。

(三)重视数据资产

未来,数据资产将成为企业最重要的资产之一。线上电子商务平台和线下门店相互打通实现服务通、商品通、会员通是大势所趋。实现线上线下的数据信息互通,更全面地掌握运营和消费者情况,可以为精准营销和战略决策提供依据。企业数字化营销平台直接触达消费者,收集的大量消费者行为数据蕴涵着巨大商业价值。

第四节 用户画像与确定营销"引爆点"

以大数据为基础的用户画像技术帮助品牌解决了锁定目标消费者的难题,实现了精准营销,成了消费者的"知音"。但是如何吸引已经对营销广告免疫了的消费者,依然困扰着企业数字营销人员。

---

① 郝胜宇,陈静仁. 大数据时代用户画像助力企业实现精准化营销[J]. 中国集体经济,2016,(4):61–62.

一、由用户画像带来精准营销

精准营销，是指企业在营销时，针对特定的目标消费者，在营销战略、手段、方式、价格等方面，有的放矢地采取相应的策略，以实现最好最省的营销目标[1]。实施精准营销可以帮助企业更好地满足消费者个性化需求，赢得更多的消费者和其对品牌的忠诚，可以有效地降低营销成本，提升营销效果。在传统营销模式中，营销人员进行大量市场调研就是想准确识别目标消费者，摸清他们的真实需求、购买行为特点和影响消费者决策的因素；但是经费有限，规模难以拓展，消费者习惯、偏好不断变化等因素严重限制了"精准"的实现。而互联网技术发展蕴藏的海量用户历史访问行为轨迹及内容偏好的大数据，为当下精准营销提供了可能。

在众多的大数据工具中，用户画像技术是帮助企业准确识别和分析目标客户的最有效工具之一。用户画像又称用户角色，是针对产品或者服务，对目标群体真实特征的勾勒，是真实客户的虚拟形象，是一种勾画目标客户、联系客户诉求与设计方向的有效工具[1]。通过在海量数据基础上多维度的数据采集和数据分析，用户画像技术将不同人的需求进行分类，并标上标签，方便营销人员识别甄选，它还能根据客户与品牌的关联度将客户分为核心用户、忠诚用户、一般用户和潜在用户。更进一步，它能做到动态把握用户行为特征变化，如用户的购衣风格从日系转向轻熟风，可以预测消费者的审美偏好有所改变。用户画像技术能准确识别和描绘用户形象，帮助营销人员针对不同用户制定不同营销战略。根据用户画像描绘的消费者特点，针对这些标签群体进行个性化推送，降低营销成本，避免骚扰非目标客户，提高转化率。随着互联网广告技术不断发展，在技术上已经可以实现快速精准化的广告投放，这就是精准化推送。

精准的用户画像能助力企业成功营销。2016年奥美互动协助雀巢，开启了一场以"千人千面，一客一策"为核心理念的消费者个性化购买体验营销新尝试。这次尝试依托天猫对商户开放的大数据源，通过合理的算法，对雀巢官方旗舰店

---

[1] 郝胜宇，陈静仁. 大数据时代用户画像助力企业实现精准化营销[J]. 中国集体经济，2016，(4)：61-62.

的手机访客进行消费意向预判，进而针对不同意向的消费者提供不同的互动。通过对登陆消费者在天猫历史购物轨迹的判读，配合合理的大数据算法设计，奥美互动将手机登录天猫旗舰店的消费者预判为咖啡、奶制品和糖果三大类。不同的消费者在进店时，将体验不同的店铺界面和人机互动，整个购物旅程更便捷，也更人性化。这一测试项目上线两周，店铺首页平均转化率，即从一级页面进入产品页面的客户提升了40%；消费转化率，即最终完成购物的客户提升了50%。结果表明，基于大数据推演设计的良好的个性化体验能明显促进电商的销售，成为品牌电商的下一个增长点。奥美互动首席数据官李怡女士谈及这次营销尝试，评论道："拉升用户数量之后，大数据将是品牌电商飞跃发展的下一个机遇。大数据让消费者管理得以精细化运作，也让潜客挖掘的精准化定位成为可能。通过对于消费者深入的洞察，设计合理的数据算法，目标人群可以不断被精准细分，消费者体验也可以千变万化，品牌得以真正实现一对一的个性化营销，并在这个个性化的对话中实现品牌的构建。"[1]凭借深厚的消费者关系管理经验和平台的用户画像数据，有效合理地设计了消费者的整体体验，提高了消费者入店的转化率和品牌的销售额。

二、由精准营销决定"引爆点"

马尔科姆·格拉德威尔在《引爆点》一书中提出：思想、行为、信息及产品常常会像传染病暴发一样，迅速传播蔓延，它爆发的那一刻，即达到临界水平的那一刻，就是一个引爆点。他提出引爆流行的三法则：个别人物（The Law of the Few）法则、附着力因素（Stickiness Factor）法则和环境威力（Power of Context）法则[2]。用户画像能够让企业更容易识别自己的用户特征，触达同类用户所在的消费者社群，只要找到最具影响力的关键个别人物，让多个个别人物在合适的环境场景下传递具有附着力的信息，一次营销活动就会被轻松引爆。完全可以将引爆的三法则与流行的营销方式一一对应：个别人物法则对应口碑营销；

---

[1] 奥美互动助雀巢天猫旗舰店打造消费者个性化购买体验[EB/OL]. https://www.digitaling.com/articles/23125.html, 2016–03–10.
[2] 格拉德威尔 M. 引爆点[M]. 钱清，覃爱冬，译. 北京：中信出版社，2014.

附着力因素对应内容营销；环境威力法则对应场景营销。

在做数字营销时，像做传统营销的口碑营销一样，总有那么些人会成为信息传播的关键节点，这样的一个人连接着成百上千个用户，他们被称为网络上的KOL，KOL积极活跃在博客、论坛、社交网站或是短视频网站上，他们靠一技之长吸引大量粉丝，掌握着网络话语权，用每一则信息或视频影响着粉丝的看法。企业在营销中只要戳中了这些节点，就能赢得这些粉丝的青睐。附着力因素涉及内容元素的创意及质量等，这点将在后面详谈。

随着移动智能手机的普及，营销的重心逐渐偏向移动端，结合LBS（location based service，基于位置服务）、VR等新技术的场景营销在移动端得到更丰富的表现，O2O模式结合线上线下给予消费者全方位的体验，更在转化率上表现优秀。在具体环境和场景下，消费者与商品关联性更强，在合适的场景推送合适的信息给合适的人，更能提高消费者对营销信息的关注度，成功完成转化。

三、引爆流行的元素

引爆流行的元素是什么？或者换个问法：有什么样元素的内容更容易被传播？

第一，能引发共鸣、感动人心的内容。有感情的内容往往能得到大多数人的共鸣，亲情、爱情、友情甚至是与擦肩而过的陌生人的一点温情，都能打动消费者的内心，而且贴近消费者的日常生活场景能够使消费者将品牌与特定情境和场景联系起来，当生活场景再现的时候就能呼唤起消费者的品牌记忆。这种经典的感性诉求手段屡试不爽。

第二，搞笑新奇的内容。如果说有什么内容能让大多数人愿意主动转发的话，那一定是娱乐型内容，人们乐意与朋友家人分享开心。日常生活生存压力巨大，人们更乐意用工作之余的碎片化时间看轻松有趣搞笑的内容，更能成为交流的谈资，流行语、笑话、段子、剪辑视频等形式接受度普遍较高。

第三，有价值意义的内容。富有文化修养或展现励志向上精神的内容，分享出去能展现自我价值观，塑造或丰富向他人呈现的自我形象。

第五节 让用户由"旁观者"变为"参与者"

　　传播学中将受传者命名为"受众",意为强调受传者的被动性,而在互联网时代,这个词遭到很大质疑,因为互联网赋予了"受众"以能动性,"受众"不再只是被动地接受信息、旁观事件的发生,而是通过互联网可以发声、评论、发表见解,影响更多人的倾向,甚至成为内容生产者。于是被动的受众就变成了主动的用户。用户的力量之大、影响之广让企业极为关注,因而用好"用户的力量",从用户中来,到用户中去,让其从旁观者变为参与者显得尤为重要。

一、从以产品为中心到以人为本

　　2004 年,菲利普·科特勒在应答"您对营销的贡献主要是什么"这一问题时说:"我觉得有两方面的贡献应该被着重提及:一是我提出的观点认为顾客导向型的企业较之于产品导向型的企业更容易获得成功;二是我提高了营销的地位。"[①]企业从以产品为中心转向以顾客为中心是营销的重大飞跃,它促使企业营销从以产品为中心到以人为本的转变。

　　这种转变突出表现在消费者的消费从功能式消费和品牌式消费转变为体验式消费与参与式消费[②]。在物资稀缺的时代,功能式消费只要产品能满足最基本需求就行,后来异于同类产品的新功能也会成为消费者优先选择的因素。商品经济发展,竞争产品增多,企业请广告公司、公关公司塑造品牌形象以便和同类产品区分开来,品牌成了消费的重要决定因素,品牌带给消费者自我价值和自我个性的彰显。到数字营销时代,企业注重 O2O,线上线下相结合。线上出现了避免干扰用户降低用户反感的原生广告,线下则采用体验式、参与式营销。例如,2017年上半年频繁出现的快闪营销,类似香奈儿的 Coco Café 可可小姐限时咖啡店,

---

① 孔繁任. 菲利普·科特勒支招中国企业[EB/OL]. http://finance.sina.com.cn/20041205/18211203075.shtml,2004-12-05.
② 黎万强. 参与感[M]. 北京:中信出版社,2014.

YSL 的快闪游艇派对，这样的奢侈品快闪店，放下身段的目的都是与消费者亲密接触，让消费者深度体验产品。另一种即时体验式营销，就是现在已经火到见多不怪的直播了。企业已经把明星代言、产品推广和线上即时销售融合在了一起，用户不仅能通过直播平台参与评论、送花送礼物，还能直接跳转销售页面加入购物车。2016 年 4 月 Angelababy "堵在上海南浦大桥"为美宝莲纽约新款唇露代言的直播有超 500 万人次观看，卖出 10 060 支口红，实际销售额 142 万元。这款唇露是新款，此前零口碑，完全靠直播活动获得首卖大捷。注重用户感知的体验式、参与式消费大行其道，是当前互联网消费的大趋势。

二、UGC 与用户参与

互联网技术带来了用户之间的互动，用户不再满足于当个旁观者了，而是希望有更多的参与感，主要体现在以下三个方面。

（一）UGC

UGC 即用户生产内容，它是 Web 2.0 的产物，随着互联网发展而逐渐显现出它的商业价值。早期的论坛、博客，现在的社区、自媒体都是 UGC，互联网产品或多或少都带有 UGC 属性。UGC 的诞生让互联网产品形态更加丰富、有意思，用户不仅是产品的使用者和内容的被动接受者，而且摇身一变成为产品的创造者、参与者。那些早早地引入 UGC，并开始重视用户"表达"的产品，其实是拥抱了"一座金矿"，因为这些"大量"、"免费"而"原创"的内容，给产品带来了好看的数据层面的价值，不论是流量还是用户黏性，还有关键的订单[①]。

说到 UGC，近来业内人士又将它细分为 PGC（professionally-generated content，专业生产内容）和 OGC（occupationally-generated content，职业生产内容），区别主要在于生产者，"U"强调生产者是普通大众，"P"通常指 KOL、大 V、运营人员等专业人士，OGC 跟他们的区别主要是，生产者是否为了利益或是工作需要去生产内容。

---

① 聊聊不同类型产品的 UGC 运营玩法[EB/OL]. http://www.woshipm.com/operate/838736.html.

UGC 产品已经成为互联网产品的一种，目前典型的 UGC 产品有知乎、豆瓣（社区）、简书（博客）、荔枝 FM（有声电台）……也有非纯 UGC 产品，将 UGC 贯彻到产品线中的产品有网易云音乐（用户评论）、网易新闻（用户跟帖）及电商平台等，传统企业要想将用户从"旁观者"变为"参与者"，构建用户激励机制，鼓励用户生产内容，参与讨论是较好的用户参与方式。

克莱·舍基在《认知盈余——自由时间的力量》中指出：在互联网时代，人们利用工作时间之外的盈余时间，除了用于内容消费，还应更多地用于内容分享和创造，为人类社会创造宝贵的财富[①]。要吸引用户参与，首先要弄明白为什么用户愿意动动手指去生产内容？动机理论认为，人们从事各种活动的原因，有外部动机和内容动机之分。外部动机指的是个体在外界的要求或者压力作用下产生的动机，简言之需要物质激励。"天下熙熙，皆为利来；天下攘攘，皆为利往"，给予用户一定的奖励，可以激励他们参与的积极性。例如，设定一定的机制，让内容消费者为生产者买单，像微信公众平台的打赏机制和直播平台的送花刷游艇。更直接地，给活跃用户赠送一些礼品、纪念品、小奖品，都能收到很好的效果。而内部动机则是指个体的内在需要所引起的动机，如成就感、满足感。这就要考验平台的产品和运营了，好的内容分发能给用户生产者及时反馈，精准推荐给适合的内容消费者，使内容获得点赞、关注和分享；再者利用资源推荐，将一些内容推荐到热门或者置顶，给予作者更大的曝光，满足用户的荣誉感，通过他人的关注和认可，激励用户持续性更新内容，提升内容质量，获得更多的曝光机会。

此外在运营上，还要让整个 UGC 生态更健康、可持续。对日常热点话题和活动的运营使整个 UGC 区保持活力和吸引力，促进内容消费者向内容生产者转化。豆瓣提供了大量的小组话题和同城活动，展现各种优质内容和普通内容激发用户主动生产内容。同时运营者还可以通过对优质的引发集中讨论的热点内容整合加工，做成专题或专栏，形成二次转发和传播，以吸引更多用户和传播品牌。例如，知乎对内容二次包装后定期出品"知乎日报""知乎周刊"，并借助微信、

---

① 舍基 C. 认知盈余——自由时间的力量[M]. 胡泳，哈丽丝，译. 北京：中国人民大学出版社，2012.

微博等渠道分发，形成了内容的再次传播和知乎品牌的塑造。再如网易跟帖整合优质跟帖，打造可读性强的独家自制栏目，拓展了内容深度，吸引忠实的读者，拉动用户留存，还能创造品牌价值。《网易跟帖局》下属栏目《局内人情报科》《神评组》是最高产的栏目，平均每周产出 2~3 篇。2017 年 6 月网易跟帖推出原创短视频栏目《所有人答所有人》，其中的优秀内容，如"婚恋观：在爸妈眼里，你是那个还不结婚的'逆子'吗？""绅士的品格：什么样的男人让人感觉温暖有教养？"期期主题犀利戳心，极易激起年轻群体的共鸣、思考与讨论[1]。优质整合带来的更大的曝光，反过来给予了内容生产者更大的热情去创造优质内容。因此，网易跟帖的大火支撑了网易新闻从新闻客户端向资讯平台的转型。

重视用户 UGC，鼓励用户参与，是数字营销时代企业营销人员所必须考虑的。

（二）众包众筹

众包模式是指一个公司或机构把过去由员工执行的工作任务，以自由自愿的形式外包给非特定的，而且通常是大型的大众网络的模式。"众包"（crowdsourcing）这一概念是由美国《连线》杂志的记者杰夫·豪（Jeff Howe）在 2006 年 6 月提出的。但其所描述的商业实践，却早已存在。2004 年宝洁公司的几个年轻人提议在品客薯片上印制图案来刺激消费兴趣，这个点子得到一致认可，但怎么把图案印到薯片上仍能保证薯片的完整呢？向人类提供了三万多种产品，拥有两万九千项专利的宝洁公司，被这个小问题困住了。时任宝洁 CEO 的阿兰·乔治·雷富礼认为：现在到处都有发明家，为什么不把实验室延伸到他们身边呢？于是宝洁将难题发布在网络平台上。意大利的一位大学教授发明的可食用墨水正等待着宝洁的召唤，图案薯片将宝洁推上了网络平台，一年之后宝洁凭此推出二百多款产品，研发能力提高 60%，业绩下滑止住了，众包模式挽救了宝洁。互联网的出现导致大众沟通成本的大幅降低，是现代意义上的众包活动成为可能的直接原因。Web 2.0 与威客（Witkey）理念，以及

---

[1] UGC 产品分析：网易跟帖和它的"态度"养成[EB/OL]. http://www.sohu.com/a/199862955_114819，2017-10-24.

2006~2016年大量的像维基百科或YouTube这样的UGC网站，企业、组织的核心价值几乎完全来自用户进行的价值创造，这些都可以理解为众包模式的具体表现，而且几乎不产生任何成本。众包，从创新设计领域切入，悄然颠覆了传统产业结构。

众包模式的好处显而易见：其一，降低企业成本，企业充分利用外部资源解决问题，以往聘请专业人员或者外包会产生大量开支，而通过互联网完成的众包成本小到可以忽略不计；其二，充分利用大众智慧，互联网时代下知识更新加快，企业创新难度增大，众包可以聚集全国甚至全世界的头脑与智慧；其三，用户创造内容的好处，用户创造出的产品更符合消费者所需所想，满足个性化需求，用户参与也让用户在心理层面上和企业拉近了关系。当然，众包也孕育着风险：首先，用户产生创意的知识产权归属问题无法解决，用户与企业并无契约关系，无法界定其中的权益归属问题；其次，接包人都是互联网上的陌生用户，企业对用户信息及能力都没有了解，质量及完成程度无法得到保证。因此，国内除了互联网产品像知乎这种内容社区或是猪八戒网这样的设计网站，其他企业还没有摸索出很好的众包模式。

筹集产品，技术行不通，那就筹集资金吧，因此众筹出现了。众筹利用互联网和SNS传播的特性，让小企业、艺术家或个人对公众展示自己的创意，争取大家的关注和支持，进而获得所需要的资金援助。众筹门槛较低，涉及范围也广。国内近几年成功的案例不少，《魁拔4》宣布众筹后，不到十个小时众筹金额便突破百万元，打破国漫众筹最快纪录，众筹总金额高达387万元，创下国产动画众筹金额的最高纪录。但是，众筹一般获得的资金其实并不多，企业家主要通过众筹展现自己公司的实力，以及它们对市场的价值，来吸引风投和投资者。因为对于消费者来说参与了一个项目的众筹，表示对其产生了兴趣，也将持续关注项目的运行和产品的推出，这将为产品的推出造势。

（三）参与式生产推广

一些企业以发展的眼光洞察了消费者需要参与感的趋势，于是参与式生产推广模式出现了。它不仅要求企业一切以用户为中心、以消费者为动力去驱动整个产业链，而且希望企业能让用户参与整个生产、营销的产业链，从产品"呱呱坠地"甚至是"怀胎三月"的时候就让用户参与进去。这样做是有好处的：一方面见证产品诞生、成长的用户必然会对产品产生"慈母"般的关心和忠诚；另一方面用户参与了生产营销，对产品产生了归属感和贡献感，会驱使用户自发产生口碑营销，就像妈妈四处夸耀孩子的好成绩一样。用户参与和用户互动是新营销时代不可忽视的因素。

小米的发展就是这种模式成功的模板。雷军在为《参与感：小米口碑营销内部手册》作序时提到了小米最初的孕育，他爱玩手机，对手机有很多自己的想法，所以特别想做一个让发烧友一起参与的公司，老板跟每一个用户都是朋友，抱着这种想法做第一款产品——操作系统 MIUI，操作系统研发周期长，为了让它能成为听取客户意见的系统，提出每周迭代。跟用户沟通，管理用户需求，听懂用户要什么，然后把它变为现实，通过质量控制，一周之内发布出来。这个模式聚集了第一批用户。2011年小米第一次发布会时，MIUI 已经发布 1 年而且有 50 万用户了。他认为小米创业一年，没做任何公关和营销，能取得这种成绩，验证了两点：其一，通过用户参与能做出好产品；其二，好产品通过用户口碑是能够被传递的。这后来成为小米的指导理念，通过用户参与完成产品研发、产品营销推广，完成用户服务。

在新闻生产中"全民制造"这一倾向更是明显。2014年澎湃新闻关于"十一"黄金周的全方位报道便是用户生产的典型案例，黄金周时澎湃新闻动员网友从各个景区发来景区报道，网友通过手机等电子设备在旅游景区拍照或录像提供新闻线索给澎湃新闻记者，由澎湃新闻记者把关核实新闻真实性，再由编辑整理成文发出报道。用户以旅游者身份搜集新闻源，提供生动形象的全方位现场直击报道，可以捕捉到很多突发性短时发生的新闻，而且遍布各个景区的"用户记者"远超出澎湃新闻自有记者数量[①]。新闻源数量多，触及范围广，人力成本低，澎湃新闻采用"用户记者"和自有记者相结合的举措，将 UGC 转化为新闻源和新闻内容生产者，同时在网民积极参与的过程中推销了自己，在同

---

① 田俊鹏. 论新媒体新闻生产中的用户参与[J]. 传播与版权，2016，(6)：79-81.

类新闻平台中领先了一步。移动媒体的便捷为这种"用户记者"的出现提供了条件,移动互联时代的新闻客户端面向的正是这类会拍照、拍视频的移动网民,只要他们善于发现周边新闻、参与性高,那就能通过图片投稿、视频投稿等方式参与新闻生产,再通过媒体把关整合就是成型的新闻报道。这种新闻用户参与,不仅可以扩大媒体新闻来源,多样化新闻内容,而且能够刺激用户使用该媒体,黏性增强,运营商收入增加。

三、用户参与的途径

企业要吸引用户参与,就像钓鱼,首先要了解鱼类,找到鱼群所喜爱聚集的地方,再勾上足够诱人的鱼饵,放出勾回鱼的长线。

(一)合适的地点

微博、微信、社区论坛是网民访问量和关注度极高的地方,是社会化营销的必争之地。运营好微博、微信账号,时常与用户互动交流,建立强关系,引发用户关注讨论。在做营销活动时,尽可能将活动信息发布在社交媒体上,曝光在目标用户的注意力中。对于活动推广广告,以信息流或者APP开机大图等形式可以较好地吸引用户注意力。

(二)有吸引力的内容

足够吸引人的内容有多种表现形式:

其一,新技术新玩法。随着互联网技术的发展,各种新奇有趣的新技术层出不穷,用新奇的技术承载有趣的创意,能吸引用户眼球,如近几年大火的H5、百雀羚的长图广告、动态平面广告、应用VR技术的户外广告,小小的黑科技亮点就能吸引用户关注。

其二,回馈用户。消费类产品可以通过抽奖、打折促销、送红包等反馈形式刺激用户参与和分享转发,这是最直接的当然也是最有效的方式。不过这类活动用户参与度虽高,但对品牌关注度低,而且频率太高会有损品牌或企业形象。

其三,有情怀。有情怀并与用户息息相关的内容会引发共鸣,吸引用户评论分享，还能同时塑造品牌形象。

（三）简单的参与路径

吸引用户的目光之后，下一步就是要引导用户参与。参与的操作过程要尽量简单易操作，给用户明确的活动地图指引。对于非单一路径的参与活动，需要适当激励，以促使用户有耐心走完全程。

总之，企业营销要想让用户从"旁观者"变为"参与者"，就要准确把握用户心理，激励其参与并给予参与途径的便利，才能激发用户想和你"玩"的热情。

第六节 从卖产品到提供服务

20世纪90年代初，美国通用汽车公司总裁杰克·韦尔奇（Jack Welch）认识到服务导向比产品导向更重要。于是，他决定将通用的企业设计更改为从卖产品转变为卖服务，同时，详细提供与产品功能相关问题的解决方案。这一重大更改让通用汽车公司一直处于领跑的位置[①]。随着市场的变化，越来越多的公司都在进行竞争策略的调整，原来企业都把营销重点放在为顾客提供所需要的、更优质的产品上，而现在它们相继把重点放在产品售后服务和技术支持等服务活动上。这种调整是经济全球化和信息化发展的必然趋势。

一、市场环境的变革和营销重点的转移

全球经济环境早已趋向经济全球化，全世界的企业都在全球市场中竞争，国内国际品牌正面交锋，为求生存发展而激烈竞争。而且依靠科技进步所带来的优势短时间内很容易就被模仿超越，同类产品同质化严重，在产品上求差异的战略胜算已经不大了。而服务所创造的竞争优势是不大容易被竞争对手所模仿的，即使模仿其成本也极高，因为服务带来的独特个性源于企业的背景、企业文化和产

---

① 张鸽盛，柏子康. 由卖产品转向卖服务——简谈为读者服务的几种新视角. 出版发行研究[J]. 2003，（3）：47-49.

业链及日积月累的努力。于是 20 世纪 90 年代以后，企业纷纷转向服务营销，以提供区别于竞争者的、消费者认为有价值的产品和服务。

　　服务营销是指企业以满足消费者需求为核心，全方位分析消费者需求，并且从多种手段、多条途径来实现消费者需求的最大满足的一系列营销活动。服务营销的最终目的是提高消费者满意度和顾客忠诚度，通过消费者的满意和忠诚实现企业利润的获取和企业的长远发展[1]。不只是服务好客户让其需求得到满足，服务营销更是一种理念。菲利普·科特勒总结他的营销理论的变化时说，营销 1.0 是工业化时代以产品为中心的营销，营销 2.0 是以消费者为导向的营销，其核心技术是信息科技，正如宝洁、联合利华等快速消费品企业开发出几千种不同档次的日化产品来满足不同人的需求，营销 3.0 则是合作性、文化性和精神性的营销，也是价值驱动的营销。如今西方国家及东亚部分国家已经进入了丰饶社会。在丰饶社会的情况下，马斯洛需求中的生理、安全、归属、尊重这四层需求相对容易被满足，于是自我实现对于客户来说变成了一个很大的诉求，营销 4.0 正是要解决这一问题[2]。服务营销是营销 3.0 和 4.0 时代的策略，它的理念即满足消费者尊重和自我实现的价值观上的需求。

二、企业与消费者的地位变化

　　企业与消费者的地位，在卖方市场时，企业高高在上，你爱买不买，没得挑；在买方市场，消费者可以挑三拣四，企业绞尽脑汁"引诱"消费者多看一眼，多留一步，用户付完了钱就是营销活动的结束，企业立即翻脸不认人，希望二者两清，就怕产生售后、投诉、公关等剪不断理还乱的关系。即使提供售后服务，也是为了解决问题，是不得不做被动地提供服务，像是手机维修，通常客户去线下维修点兑换维修服务时，几乎都不会获得极好的用户体验。国外一项调查表明：一个满意的顾客会引发八笔潜在生意，其中至少有一笔成交。而一个不满意的顾客会影响二十五个人的购买意愿。争取一位新顾客所花的成

---

[1] 李娟. 从海尔看中国企业的服务营销[J]. 中国商论, 2017, （24）: 48–49.
[2] 王赛. 数字时代营销战略的转型方法论[J]. 企业家信息, 2017, （9）: 63–66.

本是保住一位老顾客所花成本的六倍[①]。看过这样的数据，企业还能忽视留客的重要性么？

在服务营销的理念中，消费者购买产品是服务营销的开始而非结束，伴随着产品的成功售出，企业更关心消费者的用户体验如何？缺点和不足在哪里？消费者有没有新的需求？新时代消费者需求多样性愈发凸显，购买一个产品更想要获得伴随产品而获得的尊重、重视、全面的个性化服务及自我价值的实现。例如，消费者购买了一款小米手机，他就有资格成为"米粉"的一员而参与讨论，并提出意见。同时小米手机承载一定的品牌个性，用户通过产品的品牌个性来彰显自身个性，得到他人的尊重，这些都体现了消费者在价值观上对产品和服务的需求。

所以，企业与用户二者健康的关系应该是平等、互惠互利的朋友关系，成交之后的关心和服务是检验"友谊"的试金石，企业只有建立强用户关系才能紧密联系用户。

三、消费者反馈机制的成熟

在移动互联网的发展和新的传播技术的推动下，用户更容易搜索到产品和服务的信息，在论坛、贴吧、企业客户端等网络社区与相同经验或购买相同产品的其他用户交流分享信息，与企业通过社会化媒体直接沟通。用户与用户、用户与企业通过网络不断沟通交流，产生了大量数据，企业掌握了这些数据就得到了近乎全面的消费者反馈。互联网时代，消费者反馈更即时迅速，渠道多样而且传播范围广。懂得服务营销的企业知道如何与消费者积极互动，根据消费者的回馈改善产品服务和调整策略，尊重消费者作为"主体"的价值观。

海底捞的服务一直得到大众好评，让消费者自发免费产生口碑传播，2017年8月海底捞被曝出严重的后厨不卫生事件，海底捞没有像此前某些企业那样百般抵赖，或者以外交辞令进行危机公关，而是发致歉信向公众坦然承认错误，对涉事门店停业整改，并承诺不会开除员工，推卸责任。海底捞在事发后坦然承认，

---

① 张鸽盛，柏子康. 卖产品转向卖服务——简谈为读者服务的几种新视角[J]. 出版发行研究，2003，（3）：47–49.

这是对消费者的尊重,加上积极承担责任的态度,获得了消费者的好感度。试想如果海底捞事发后回避抵赖,拒绝与消费者沟通,引发公众舆论口诛笔伐,那这次危机带来的影响甚至能让海底捞消失在餐饮界。

第五章　数字营销公司运作

数字技术的广泛应用和移动媒体、社交媒体的大量涌现，促使广告行业的媒介生态环境发生了巨大的改变。在这样的市场状态下，一批以技术见长的数字营销公司迅速崛起，成为广告市场中一道亮丽的风景线。相比之下，传统 4A 广告公司显现出的发展"短板"——理念层面的转而未变，组织结构带来的多层次、慢节奏，对渠道、声量为王的过分执着等，都从不同侧面反映出其对数字时代的不适应。这种不适应，既是数字技术发展带来的，又是媒介环境变迁和消费者行为变化造成的，其传统的操作手法在数字时代呈现出顾此失彼、疲于奔命的状态，在与数字营销公司的竞争中全面处于下风。

在具体表现上，与传统广告代理公司不同的是，数字营销公司并不是特别关注创意发想与人性洞察，而是将重点放在了实时互动与精准传播上。数字营销公司大都具有深厚的技术背景，员工构成也以技术人员为主，通过网络访问追踪技术、用户画像技术、DSP（demand-side platform，需求方平台）定向技术等，实现广告信息的精准投放。数字营销公司的工作无疑是一次创新，它破解了"我知道我有一半的广告费被浪费掉了，但不知道被浪费的是哪一半"的投放困局，提高了广告的投资回报率；同时因为能够准确抵达目标用户，最大限度地减小了广告对于用户体验的干扰。此外，不断积累与沉淀的用户数据能够保证数字营销公司实现全数据打通，进一步提高精准性，真正做到广告的个性化和定制化。

第一节　数字营销公司的经营理念

　　进入互联网时代，一方面，大数据和人工智能等技术高速发展，以搜索引擎广告、原生广告、RTB 广告为代表的新型营销内容形式正在逐渐取代过去的横幅广告、旗帜广告和弹窗广告等形式；另一方面，消费者在内容偏好、媒体接触、消费行为等领域呈现多重面向，精确的投放、优化的体验及双向互动越来越成为营销活动的主流。应运而生的是一大批以技术作为核心竞争力的数字营销公司，而传统广告公司的处境愈发艰难。根据《2014 年中国广告市场发展报告》的统计结果，在 2014 年 5 605.65 亿元的广告总额中，代理占据 21.98%，发布占据 51.05%，较之 2013 年二者分别增长了-21.06%和 33.45%[①]。代理市场萎缩严重，向数字营销公司转型已经成为绝大多数传统广告公司的选择。目前，仅仅是主流的营销业务就包含程序化购买业务、大数据服务、跨境营销（海外营销）、视频营销、原生营销、社交与口碑营销、游戏营销、营销技术和营销云、整合营销、场景营销、网红、ATD（agency trading desk，代理商购买平台）、SEM（search engine marketing，搜索引擎营销）、SEO（search engine optimization，搜索引擎优化）、电梯广告、代理、泛娱乐营销、媒体运营、电商运营与营销、活动与公关、体验营销、广告监测与洞察、创意等。在内外部环境的共同作用下，广告企业究竟选择什么业务，建立怎样的组织结构来保证公司的高效运营，实现企业持续成长，精准定位企业经营理念就显得尤为重要，也是第一要务（图5-1）。

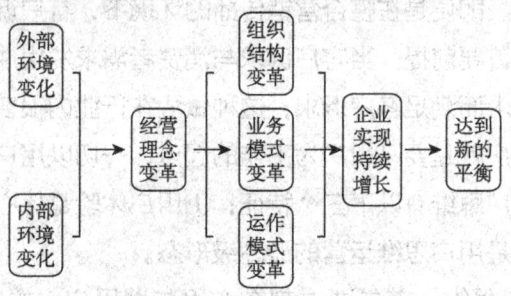

图 5-1　广告企业运营路径图

---

① 2014 年中国广告市场发展报告[EB/OL]. https://www.pishu.com.cn/skwx_ps/literature/4000187.html，2015-05-06.

一、从服务客户到取悦用户

互联网数字技术迅猛发展，媒介形式多样化，技术赋权表现明显，普通消费者不仅拥有了各种信息渠道，也拥有了更大的话语权。伴随着自主意识和权益意识的不断加强，继续将消费者当作只会单向度接受信息的"靶心"已经不适用，其需求、喜好成为决定市场营销成败的关键因素。所以当营销从传统时代转向数字时代以后，营销的方向是思想、心灵和精神。消费者不仅应该成为营销部门服务的对象，还应该成为数字营销公司所有部门的工作重心，为此其经营理念随之要完成从服务客户到取悦用户的转变。

要完成这个转变，先要从概念上厘清"客户"和"用户"的区别。客户，即广告主，它以工商企业为主体，是营销活动的最初提出者和发动者，也是营销费用的实际支付者，它直接决定着营销活动的规模和方向；而用户则是消费者，是产品或服务的实际需求者和使用人，用户往往更加关注使用代价和使用体验。明于此，就知道了数字营销公司在经营理念上从服务客户转向取悦用户的基本含义了。

服务客户，就是要具有客户思维。客户思维，通常以客户为工作起点，并将客户诉求作为最重要的工作目标。对于传统广告公司来说，服务客户是其最基本的职能，对客户服务的好坏是判断一家广告公司成功与否的重要标准。奥美集团大中华区董事长宋秩铭曾表示："奥美的基本职能依旧是帮助客户解决问题，否则会丧失自身价值。即便是在整合营销传播的环境下，客户诉求依旧是广告公司制定一系列策略的首要前提。当客户诉求与消费者需求发生冲突时，广告公司通常会忽视消费者需求而满足客户诉求，这种做法在行业内很普遍，基本上是行业惯例。"而取悦用户就是要以用户为工作的起点，一切以用户诉求和体验为核心目标开展工作。用户思维有以下三个特征：①用户体验是核心；②情感认同与共鸣是目标；③社群是用户思维运营的最高级形态。

想要拥有用户思维，首先要时刻在心里装着用户，始终保持耐心倾听用户的低姿态。马化腾认为"产品经理最重要的能力是把自己变傻瓜"；周鸿祎也认为"一个好的产品经理必须是白痴傻瓜状态"。但是需要注意的是，如果只关注用户也是片面的，真正的用户思维应当是建立在尊重和考虑客户诉求的基础上的，只有将用户放在心上，才有可能达到取悦用户、让用户感同身受的效果。激起用户同理心始于用户（消费者）洞察——认准细分市场，理解用户群体，对其进行画像，其中最重要的是理清楚用户的偏好，从消费心理到消费行动，从偏好的媒介形式到偏好的内容主题等。再者关注影响精准把握用户的几个因素，如先存知识的干扰，营销工作者在对产品知识的掌握上具有先天的优势，很难将自己代入对产品知识了解甚少甚至是一张白纸的用户角色，很多时候就会影响信息传达的有效性，导致用户形成理解偏差和产品使用错误。华为手机刚开始塑造品牌时做过一个广告并在很多电视台播放：一位古希腊老人和一匹白马撞在了一起。然而这则电视广告很快就停播了，因为很多受众反馈说看不懂。高深的营销元素看似高大上，实则以营销者自己的认知代替了普通消费者的认知。人性的复杂、多样性和难以揣测是非常显而易见的，即使让一个人对自己的人性进行分析，也很难做到确切；有人会为了炫耀而参与，也有人是出于学习、分享、收藏和社交等不同原因而关注等不一而足，即使你做得再多再好也不会令所有人满意。当然，也有一些适用于大部分用户的人性特征，如人们通常是缺乏耐心的，比起仔细研读产品说明，很多时候人们都会根据直觉做判断；而此时那些看似高级但套路过深的营销活动，因为过于耗时而难以收到预期效果。造成这种状况的原因在于未能真正深入用户，做好用户洞察，不仅未能洞察出其真实的需求，更未能洞察出其内心深处的期许。

二、从自说自话到数字互动

无论是原生数字营销公司的经营理念还是传统广告公司的转型目标中，一般都会强调"数字"或者"互动"等明确的定位，从"自说自话"到"数字互动"的转型趋势显而易见。例如，分众传媒公司立足现有的媒体资源网络，致力于成为中国领先的 LBS 和 O2O 精准媒体平台；向上打造云端大数据，向下落实 O2O 互动，实现把分众打造成为真正的由云端控制屏端、屏端与终端互动的 LBS 和 O2O 精准媒体互动平台；电众广告致力于成为网络整合营销专家；电通广告专注于提供以广告为中心的综合一体型沟通服务。

在传统营销中很多活动都陷入了"自说自话"的误区,成了同事亲朋好友"朋友圈"的自嗨活动,可以追溯的原因很多:缺乏最基本的消费者洞察;被已有品牌知识误导,对品牌代入感强烈,盲目地用自我的感受来推断消费者的诉求;被调研数字和投资回报率绑架,营销目标模糊不清等。不同于事件营销、内容营销等传统营销方式中一厢情愿地向未知的对象散发、灌输信息而消费者旁观的模式,数字营销深谙互联网各种营销载体的特性,强调品牌与消费者亲密接触并产生互动,是一种让消费者与品牌建立情感联系的营销方式。数字营销能精准定位各类数字营销载体并对消费者行为和投入产出进行分析,"换位思考"的观察视角还能够促进营销方与消费者相互了解、学习和启发。

要避免"自嗨"式营销的出现,并不是完成了"互动"这一系列动作就可以了。首先,这种互动应该有明确的目标。一般营销的目标有两个:提升影响力与提高销量。同一次营销活动中两者可以同时存在,但在大部分的"互动"活动会集中于一个目标进行营销。具体而言,是整个品牌带动单品,还是用单品带动整个品牌,这些细节都需要明确。其次,趣味性。很多互动营销将自己的目的性表露得过于明显,宣传痕迹明显,如一个 H5 还没进入正题就要求填写各种资料,无疑提高了消费者的参与门槛,难免让人索然无味,就连简单的广告传达效果都很难达到,更别提互动和分享了。而有一些数字营销活动兼具清晰的目标定位和趣味性,甚至引起轰动效果,却依然没有带来有效的投资回报率,是品牌关联性出了问题。有的数字营销活动为了隐藏自身的"广告"性质,不影响消费者的体验,走向了另一个极端——最小化品牌标识,消费者甚至无法察觉又何谈感知和行动。还有一种常见的情况是互动内容与品牌的功能和卖点关联度弱,某个创意可以复制到其他品牌上甚至更加贴切。"逃离北上广"活动中自文章在新世相发布的 4 小时内,只要赶到指定机场,就免费送机票。微信公众号发布该活动的文章后,短短 1.5 小时,该文章就获得 10 万+的阅读量,新浪微博上关于"4 小时后逃离北上广"的话题也迅速跻身热搜榜,当天阅读量超过 1 000 万,从曝光度来说的确是高水平事件营销案例。整个事件成了内容发布平台"新世相"爆红的契机,然而很少有人注意到这是航班管家做的一次互动营销。最后,与科技同步。除了已经被大众熟知的 LBS 定位技术、AR 和 VR 等技术,人工智能也在重塑数字营销的方方面面,大量科技手法的运用可以进一步完善广告呈现方式,开启更多新的视角,在人工智能的参与下,营销者不仅清楚自己的产品和诉求,更能够了解消费者的需求,并可以力求同时做到对消费者需求的深度洞察以及对商品特征的细致把握,并将两者进行个性化匹配。2017 年,搜狗与京东就人工智能具体如何赋能营销、提高营销效率方面展开了战略合作。搜狗对海量用户的消费意图进行深度识别,同时对京东商品库的每个商品物料进行细致分析,建立高亮图谱;最终为用户自动匹配个性化的商业物料,完成个性化广告的推送。京东"双十一"期间大家看到的 50%的广告物料都是机器自动生成的,个性化物料生成后,立刻结合搜狗全线产品进行上线推广。

三、从渠道、声量为王到娱乐、趣味至上

大部分广告代理公司在传统媒体时代都离不开渠道营销并且随着媒体形式的增多而愈加丰富,经历了单渠道、多渠道和跨渠道三个阶段,多样化的媒体资源也是很多广告代理公司进行自我标榜的一个资本。最原始最基础的当属单渠道营销,单渠道营销是指只通过一条渠道(如邮件、电视、电台等),将产品和服务的信息传递至消费者的营销行为,是"线下店铺"时代主要的营销方式,成本低,方便部署,效果易监测,但是适用范围局限在品牌市场比较小众的情况下。多渠道营销是指通过不同类型的渠道触达消费者,每个平台单独和消费者互动的一种营销方式,渠道的增多能够兼顾更大的消费市场和更多元的消费者,在不同渠道满足不同的消费者需求,是对单渠道营销方式的一个大飞跃,也是在市场上使用历史最为长久的营销手段,但是渠道之间相互独立,缺乏统一的操作标准,会造成一定程度的资源浪费,运营效果不佳,且效果难以衡量。随着数据链接技术的发展,线上渠道之间、线下渠道之间、线上与线下渠道之间的壁垒得以打破,多渠道营销实现了质的转变,进入跨渠道营销时代,多渠道数据得以整合和洞悉(表 5-1)。

表 5-1 营销渠道一览表

付费渠道	线上广告	搜索排名、导航广告、超级广告平台、T类展示广告、联盟广告等
	媒体广告	报纸广告、杂志广告、电台广告、电视广告等
	户外广告	地铁广告、车身广告、电梯广告、公交广告等
	APP广告	应用市场、超级APP、预装广告、联盟广告等
	BD联盟	协会联盟、校园联盟、媒体联盟、同业联盟、异业联盟等
自媒体渠道	官方渠道	官方媒体、站内SEO、新闻自媒体、视频自媒体等
	论坛渠道	综合论坛、校园论坛等
	社群渠道	综合垂直社交
口碑渠道	名人渠道	艺人、行业KOL、网红等
	媒体渠道	口碑网站（大众点评、美团、蚂蜂网等）
	粉丝渠道	—

多渠道营销的目的是获得流量和声量，实现营销目标，对于很多传统广告公司而言这些基本都要依赖于各类媒体的堆积来实现，工具的作用反而凌驾于内容之上，伴随而来的还有流量造假等信用问题。同时还面临着消费者换代升级的问题，移动互联网的原住民成为新兴消费者群体，与传统消费者相比他们的品位和审美都发生了变迁，内容的升级、不断变化和多元化的娱乐方式才能迎合新兴消费者多变的需求和喜好。伴随着消费者换代而来的还有流量成本的迅速提升，"渠道为王"的战略过于依赖平台的优劣，品牌客户的营销预算大部分都会被几个平台巨头垄断，平台掌握着广告系统的竞价规则，如何控制营销成本成为一个重要的战略竞争点。一万 pv（page view，页面浏览量）如果不能转化成品牌影响力和购买力，再大的媒体投放量也可以说是无济于事；越来越多的数字营销公司已经意识到在利用好大平台的基础上，高效营销的关键还是要将品牌和趣味结合以吸引新兴消费者的注意力。

趣味性可以直接体现在营销平台的选择上，微信"跳一跳"的首波商业广告就包含麦当劳，将带有麦当劳标识的盒子植入游戏中，当用户两次跳过"麦当劳"方块后,在微信上搜索麦当劳的小程序,输入在"跳一跳"看到的两个麦当劳产品的名字即可获得优惠券并前往线下餐厅使用。在"娱乐至上"的时代背景下,麦当劳为用户打造的"惊喜一刻",为传统的品牌营销注入了新鲜感,强化了麦当劳年轻化的品牌形象,轻松愉快的品牌调性也与"跳一跳"的用户属性相契合,满足了消费者对于新颖营销方式的更高诉求,成功触及亿量级用户人群,对春节期间麦当劳的销量起到了直接拉动作用。这样做的另一个收获当然就是对于"金拱门"事件的一次补救。趣味性也体现在整个营销流程中,2016年9月6日,肯德基入驻天猫超级品牌日,并宣布"一起玩大的",将趣味贯彻"数字营销+线下事件+公关推广"的每一个营销环节中。首先发布话题"一起玩大的",通过四张预热 gif 海报和五张主题 gif 海报为天猫超级品牌日×肯德基造势,刷到话题榜首位,获得 1.6 亿次阅读量。在线下,肯德基在广州打造了一个互动体验装置,装置由肯德基的 250 罐可乐、600 个汉堡、700 份薯条组成,这是世界上最大的用快餐打造的"广告牌"。消费者按动装置前的按钮,就可以让食物广告牌随机翻转,玩出不一样的花样,分别是:天猫猫头、KFC 和"一起玩大的"。活动激发了现场无数人参与互动,引发全网围观。当天肯德基旗舰店销量火爆,甚至产生了多款爆品,240 万块吮指原味鸡就在天猫超级品牌日被售出。一向以"严肃"为主基调的国家形象在近些年也开始尝试向趣味性靠拢——2017 两会期间推出的群聊 H5,到人民日报客户端的八一军装照 H5,再到国务院客户端嘻哈风 H5,被大家津津乐道的新闻联播段子手朱广权以及共青团中央和央视综艺开始占领 B 站。

第二节 数字营销公司的组织构架

狄更斯曾用"这是最好的时代,这是最坏的时代"来形容各种喜忧参半的情景,这正好是眼下广告行业的写照。传统广告公司的发展面临着诸多危机:广告主"去乙方化"趋势明显,自建内容中心或大市场部进行营销工作,尝试逐渐降低在品牌管理和营销上对乙方的依赖;重结构、重流程、轻人才的用人模式导致人才离职潮的出现，专业优势正在丧失；工业化时代营销服务的精细化分工方式，即品牌策略—公关—创意—线上互动—线下活动—电商运营—CRM—广告投放，在今天反而变成了自身效率低下、协同困难的桎梏。垂直化组织框架下反应缓慢，工作效率低，跟不上变化迅速的甲方市场；技术基因缺失，仅凭创意难以满足客户要求等。

无论是传统广告公司要涅槃重生还是原生数字营销公司要乘胜追击，都需要根据市场变化在组织结构与业务操作方面进行突破——从多层级组织框架到扁平化二级结构；从核心三部（创意部、客户部、媒介部）到以客户为中心的综合团队（组建独立团队）；新增产品部或者技术部门的职能。

一、从多层级组织框架到扁平化二级结构

罗纳德·科斯在其 1937 年发表的论文《企业的性质》中指出："市场的运行是有成本的，通过形成企业组织，企业家能够统一调配资源，从而节省了市场运行的成本。"集团化与规模化是企业发展的普遍路径，通过形成大型集团，企业能够降低成本、提高效率，形成行业竞争力。细数世界各大营销传播机构，无论是奥姆尼康、WPP、IPG、阳狮还是电通，基本都采用资本运作的方式，通过收购兼并构筑广告集团，形成规模优势，加强自身在广告传播行业的竞争力。国内的广东省广告集团、蓝色光标也都沿袭了这一策略，采用多层级组织框架。

广东省广告集团的组织架构采用的是典型的垂直型组织架构。最高层级为股东大会。其下是董事会，涵盖战略风险管理委员会、审计委员会、提名委员会、薪酬与考核委员会、董事会秘书、董事会办公室六个部门。董事会下面则是总裁，总裁之下还有财务总监与副总裁。具体工作的展开主要采用事业部制，截至 2018 年底共有十八个事业部，成都、武汉、上海、北京四个分公司，策划创意与市场调研两个工作室，大数据、网络互动、大众传媒三个支持平台，法务、财务、人力、投资、综合管理、平台资源管理六个管理平台。此外广东省广告集团旗下还有两家合营公司、九家全资公司、四家参股公司和十家控股公司。

采取垂直化组织结构的大型广告集团大多陷入发展困境：过去为了节约成

本、提升效率而成立的垂直化组织，在媒介环境剧变的当下变成了企业发展的主要障碍。网络时代需要企业迅速对市场变化做出反应，在垂直化的组织中上级与下级之间、部门与部门之间的壁垒严重影响了组织的运作效率。由于信息在垂直化组织中的传递是迟缓的，即使这些大型广告集团意识到这个问题威胁到了自身生存，必须转变工作方式以适应新的营销环境，但这种转变依旧是痛苦而缓慢的。这也是近年来大量本土中小型数字营销公司快速抢占市场的原因。

大数据、人工智能技术加速了整个社会的信息流动，企业比以往任何时候都需要及时对市场环境的变化做出及时的反应。社会信息流动的加快又意味着市场环境变得更加不确定，此时企业如果不能及时根据环境变化做出调整，便很有可能遭到市场的淘汰。传统广告公司依赖其产业规模和在行业内的垄断地位，目前还能暂时维护其在市场中的主导地位。数字营销公司则是从出生之日起便积极拥抱互联网，通过精简的人员设置和扁平、圆形循环的组织形态能够帮助其更好地对客户诉求和用户需求的信息诉求进行权衡，实现从多层次、慢节奏到少环节、快反应的转变，从而高效率地运转。

圆形循环组织形态与金字塔式组织形态相对应。在垂直组织结构中，部门与部门之间存在明显的上下级关系，一般各自为政，较少沟通和合作；在圆形循环组织中，部门与部门之间是一种平行关系，彼此之间相互连接，互相合作。这种循环、系统的工作模式通常会有一个中心，因此也有研究者称之为"车轮轴辐式结构"，轴心通常由首席营销官承担，品牌总监、产品经理、客户经理、营销总监等角色则是这个车轮的轮辐和轮辋。在这个结构中轴心人物负责统筹，相当于筹拍电影中的"制片人"角色，有权限根据项目的需要，跳过直线型流程直接对接成员，这些成员各有所长，可以担当数据分析、创意、设计、策划、执行等不同方面的角色，最终促进传播目标的达成。传立媒体（Mindshare）于2018年3月上线了一项名为"传立24"（Mindshare 24）的新服务。这项与时间赛跑的服务试图解决大型代理商的效率问题：根据广告主的需求，代理商在24小时内给出提案，只有客户满意才需要买单。传立24团队由全球约15个负责战略分析的创意人组成，这个小团队负责把不同客户、不同提案对接给适合的员工。同时，团队在伦敦、阿姆斯特丹、新加坡、上海、悉尼、纽约等城市设立了分部。

二、从核心三部到以客户为中心的综合团队

2011年,戛纳国际广告节更名为戛纳国际创意节,基于互联网技术的广告奖项迅速增加,大量技术公司开始涉足这个行业。如果说创意在过去只是广告公司的一个部分,而现在广告公司变成了创意的一个部分。创意既包含传统广告,也包括技术类的互动、社会化营销、娱乐营销,甚至线下活动———一切都成了客户的需求。现状却经常是许多创意都"死"在了核心三部(创意部、客户部、媒介部)层层的内部提案过程中,被内部损耗了,最后出产的是重复的套路和创意。市面上许多数字营销公司都打破了传统的以客户部、创意部、媒介部为核心三部的组织结构,构建了立足于技术和媒体,以客户为中心,服务客户、接近客户的综合团队。

结合众多传统广告公司的转型实践和数字营销公司的组织结构,以客户为中心的综合团队主要从纵向、横向两个方向布局。从纵向上看,将以客户为中心实行"客户群"或"项目制"的架构。打破原有业务单元间部门的隔阂,以一个客户为单一的服务对象,把各领域的服务人员按照客户的需求整合到客户群中,客户群中的专业人员所有的工作都是围绕着这一个客户进行。从横向上来看,以客户需求为导向设立"专家群"。营销领域十分宽广,目前比较流行的就有数据营销、事件营销、社交营销。消费者体验、品牌策略、公关和舆论领袖营销等,不同的公司可以根据自身营销方向,专注地在特定的专业领域内深耕,根据市场变化和客户需求不断进化,提供新的营销产品或服务,以保持和逐步升级自己在某些领域的优势地位。

在新组织框架中剔除了独立的核心三部并不代表刨除创意、客户和媒介三大职能。相反,横跨客户群的创意、媒介两大职能和角色将成为客户群最亲密的合作伙伴,提供最有力的支持。创意人提供能覆盖市场营销不同渠道和不同人群,打通市场营销各个领域的"大创意",当然相对传统的内容制作职能还包含技术实施专员,囊括IT、编程、物联网、营销自动化等技术人员,对创意质量和效率进行双层考量。媒介专员的眼光不再局限于纯数字媒体或传统媒体,而是通过媒体渠道的选择和组合、整合,让消费者持续不断地获取良好的客户体验的全媒体

营销。与消费者进行的实时交流不仅紧跟现代不断发展的技术，更是融入了消费者多样化的生活方式。跨渠道只能解决一部分问题，但全渠道却能解决所有问题。在客户群中充当"加速器"作用，推动创意和策略落实到营销方案中的是"AP"制度。"AP"制全称是"account planning"，有业务策划之称，形同电影产制中的制片人职能。数字营销时代的营销早已不是简单地做一系列平面广告或者事件营销就可以解决的，营销变得愈发复杂，AP的出现就是为了帮助客户整体把控每个整合营销项目的推进，确保各种创意产出在时间上的整合性、在风格上的协调性，让营销项目的管理更加体系化和逻辑化，从而适应这个瞬息万变的互联网营销时代。曾经刷遍朋友圈的百雀羚长图广告则是这种组织架构下的一个优秀出品，成功颠覆了百雀羚在人们脑海中老旧的品牌形象，而整个营销出自2016年创业的团队——"局部气候"，这个团队包括两个设计师，一个艺术家和一个科研工作者。

三、新增产品部或技术部门的职能

业界有个说法："大数据时代下的广告公司中有一半都是数字技术人才。"以人工智能、虚拟现实、图像识别、语音搜索等为代表的技术变革正在强力驱动广告营销行业的发展，特别是为数字营销创造了更大的空间和可能性。具体而言，大数据在指导广告投放、实现消费者的精准触达和在媒介渠道选择最优化上发挥着无可比拟的作用；人工智能技术可以通过深度学习和先进的算法洞察消费者的潜在需求和期许，帮助广告主准确触达合适的人群和场景并将预算控制在一个较低的水平，实现营销精准性和转化率的提升。根据Gartner统计，41%的企业已经在部署人工智能，而剩下的59%正在制定人工智能战略的路上。PHD中国首席数字官Lars Bjorge表示："人工智能将会拓展我们的工作范围，并为我们提供一个崭新的思考环境……人类将不再需要努力地促销商品，算法将代替我们进行选择和购买。"①

---

① PHD 中国预言未来论坛：人工智能会取代你的营销工作吗？[EB/OL]. https://www.digitaling.com/articles/35802.html，2017-03-17.

同样是实现"数字技术立身"的战略布局，传统广告公司和原生数字营销公司往往会采用不同的路径。对于传统广告公司而言，天生缺乏技术"基因"是其进行技术布局最大的缺陷。比起对原有员工进行大规模"再造培训"，抑或是重新招兵买马都成本过高，尤其是在时间成本上并不是一个明智的选择，收购兼并数字营销公司将其纳入自己的阵营这种弯道超车的方式成为大部分传统广告公司转型的首选，这既能进行产业扩张，又能快速将业务拓展到数字营销传播领域。梳理蓝色光标的并购之路则可见一斑。

首先是并购、转型。2010年至2013年，蓝色光标由单一公关公司向综合性公司转变，并购主要标的为中国体量相对较大或在垂直行业占据重要位置的本土传统业务公司。于2013年达到顶峰，以约18亿元的代价并购了博杰传媒（Bojie Media）。2014年以来，进行数字化转型，进一步完善自己的营销产业链，实现弯道超车计划。主要方向为互联网技术公司，尤其是移动互联网公司。比较集中的爆发是在2014年底，3个月左右时间从约50个标的中选择，最终成交一半。蓝色光标于2015年6月，以2.89亿美元收购多盟95%的股权，以6 120万美元收购亿动51%的股权，这是两家中国最大的移动广告行业公司。

其次是人才团队的调整。新的营销团队需要引入既懂技术又会玩数据的新角色来弥补天生不足，如具备互联网思维和营销知识的数据科学家和数据可视化专员，以及可以对数据进行分组分类的专业人员，他们可以跨部门统筹工作，与公司市场、业务等部门组合成强力合作关系，针对不同渠道设计不同的整合营销策略，同时要注意保持这些策略的一致性。

原生数字营销公司很多都诞生于近几年的广告人创业潮：2013年10月，时任上海盛世长城创意群总监的杨烨炘离开了供职长达15年的4A，与邓斌等合伙人一起创办了天与空广告公司。曾任群邑媒介购买部总经理的陈俊良创办了衍和数据。在传统广告行业打拼18年的熊超在2015年离开4A，创办The Nine并做得风生水起。前BBDO创意合伙人骆耀明创立文明广告公司，时任智威汤逊上海董事总经理李巍和执行创意总监周锦祥创立了Anomaly上海办公室……这些原生数字营销自带"技术基因"，数据分析文化根植于企业文化之中。所有团队员工都拥有数据意识，不单单是营销部门。建立在企业文化之上的是专业的数字技术人才和数字营销人才，具备开发专业的程序化广告软件和数据分离处理软件的能力，具有极强的大数据技术服务优势。可以通过人工智能、预测模型和数据驱动瞄准等技术来提高广告的精准程度。

无论是转型中的传统广告公司还是原生数字营销公司都面临着一个非常棘手的问题：BAT 等大型互联网公司对数据的垄断并开始进军广告行业。2016 年 11 月，阿里巴巴正式推出 Uni Marketing，一条由数据驱动的完整产品链，将帮助品牌在阿里巴巴的生态系统内，实现品牌建设"端到端"的全程管理，此举宣告 BAT 从媒介的下游逐渐走向上游，涉足广告行业。BAT 拥有不同的成长基因，腾讯见长于社交领域，百度擅长搜索领域，阿里巴巴则在电商领域优势明显，很容易利用其平台优势收集大量垂直行业的数据，形成数据垄断，没有了数据，空有技术框架的数字营销公司也将举步维艰。于是大型广告集团和 BAT 之间达成的各种紧密的合作，从 2015 年甚至更早便开始，包括群邑在内的大型 4A 广告公司都在和腾讯、阿里巴巴、百度商谈合作事宜。2017 年 6 月，戛纳创意节上，中国互联网巨头腾讯与全球传播集团电通安吉斯宣布建立全球战略合作伙伴关系，开创无界融合的全新合作模式，共同开启未来营销的新格局。同月，阿里巴巴与阳狮达成合作，成为重要合作伙伴。同年 9 月，阿里巴巴公布了包括群邑在内的 8 家首批品牌数据银行认证合作伙伴。

第三节　数字营销公司的运作流程

数字营销公司的运作流程并非凭空搭建的，而是将传统广告公司的产业实践与当前的传播环境要素相结合的产物。传统广告公司的运作流程是以 AE 为开端的多环节线性运作流程，它在当前日益变化的营销传播环境下受到了前所未有的挑战。

一、从多环节线性流程到团队协作的平台模式

传统广告公司基本上采用了一种多环节线性运作流程，其业务从接受广告主

的委托开始,直至广告公司将广告作品传达到目标受众、广告效果调查数据反馈给广告主,一次广告运动才算完成。而广告公司完成一次完整的广告运动,其内部大致经历了客户接洽与委托、代理议案讨论、广告计划制订、代理议案的审核与确认、广告计划执行和广告运动的事后效果评估与总结等流程[1]。

在这个过程中,广告主是整个广告运动的起点,在广告主提出初步的广告需求后,广告公司会派出客户执行(account executive, AE)与广告主进行沟通,获取广告主详细的广告需求,包括广告的传播目标、传播定位、传播对象和传播主题等内容,然后由 AE 根据沟通的结果撰写客户沟通报告,提交给公司内部的客户经理(account manager, AM)和客户总监(account director, AD);客户经理和客户总监根据客户沟通报告进行策划并制作广告计划,再将制作好的广告计划等内容通过提案的方式向客户展示,广告策划方案需要经过公司内部和广告主的双重审核和确认;在获得公司内部的审核通过及广告主的签字确认后,再由创意团队、制作团队和执行团队完成接下来的工作,这一部分统称为广告执行,工作内容包括广告制作、媒介购买与投放和广告效果检测等。在这个过程中还可根据广告主的要求对广告作品进行正式发布前的效果测试等工作;在具体的广告运动实施之后,广告公司还有专门的人员依据广告公司与客户双方的评估方案,对此次广告运动效果进行监测和事后评估,以报告会的形式完成对广告主的评估报告和业务总结,并将其反馈给广告主。至此,广告公司的全部代理活动才算完成。

以广东省广告集团为例,其工作步骤一般是与广告主进行沟通谈论,确立项目,公司接到来自广告主的任务书,然后根据传播任务制订传播计划、开展提案、排期、采购等工作,在广告顺利上线之后,进行执行追踪,对效果进行评估,并将传播效果反馈给广告主。整个广告运动环环相扣,按照传播策略、创意提案、物料制作、完稿上传的线性流程依次推进(图5-2)。这种环环相扣的工作流程减小了出现错误的风险,保证下面的环节能够顺利实施,但由于分步执行会影响运作效率,每个环节都存在的沟通工作增大了公司的人力与时间成本,因此这种生产模式更适合那些大型营销传播活动。

---

[1] 张金海,姚曦.广告学教程[M].上海:上海人民出版社,2003.

第五章 数字营销公司运作

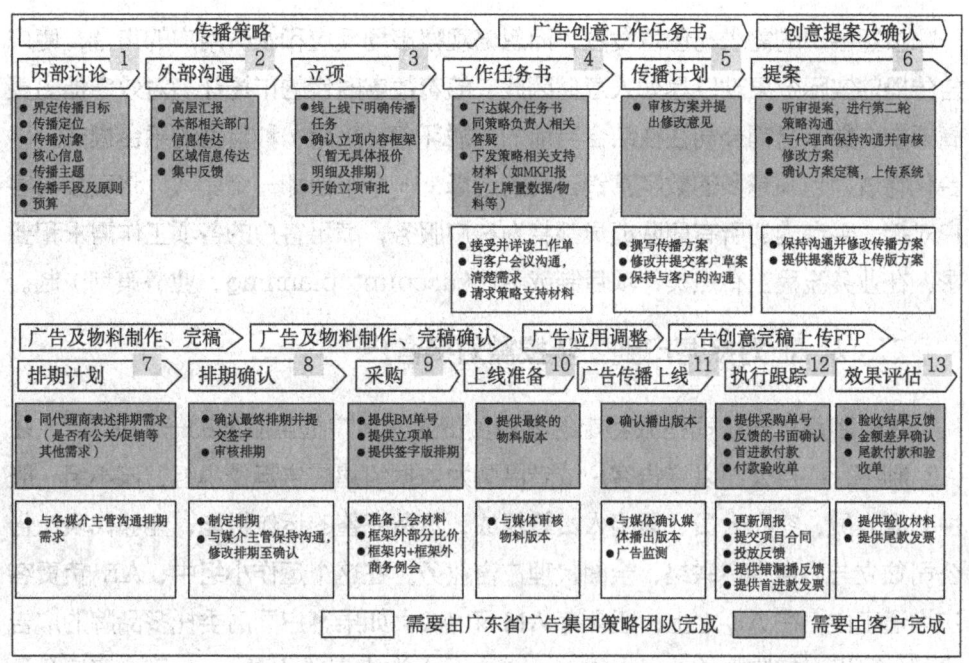

图 5-2 广东省广告集团与一汽大众广告传播项目执行流程
资料来源：广东省广告集团内部员工提供

传统广告公司之所以采取这种多环节的线性运作流程，是广告业界在代理制确立以后的通行做法，有其历史的合理性和科学性。对于广告公司来说，这种运作流程能够保证其依次完成广告运动各阶段的目标，避免各个环节可能产生的错误，尽量降低不确定因素对整个广告运动的影响，这对于广告公司尤其是大型的营销传播集团的正常运作是非常重要的。此外，对于广告主来说，这种模式也降低了广告运动在实施过程中的风险，减少突发状况对广告主造成的损失。

然而，在互联网时代，这种多环节线性运作流程显然已经不再具有优势。即时、海量、双向和互动的新媒体传播特性使信息的传播速度大大加快，用户的参与度大大提高，在这一背景下，传统的公司运作流程过于僵化，决策缓慢，降低了公司运作的整体效率。一方面，传统广告公司的多环节线性运作流程在整个广告运动过程中需要与广告主反复进行沟通，会议冗长、议而不决和效率低下等因素造成了资源的低效利用，无形中增大了广告运动的成本。另一方面，广告公司一味按照客户的需求与创意发散,而忽略观察市场反应和倾听用户的声音,使广告传播的实际效果难以尽如人意。因此,随着数字时代的市场环境对效率提出更高要求,数字营销公司往往结合当前的传播环境,采用一种新型的平台模式。平台化将成为越来越多的数字营销公司的选择,一个平台即一个团队,将直接与客户对接,平台内的所有团队成员都将为客户服务,满足客户的各项工作需求和要求,在业务流程上有点类似项目制或 AP(account planning,业务策划)制。

二、从 AE 对接客户到团队按需对接客户

AE 制是广告公司指派特定的客户负责人为客户提供服务的一种制度[1]。在 AE 制下,广告公司以广告客户或者品牌为依据组建广告运作小组,该小组一般由创意人员、客户人员、策略人员等组成,具备完整的运作机能,能够代表广告公司独立与广告客户联络,全面代理广告业务。在这个运作小组中,AE 负责客户沟通工作,在 AE 之上,还会有 AM 和 AD。如果客户同时委托多品牌的广告代理,可设客户监督(account supervisor)为客户总负责,AE 则为客户多品牌中某个品牌的客户执行人,还可以下设副 AE 或助理 AE,协助 AE 工作,这些职位共同组成了传统广告公司的客户部。

客户部在传统广告公司业务运作流程中占据着重要地位。专业的客户部是集销售人员、高级客服、营销策划、媒体顾问和市场调研人员为一体的综合性团队,需要具备全面的广告营销知识,整体跟踪广告活动的全流程——从客户委托开始到广告计划的制订和确认,从广告作品的制作和发布实施再到广告效果的检测评估,从项目总结报告撰写再到代理款项的跟进,客户部都在各个环节中扮演了重要的角色。因此,在传统广告公司业务运作中,客户部作为广告公司对客户提供不同服务和功能的总负责和总协助者,能够确保公司业务的协调运作、服务效能的有效发挥。

AE 制是为适应客户需要而设置的业务小组,代表公司独立与广告客户联络,代理其广告业务。它是在多年的广告运作实践中逐渐确立和发展的一种与客

---

[1] 张金海,姚曦. 广告学教程[M]. 上海:上海人民出版社,2003.

户"品牌经理制"相对应的代理服务制度，它是广告公司借鉴管理学的事业部组织结构探索出来的一种适合广告公司运作的管理模式。AE 制经过多年的发展，已经成为众多全案代理公司尤其是 4A 广告公司所普遍采用的一种管理模式，其优点是对广告客户的情况有着深层次的了解。但是，需要注意的是，在传统广告公司多环节线性模式的运作流程下，传统的 AE 制能够保证广告公司与客户沟通流畅，并促进广告流程的有序推进；然而这种制度也存在一定的缺陷，其中一个重要的不足就是沟通效率和质量问题。因为广告运动的后续广告计划制定和实施效率，在很大程度上依赖于客户部与客户沟通的效果、效率，如果客户部在与客户进行沟通时存在误解，很大程度上会导致后续广告计划制订中的误判，这就直接导致在广告计划的客户提案中失败。因此，需要进行不断的客户沟通和计划修改，容易造成整个广告运动的效率低下，而这种情况在快速变化的营销传播环境下是极其不受客户欢迎的。

所以，为了适应极速变化的营销传播环境，迎合广告主对于营销传播方案的实施效率和效果的期待，数字营销公司用平台模式与之对接——变传统的客户部对接客户为团队按需对接客户。一个团队直接负责一个客户的广告代理活动，一切以客户需求为准，团队中的媒介、创意等各个岗位都能对接客户。例如，在遇到媒介选择和投放过程中的突发状况时，媒介人员可以与客户就突发情况的具体过程和应对措施等进行及时有效的沟通，从而能够及时修改后续的媒介投放安排。这种沟通模式使专业问题得到专业沟通，避免了客户部作为沟通中介带来的误解和时间耗费，提高沟通效率和质量，直接提升后续的广告运动的执行效果。

这种平台模式按需对接客户，是数字营销公司对数字时代高效率、高质量的客户沟通要求的一种回应和运作流程创新，代表了今后数字营销公司运作管理的发展方向。

三、从层层审核决策到创意沟通决策

在传统广告公司，广告策划人员更加看重广告的创意对于消费者痛点的打动，从而激发消费者购买商品的欲望。虽然创意表现在数字营销时代的重要性有所下降，表现在数字营销公司更关注用户数据的挖掘、媒介接触点的选择以实现

广告的精准投放，提高广告投放的投资回报率[1]；但不可否认的是，无论是在传统广告传播时代，还是新兴的数字营销时代，广告的创意表现总是营销传播策略中的重要一环。

具体到决策制度，二者的做法迥然相异。在传统广告公司中，公司会实行一种层层审核的业务决策制度。按照业务决策制度的规定，公司在业务运作中，所完成的每一项业务工作及其完成形式，如调查报告、计划书、广告创意文案、制作的广告作品等，在决策之前其报告都必须经过公司主管或业务主管，或公司的业务审核机构，或由相关人员组成的临时审核会议的审核通过和认可[2]。一旦质量达不到审核要求，这些材料就会被打回修改，直到内部审核通过为止，这些材料才会被提交给客户。在传统广告公司中，创意表现是业务审核制度中需要重点审核的部分，如传统广告公司在将创意表现（包括策略和作品等）提交给客户之前，会将其在创意部层层审核，在公司创意部内部无异议后，再提交给客户。

在传统广告时代，这种层层审核的业务决策制度，旨在实施严格的业务把关，以确保公司提供较为优质的广告代理服务；但是在当前的营销传播环境下，这种层层审核的业务制度使得决策缓慢，根本不能适应瞬息万变的市场和传播环境。试想，当社交媒体中一个热点事件爆出来，如果还是按照以往层层审核的决策和流程来管理，当创意内容和决策在公司内部层层审核后再上线，可能这一波营销传播热度早就过去了。因此，为了提高决策的效率，数字营销公司会采取一种创意沟通决策，即公司会将创意表现与客户直接进行沟通，客户在确认无误后就可以直接发布，而无须经过公司内部的层层审核。

在数字营销时代，数字营销公司与客户的沟通和决策效率在很大程度上会影响具体的营销传播活动的实施效率和效果，从层层审核决策到创意沟通决策的转变，不仅意味着数字营销公司决策流程的转变，更是其对数字营销时代信息传播速度大大提高的一种积极应对，此举无疑极大地缩短了自己对市场的反应时间，大幅度提升了运作效率。

---

[1] 投资回报率在广义上是一种财务指标考核体系，20世纪初由美国杜邦公司首创并流行至今，这里特指衡量广告投放效果的考核标准。
[2] 张金海，姚曦. 广告学教程[M]. 上海：上海人民出版社，2003.

第四节　数字营销公司的业务模式

在数字营销传播时代，数字营销公司在具体的业务模式方面也表现出与传统广告公司迥异的特征——从媒体资源的占有类型到代理方式的转变，从收费模式到营销模式的革新，无不体现出在业务模式上的创新。这种创新是以计算机技术为核心驱动的，具体表现在以下四个方面：首先，在媒体资源类型方面，从偏重传统媒体经营到注重数字媒体营销；其次，在代理模式方面，从以广告代理制为核心到以程序化购买为重点；再次，在收费上从依靠策略、创意收费到免费换取数字媒体经营权；最后，在营销方式上从传统营销到精准营销。

一、从偏重传统媒体经营到注重数字媒体营销

广告代理公司处于广告产业链中的核心位置，其上游是众多有广告传播业务需求的广告主，下游是有需要媒介刊播业务的传播媒体。十九世纪中期出现的世界上最早一批广告代理公司，其主要职责就是帮助报纸推销广告板面，或者扮演低买（向报社批发版面）高卖（加价零售给广告主）报纸版面的掮客。从那时开始，广告代理公司与广告媒体的联系紧密，其大部分均收入来源于媒介代理，因而拥有优势媒体资源就成为其具有核心竞争力的体现。正是在这个意义上，大多数传统广告公司的主要工作皆围绕媒体而展开。

无论是传统广告公司还是数字营销公司，媒体资源对于两者都有着相同的重要程度，但在媒体类型选择上却表现出不同的特征。传统广告公司因为发展背景和历史的限制，其深耕于传统媒体多年，故而传统媒体在媒体资源结构中占比最大。然而，伴随着互联网时代的到来和数字媒体的不断发展，用户不断从传统媒体迁移到以社交媒体为代表的互联网媒体终端中，传统媒体在广告产业中占统治地位的局面被打破。一方面，以社交媒体为代表的互联网媒体平台集聚了规模庞大的用户数量，中国互联网络信息中心发布的信息显示，截至2018年12月，中国手机网民规模达8.17亿，网民使用手机上网的比例达98.6%，使用台式电脑、笔记本电脑上网的比例分别为48.0%和35.9%，使用电视上网的比例为

31.1%[1]。这些数字都表明了以个人电脑、手机和互联网电视等终端为载体的数字媒体的强大吸引力。另一方面,广告主面对这一媒体发展格局,其投资预算结构渐趋多元化,尤其是在数字媒体端,在多种数字媒体间的跨屏互动早已成为标准配置。因此,广告主的数字媒体的投放预算占比迅猛增长,根据央视市场研究股份有限公司(CVSC-TNS Research,CTR)发布的《2017年广告主营销趋势调查》,以PC互联网、移动互联网、OTT[2]/IPTV[3]和数字户外为代表的数字媒体营销费用占比45%,占据了中国媒体投放市场的半壁江山(图5-3)。

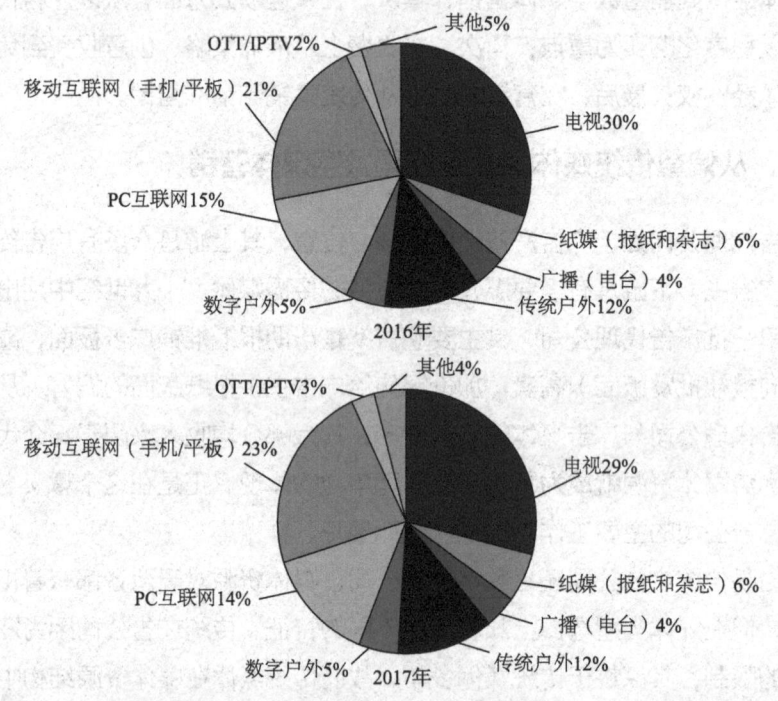

图5-3 2016年和2017年各媒介营销费用分配比例

---

[1] 第43次《中国互联网发展状况统计报告》全文[EB/OL]. http://www.cac.gov.cn/2019-02/28/c_1124175677.htm, 2019-02-28.

[2] OTT是"over the top"的缩写,来源于篮球等体育运动中的"过顶传球",现在指互联网公司越过运营商,发展基于开放互联网的各种视频及数据服务业务,强调服务与物理网络的无关性,这里特指互联网电视业务。

[3] IPTV即交互式网络电视,是一种利用宽带有线电视网,集互联网、多媒体、通信等多种技术于一体,向家庭用户提供包括数字电视在内的多种交互式服务的崭新技术。

在用户群体不断扩大和广告主预算投入转移的多重背景下，数字媒体的经营和资源购买就成为数字营销公司的业务重心。不少公司设立专门的社会化媒体营销部门，成立专门的 H5 运营团队和两微的 KOL[①]运营团队，甚至出现了一些公司的业务运作全部围绕数字媒体展开。例如，深圳钛铂新媒体公司，这家成立于 2011 年的公司，经过短短几年的发展，在 2016 年就获得了广东省广告集团超过千万元的投资。其特殊之处是专注于新媒体创意营销，主要业务分为新媒体资源经营和购买、新媒体创意内容营销和新媒体精准投放三大块，其营销阵地主要在微博、微信、QQ 空间、百度、论坛等各大新媒体平台。它不仅与腾讯、网易、搜狐和新浪等数字媒体平台达成合作关系，更与微博、微信等社交媒体平台中的 KOL 进行合作，再辅之以大数据技术和 DSP 精准投放技术，开创了一条主要依靠新媒体平台和创意内容营销的业务运作模式。

总之，传统广告公司偏重于传统媒体经营，而数字营销公司则更加重视对数字媒体投放，涉及更多数字领域的业务，如 DSP、电商、社会化媒体等，这是时代发展和媒体市场格局变革的必然结果。

二、从以广告代理制为核心到以程序化购买为重点

按照欧美广告代理制的执行模式，在广告运动中广告代理公司居于中间地位，分别向广告主、广告媒体提供双向专业化服务，作为一种经营机制，其执行的基础是固定的广告代理费。广告代理制明确规定了广告活动的主体——广告主、广告公司、广告媒体之间的关系，广告公司是联系广告主和广告媒体的中介和纽带，是广告主、广告媒体机构的代理人，受广告主和广告媒体机构的委托，为其代理相关广告活动[②]。广告代理制本质是一种双重代理和双重交换的关系——企业通过广告代理商促进产品或服务的销售、增加品牌价值和确立市场地位，媒体借助广告代理商销售版面或时段资源而获利，广告代理商则通过为二者提供专业服务而获致自身成长。按照广告代理制的模式执行，至少在理论上广告

---

① key opinion leader，意为关键意见领袖，指在行业内有话语权的人。这里的 KOL 是指在数字媒体平台上有话语权的人，如网红或专家等。
② 陈刚，等. 2006. 对中国广告代理制目前存在问题及其原因的思考[J]. 广告大观（理论版），2006，（1）：9-16.

主、广告代理公司和广告媒体可以做到三赢，因此英美等西方发达国家的广告界在很长一段时间都普遍采用这种广告运作机制。这种制度在我国尽管有些水土不服，但在北京、上海、广州和深圳等广告业较发达地区还是被许多大中型广告企业采用。

随着新媒体技术的进步、计算机的普及和数字营销的崛起，新的广告交易制度悄然兴起，向广告代理制提出挑战。伴随着大数据、云计算和 LBS[①]等技术在营销传播领域的成熟应用，程序化购买广告从 2012 年开始在我国出现，尽管在整体广告市场中所占份额只有 5% 左右（图 5-4），但已成为数字广告市场中不可逆转的发展趋势。

图 5-4　2012~2019 年中国程序化购买广告市场规模与预测

资料来源：易观：2017 中国程序化购买广告市场年度综合分析. http://www.199it.com/archives/589716.html

程序化购买广告是基于自动化系统（技术）和数据对于单位展示广告请求进行投放的互联网广告交易模式，主要通过 RTB[②]和 Non-RTB 两种交易方式完成购买。程序化购买的核心在于平台的搭建与管理，而系统运行有赖于四个平台的顺利运转，分别是 DSP（需求方平台）、SSP（供应方平台）、DMP（数据管理

[①] 英文全称为 location based service，即基于位置的服务，是指通过电信移动运营商的无线电通信网络或外部定位方式，获取移动终端用户的位置信息，在 GIS 平台的支持下，为用户提供相应服务的一种增值业务。

[②] 英文全称为 real time bidding，即实时竞价模式，是一种广告投放技术和运作模式，这种模式利用第三方技术在数以百万计的网站上针对每一个用户展示行为进行评估及出价。

平台）和 Ad Exchange（广告交易平台）。为了响应供应端和需求端对高效广告运营的需求，它凭借自身强大的数据管理能力和技术能力，推出可供媒体方、代理商、广告主运用的广告操作平台 AdManager。通过将数据产品化、工具化和实行工作流管理两条路径，AdManager 平台实现了跨越供应端到需求端的一体化的业务流程管理体系[①]。

易传媒的程序化购买系统的运行依靠三个平台的有序运转，分别是广告主的需求方平台 ADP（Adchina demand platform）、媒体的供应方平台 ASP 平台（AdChina supply platform）和沟通二者的广告管理系统 AdManager。其中需求方系统 ADP 包括 DAS（digital automation system，工作流管理系统）、DSP（demand-side platform，需求端服务平台）和 DMP（data management platform，数据管理平台），该系统整合了工作流程管理、媒介策划与购买，多源人群、数据管理和投放效果衡量的功能，大大简化了广告主/代理商内部从策划到媒体购买的流程，实现了以用户为中心购买、媒介计划系统化、多维度深层次报告分析，同时不断积累品牌用户的信息，整合第一方和第三方数据，优化广告投放的效果；各平台之间既相互联系又相对独立，广告主与代理商可根据自身需要灵活搭配和使用。而媒体供应方系统 ASP 平台则包括 AFP 和 AFM 两大系统，可以理解为专为媒体方开发的 AdManager 界面，其中 AFP（AdManager for publisher，在线媒体供应端）平台系统是一套适合中国互联网媒体使用的广告管理系统，该系统基于易传媒多年专业的广告运营经验，通过科学的库存管理、智能的投放技术和精准的数据报告帮助媒体主提高运营效率、获得最大化的广告收益；与之相对应的 AFM（AdManager for mobile，移动媒体供应端）平台系统则支持主流移动终端媒体的广告投放、多元化的终端定向技术、稳定及时的数据报告，使媒体方迅速开展专业、规模化的移动终端广告运营[②]。

在供应端与需求端之间，通过 AdManager 广告管理系统完整协调，就构成了易传媒引以为傲的技术平台。整个系统从客户下单到订单执行，将流程系统

---

① 卢曦. 揭秘易传媒端到端大平台：技术与商业紧密结合[EB/OL]. http://finance.ifeng.com/news/tech/20120511/6448079.shtml，2012-05-11.
② 吴玺名. 走在谷歌的前边——易传媒端到端的大平台战略[J]. 互联网周刊，2012，(3)：52-55.

化，因此也大大提升了工作效率，通过高效的工作流程管理，易传媒的 200 多个销售人员可以随时登录系统，注册项目需求，一键就可以生成媒介排期，还能同时给客户提供一个目标用户行为轨迹报告和投放效果预估。依托于高效清晰的流程，易传媒可以几分钟之内支持几十个项目同时上线，依托于这种强大的数据管理能力，易传媒最高一天新增的项目达 20 多个，并可以保持超过 300 个项目同时在线，并累积超过了 4 000 的项目数。

此外，配合 AdManager 广告管理系统，易传媒自主研发的内部运营分析系统，可以自动化产生公司运营的决策依据，几分钟之内就可以产出人力资源规划报告、员工绩效评估、自动化财务报告、经营分析报告、项目详细运营报告、订单利润率报告、销售业绩指标完成率报告、广告位流量利用率报告、订单指标完成率报告等一系列报告。

无独有偶，2011 年传漾科技也推出了 Media Matrix 平台，旨在搭建一个集用户群分析、媒体分析、媒介计划、精准营销、监测等功能于一体的开放式营销平台。在传漾科技 CEO 徐鹏看来，数字营销公司获得竞争优势的关键在于提升对媒体的控制能力，为此公司进行了"技术平台+营销平台"的战略布局[1]。后来，这套系统升级成为以 AdPlace 为中心的一套完整的 RTB（实时竞价）模式的程序化购买系统——在外部，传漾科技通过其 AdPlace 网络广告交易平台将需求方、供应方和数据方三方平台打通并联合起来，形成了一个协同合作的 RTB 数字营销生态系统；在内部，通过 Dolphin 广告发布协作平台、Eagle 广告监测协作平台、SamBa 富媒体广告协作平台和 Max 品牌广告网络平台等形成一套系统化、流程化的工作体系[2]。这种团队式的平台化运作模式提升了数据整合能力与广告传播精准性，在保证公司的服务质量的同时，也能够应对实时突变的传播环境。

程序化购买广告营收虽然在中国整体广告市场规模中所占份额仍比较小，但以技术驱动为核心的程序化交易模式已经成为数字时代的必然趋势。从技术角度看所有展示类广告都适合通过程序化的方式完成投放，信息流、短视频、OTT

---

[1] 何云. 技术平台+营销平台——传漾 Ad Network 的营销发力[J]. 广告大观（综合版），2011，（4）：97–98.
[2] https://www.adsame.com/rtb/.

（over the top，互联网电视）等各类新型广告形式也在快速增多，在程序化购买渗透 PC 端和 Mobile 端后，OTT 和 OOH（out of home media，户外广告）程序化被视为新的增长点。因此，未来将有越来越多的数字营销公司和传统广告公司加入程序化购买的队伍中。

三、从依靠策略、创意收费到免费换取数字媒体经营权

代理服务的收费范围、标准和方式是广告代理公司经营与管理的重要组成部分。在代理服务的收费模式上，传统广告公司会重点把控客户的策略和创意，收取服务费；数字营销公司一般不单独收取创意服务费，而是将创意整合到活动中，收取客户整个活动打包执行费用，亦即以策略服务免费赠送，以换取数字媒体的经营权。

广告代理费制是广告代理制的核心，它在 20 世纪初确立以后，经过 100 多年的发展，逐渐形成两种收费模式，即媒介代理佣金制和服务费制。其中媒介代理佣金制是行业早期形成和确立的一种收费方式，最初标准不一，从 2.5% 到 25.0% 不等，1917 年以后确定为 15.0% 并成为国际通行的一种收费标准。最初的媒介代理费，由广告主按照实际媒介费用的一定比例向广告公司支付，后改变为由媒介按照一定的折扣率向广告公司支付媒介费用的回扣。媒介一般允许广告代理机构在为客户购买时段或版面的费用中保留 15.0%。服务费制和协商佣金制兴起于 20 世纪 60 年代，由奥美广告公司总裁大卫·奥格威率先实行。服务费制，是按照实际的劳务支出而非媒介代理佣金来支付广告代理费用的方式，是一种按劳计酬的计费方式。按照服务费制，广告代理公司在整个广告代理过程中，一切外付成本，包括媒介费用、调查费用、广告制作费用、印刷费用、差旅费用等，均按实际付款凭证向广告主结算。媒介代理佣金制和服务费制这两种收费模式在广告行业发展历程中得到完善，二者之间是相互补充和相互促进的关系，共同存在于当前一些大型的营销传播集团的营收结构中，但媒介代理佣金仍是传统广告公司代理服务的主要收入来源。

然而，近年来由于广告公司间的激烈竞争，广告代理费的比例日益下降。据调查，在国外只有 14.0% 左右的广告主仍按照 15.0% 的代理费额度向广告代理公

司支付代理费。国内的情况更是复杂，由于广告产业发展的不完善，广告公司彼此之间经历了激烈竞争，广告行业已从20世纪八九十年代的暴利时代转入21世纪以来的极端薄利境地，一般 3%~5%比较常见，甚至不断出现"零代理""负代理"。因此，广告行业激烈的"价格战"使新兴的数字营销公司纷纷在收费模式上进行创新，以求在激烈的市场竞争中生存并发展下去。

与传统广告公司对于创意、策略等服务性项目单独收费不同，数字营销公司往往将创意、策略等服务免费赠送给客户，以换取客户的数字媒体经营权；并且在以往的广告代理中，广告代理公司只向广告主要求代理权力，一般不承担实际的代理责任。在数字化时代，广告主一般要求数字营销公司将收益与所要承担的代理责任挂钩，从而在广告收费上形成PPC模式、CPC模式、CPM模式和RTB模式。通常，数字营销公司会将这种收费模式与传统广告公司的代理费模式相结合，根据服务内容采取多种结构的收费模式。

在传统媒体占统治地位的时代，传统广告公司大多数采用"声量为王"的传统营销方式，其本质就是依靠品牌信息在媒体上的高曝光度来获取受众关注。网络媒体、移动媒体一举打破了传统媒体对信息传播领域的统治地位，媒体市场呈现出激烈的平台竞争和内容形态竞争。一方面，强调双向互动和即时海量的互联网传播特性使信息过载、数据爆炸和消费者个性化需求凸显，消费者成为商业行为的主宰者，如何让消费者在海量的信息中准确识别和主动接受广告主的品牌信息成为营销传播的关键；另一方面，大数据分布式存储、大数据挖掘技术的发展使得对海量数据收集、分析、整合成为可能。因此，基于大数据的精准营销成为营销传播领域的新趋势。

传统广告公司具有一套完整的业务体系，业务范围涵盖广告、公关、线上/线下、品牌、零售等各个方面，其中大多数的主营业务仍然围绕传统媒体展开，数字营销与电子商务领域尽管有所涉及但份额很小，其业务模式可以用"整合""全面"两个词概括；新兴的数字营销公司的业务模式可以用"数据""精准"两个词来概括。关于这个问题，可以从表5-2中清晰地看出奥美中国、广东省广告集团、蓝色光标和互通国际这四家传统广告公司与易传媒、悠易互通、传漾科技和品众互动这四家数字营销公司的业务范围与营销模式的异同。

表 5-2 传统广告公司与数字营销公司的主营业务范围对比

传统广告公司 主营业务	奥美中国	广东省广告集团	蓝色光标	互通国际
	广告、互动、公关、营销绩效、零售活化、社会化营销	品牌管理、媒介代理、自有媒体、数字营销	整合营销、移动互联及大数据、电子商务	行销与品牌、广告与公关、影视评估与投资、数字与互动营销
数字营销公司 主营业务	易传媒	悠易互通	传漾科技	品众互动
	品牌程序化、移动数据平台管理、嵌入式企业级 DSP/DMP	用户洞察、精准定向及优化、整合媒介购买、客户定制的数据银行及分析报告	互联网精准营销、技术服务、程序化广告交易平台	精准营销解决方案、SEO/SEM 工具、搜索引擎整合服务

资料来源：根据各公司官网整理

基于大数据的精准营销过程分为三个步骤——采集和处理数据、建模分析数据和解读数据，这三个步骤分别对应数据层、业务层和运用层。其基本思路就是通过对客户特征、产品特征、消费行为特征数据的采集和处理，可以进行多维度的客户消费特征分析、产品策略分析和销售策略指导分析，然后通过准确把握客户需求、增加客户互动的方式推动营销策略的策划和执行，如图 5-5 所示。

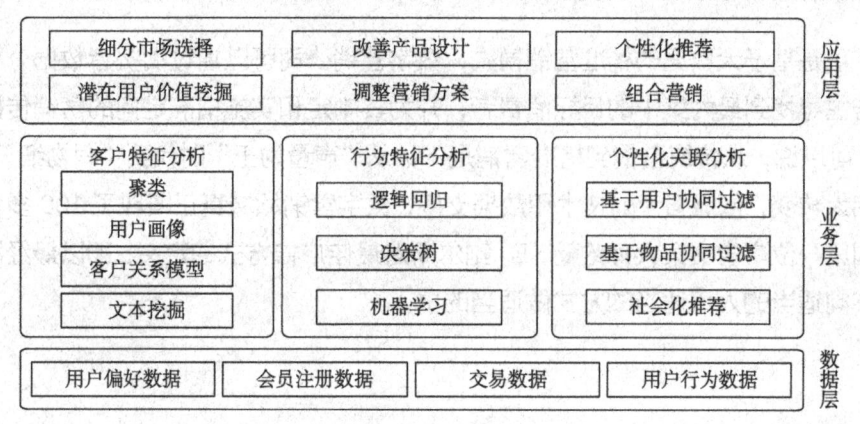

图 5-5 大数据精准营销过程

资料来源：基于大数据的精准营销与应用场景[EB/OL]. http://www.199it.com/archives/374771.html，2015-08-11

以消费者行为数据的个性化关联分析为例。如图 5-6 所示，数字营销公司通过 Cookies 等网络行为追踪技术对用户购买了什么产品、浏览了什么产品、如何浏览网站等消费行为和网络行为数据进行追踪和收集，然后通过分析客户群需求相似程度、产品相似度来分析消费者偏好和预测消费者行为，即通过个性化推荐引擎向用户推荐哪些产品或服务是哪些用户感兴趣的,以及分析消费者在多大程度上被促销活动、其他买家对产品的评论所影响。

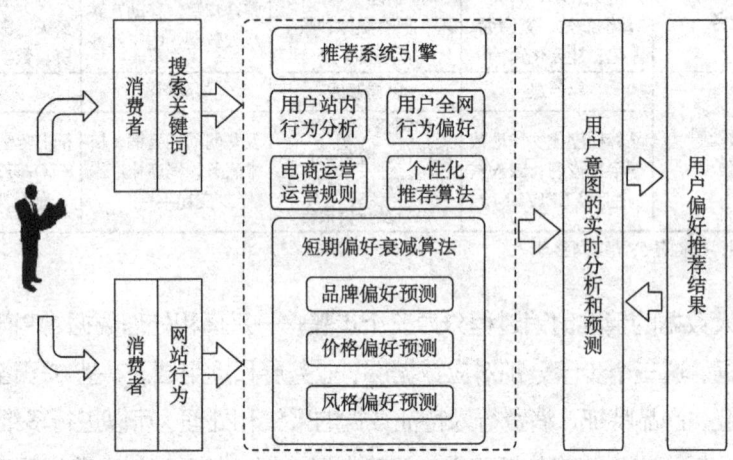

图 5-6　消费者行为数据的个性化关联分析

资料来源:基于大数据的精准营销与应用场景[EB/OL]. http://www.199it.com/archives/374771.html,2015-08-11

　　正是基于大数据的精准营销模式,数字营销公司可以通过消费者数据分析为广告主寻找到最为集中的目标消费者,并为其制定和实施精准定向的营销传播服务。可以说,从传统营销到精准营销是一种从"声量为王"时代到"润物细无声"的伟大转变,依靠强大的技术和数据支持,数字营销领域真正实现了 100 多年前美国第一位广告文案大师约翰·E. 鲍尔斯对最佳广告方式的定义,即以最经济的方式向适当的人用适当的方式做适当的事。

第六章　数字媒体运营

数字媒体正以其场景化、多元化、交互性等特点，成为受众获取信息、娱乐消遣、沟通社交的日常选择。数字媒体不仅已融入生活，也超越了传统媒体，成为当下数字营销活动的重要载体。因此，如何获取用户、抢占市场，为用户提供优质的信息与服务，成为所有数字媒体平台面临的重要课题，这也成为数字媒体运营者无法回避的话题。

第一节　数字媒体运营的概念及程序

数字媒体运营的概念诞生于数字媒体出现之后，是围绕内容生产、用户管理和平台维护所展开的一系列策略性活动。要搭建一款优质的数字媒体平台，除了产品本身开发之外，得当、独到的运营策略可以帮助平台迅速建立辨识度和认知度，从同质化的竞品环境中胜出。

一、数字媒体运营的概念

数字媒体的运营与媒体平台、用户息息相关，主要通过阶段性、周期性的策略活动，对内带动用户的参与和活跃，维系用户忠诚度，对外塑造品牌形象，扩大影响力，实现变现与盈收。数字媒体运营不是单一的、孤立的具体活动，而是着眼于平台的长期发展，根据当下的市场环境与媒体生命周期，形成的统合性、战略性的策略手段。

(一)数字媒体运营的发展

数字媒体运营相对来讲仍是一个新兴概念,其诞生与互联网的发展历史密不可分。在 21 世纪之前,行业内所提及的"运营"多指企业管理策略,与当下的媒体运营是两个概念。直至 2001 年前后,随着论坛、BBS 社区的网络社交形式逐渐成形,出现了以"管理员""编辑"为身份的社区管理者,他们成为最早的运营职能前身[1]。

论坛和 BBS 催生了有关社群运营的理论雏形,而在 Web 1.0 时代,随着互联网真正走进千家万户,电商、网游、门户网站兴起壮大,海量网民汇集互联网平台,"入口"和"流量"才真正成为互联网经营中的重要概念,"运营"也逐渐作为一个正式职能出现在行业领域。相较于传统的版主、编辑、贴吧管理员,内容运营、社区运营被赋予了更系统性且综合性的职责。这一阶段,媒体运营逐渐发展出了内容管理和用户维系意识。

Web 2.0 之后,互联网环境巨变,去中心化的社交媒体带来传受双方的地位逆转,微博、微信、QQ 全民普及后,过去的自上而下由少数资源管理者掌控的互联网体系坍塌,转变为自下而上的由用户主导的互联网体系。个体力量与自媒体的崛起,将"用户"放在了数字媒体运营的关键地位。对用户需求的洞察决定了媒体平台的市场占有度,用户的规模与黏性决定了媒体平台的盈利与变现能力。随着移动互联网时代的到来,品牌争相投入对用户注意力的抢占,运营与产品的联系也越来越密不可分。运营概念的普及和逐渐重视,代表着数字媒体产品化、平台化的思维转变。

在学术界和业界,数字媒体运营的概念仍没有一个统一的界定。大部分定义围绕产品和用户间的关系维护展开,如《运营之光:我的互联网运营方法论与自白》中,将其界定为为了帮助产品与用户之间更好地建立起关系,所需要使用的一切干预手段[2];《用户力:需求驱动的产品、运营和商业模式》将其定义为"在

---

[1] 运营简史:互联网运营的 20 年发展与演变[EB/OL]. https://36kr.com/p/5060330.html,2016-12-26.
[2] 黄有璨. 运营之光:我的互联网运营方法论与自白[M]. 北京:电子工业出版社,2016.

不断满足用户需求及完善产品基础上,以持续获取用户和提升用户活跃度为目标的一系列工作"[1]。张亮在《从零开始做运营》一书中,将运营的概念拓展得更加广泛:"一切能够进行产品推广、促进用户使用、提高用户认知的手段都是运营。"[2]可以看出,数字媒体运营具备以下几个基本特征:其一,必须依托媒体平台本身,围绕平台活动、平台用户、平台内容等方面展开;其二,运营面向的对象是平台的现有用户及潜在用户;其三,运营是一系列综合性、整体性的策略手段。因此,这里将数字媒体运营定义为:以数字媒体的持续良性发展为目的,针对数字媒体用户所展开的提升流量、增加黏性、促进活跃的系统性策略手段。在产品本身的运营之外,数字媒体运营可基本分为内容运营、用户运营和活动运营三个方面。

(二)数字媒体分类与界定

数字媒体是通过 PC 端和移动端,传播文字、图片、声音、影像等信息的新型媒体平台。它有多种分类方式,从媒介形态上来看,可以分为社交媒体、信息门户、视听媒体、电商媒体、游戏媒体等;从平台载体来看,则又可以分为门户网站、移动客户端、小程序。

数字媒体的不同媒介形态,主要由其承担的功能和服务决定。有些是传统媒体形式与互联网技术加成下的媒介革新,如在线视听媒体、信息门户等,仍以文字、图像、影音为主要呈现内容;有些则是随着互联网一同催生的新型媒介形态,它们为用户提供了全新的社交方式和互动手段,如社交媒体、电商媒体、游戏媒体等。数字媒体的媒介形态仍在进一步发展中,并不断创造着更多的可能性。

第一,社交媒体。社交媒体是指以社交为基本属性,为用户提供信息分享、观点交流、内容生产与传播等互动功能的媒体工具。社交媒体的运营和发展依赖用户的自主交流,因此,庞大的用户数量和高活跃度、海量信息流动是社交媒体的显著特征。Web 2.0 技术促成了社交媒体的崛起,其后,先后出现了论坛、博

---

[1] 郝志中. 用户力:需求驱动的产品、运营和商业模式[M]. 北京:机械工业出版社,2016.
[2] 张亮. 从零开始做运营[M]. 北京:中信出版社,2015.

客、社交网站、QQ、微博、微信等典型的社交媒体平台。社交媒体推动了信息传播的去中心化，成为滋养优质 UGC 的沃土，也在网络社会树立起一批以网络红人为代表的新型意见领袖。目前随着网络交互技术和社交理念的发展，社交媒体的实现形式也更加多样，衍生出语音社交、视频社交等多媒体社交平台，也出现了以知乎、分答为代表的问答型社交媒体。可以预见，未来社交媒体的发展将更加多样。

第二，信息门户。信息门户是指以批量信息收集、分发为特征的专业性信息聚合网站，如新闻门户网站、资讯网站、某一专业领域的门户网站等。信息门户网站曾主导了 Web 1.0 时代的网络世界，不同于以 UGC 为本的社交媒体，信息门户媒体在很大程度上仍以 PGC 为主流，由专业内容生产者产出定制化内容，经管理人员审核编辑后，统一呈现给广大受众。广为熟知的门户媒体即新浪、网易、搜狐、腾讯中国四大门户。此外，新闻类媒体中，也有新华网、人民日报、今日头条等著名的新闻门户媒体平台。

第三，视听媒体。视听媒体，即影音媒体，以音乐、影像为其平台运营的主要传播内容，常见于各大在线音乐网站和视频播放平台。影音媒体的运营依靠优质、独家的影音内容吸引用户并完成盈利，其内容一方面来源于专业音乐、影视剧作品的版权购买；另一方面则来自平台上所培养的大量自媒体生产者以及其产出的小众和个性化内容。值得一提的是，近年来，影音媒体也出现了明显的社交化倾向，除了评论、点赞、热门等常规文字形式，视频弹幕和直播技术的发展提供了多样化的互动手段，更有利于用户活跃度和黏性的维护。

第四，电商媒体。电商媒体即常见的网络购物平台，其主要功能是商品的线上销售贩卖。与其他数字媒体不同，电商媒体的运营核心不在于内容信息的生产和消费，而在于为卖家和目标消费者提供对接平台，促成商品交易，从中收取佣金。电商媒体不仅是数字营销活动的重要媒介载体，很多情况下也是营销推广所引向的终端环节，是营销活动的直接发生场所。

第五，游戏媒体。游戏媒体即网络游戏平台，可分为网页游戏和客户端游戏两种基本类型。对于游戏媒体而言，游戏产品本身的开发技术和运营手段在很大程度上决定了其市场处境和发展前景。游戏媒体区别于其他媒体的一个显著特点在于，其生命周期十分有限：不像影音、门户、电商等媒体可以维持市场地位长达几十年的时间，游戏媒体更迭迅速、市场环境日新月异，尽管其在产品爆发期可以迎来海量用户增长和巨额盈利，但难以长期维持用户口味不变；一般不过几年后，游戏媒体便很难阻挡用户的兴趣流失和市场地位的逐渐衰退。因此，游戏媒体的运营需要不断更新迭代、研发新版本。

第六，其他数字媒体形态。除了以上提及的几种类别之外，互联网平台依然普遍存在功能、属性、技术各异的难以被直接归类的数字媒体，如应用商店、企业网站、百科全书等。技术的发展不断突破着数字媒体可达到的呈现形式。可以说，现在的互联网环境打造了一个"众媒时代"，万物皆媒、无处不媒，只要根植于互联网技术，面向网络受众，无论具体承担何种功能，都在一定程度上作为数字媒体进行着数字信息的生产和传播。

数字媒体平台主要由其搭载的技术手段和时代环境决定。互联网发展初始阶段，数字媒体以网站平台为主流，一些大型的媒体平台会开发出电脑客户端；随着网络技术的成熟并向移动化迈进，手机移动客户端开始爆发式增长，并出现了以特定移动客户端为入口和平台的新型技术形式——小程序。数字媒体的技术形态主要归类为以下几种：

第一，媒体网站。大量的数字媒体以网页形式存在，如论坛、门户网站等，其特点是快速、便捷、易载入，用户只需简单搜索网址，无需额外操作，免去了不必要的精力成本。但相应地，媒体网站对网页浏览器表现出了极大的依赖性，因此更适用于电脑端操作。手机页面由于屏幕尺寸和界面适配的限制，极大地影响了其功能性和使用体验。因此，对于主题专一、功能简单的媒体平台而言，网站形式足以满足其运营目的；而内容更具综合性、容量庞大、功能更多元复杂的媒体平台，则必须为了适应移动端特点而开发出相应的移动客户端平台，以服务手机用户需求。

第二，客户端。客户端即软件形式的媒体平台，具备复杂的后台技术支撑，因此可以实现更专业、更丰富的功能与交互。随着互联网移动化和手机网民的日益壮大，移动客户端逐渐成为众多数字媒体发展中不可缺少的终端平台。相比媒体网站，移动客户端在使用之前需要用户手动下载安装，因此建立了一定的进入门槛，但其卓越的用户界面、随时随地使用的便捷体验和对手机端、电脑端资源（相册、摄像头、文件等）的自由调度，也使媒体客户端具备了网页端无法比拟的优势。

第三，小程序。小程序是 2017 年新兴的媒体平台形式，以特定的移动客户端软件为载体（目前已实现的有微信小程序和支付宝小程序），通过该客户端内的特定平台入口跳转，可提供基本的应用功能。小程序的一大技术突破，在于便捷性和场景化的进一步飞跃。它免去了使用特定平台前的下载安装步骤，大大简化了用户接触成本，真正实现了随处可用、用完即走。小程序开放了媒体和大量用户、潜在消费者的接触机会，既方便用户"试用"媒体，又方便媒体以简单、灵活的形式为用户提供基本功能性服务，借此吸引潜在消费者，下一步向媒体客户端导入重度用户。作为新型的媒体呈现形式，小程序的技术仍处在进一步探索中，其未来的作用和功能无可估量。但不容置疑的是，小程序由于其独特属性，越来越成为数字媒体布局中不可缺少的重要一环。

二、数字媒体运营的程序

数字媒体运营是一项将长期性与短期性、宏观性与微观性和战略性与策略性结合、统一的工作，必须把它放在媒体平台的全局高度予以考虑。首先，根据平台自身特点确立长期运营目标，并将长期目标拆分为各个短期阶段性目标；其次，在各短期目标的执行过程中，确立具体的运营规划细节，并实时跟进数据变化，调整策略手段。在整个运营过程中，数据的分析整理必不可少。

（一）确定运营目标

运营的第一步，是根据数字媒体的媒体形态、业务类型、品牌调性，找准市场定位，确立运营的长期目标和短期目标。长期目标以数年为单位，围绕着对产品的未来期待、市场份额、产品性能的拓展等展开。在长期目标的基础上，再理清数字媒体的现实状况，确定数字媒体正处于产品生命周期的哪一个阶段，并确立好现阶段的短期目标，如究竟是平台定位和服务的摸索，或是用户数量的增长，抑或是优质内容的打磨等。

（二）制定运营规划

运营规划必须有大局观，即基于数字媒体整体的发展及其运营目标设立具体策略。运营者要具备"目标导向意识"和"效率意识"，在执行之外，对宏观的运营战略方向和投入产出都应有清晰的思考和认知[1]。数字媒体的运营内容可以基本分为产品本身的运营，以及内容运营、用户运营和活动运营几个方面。各运营手段不是孤立的，而必须结合统筹运用。目标用户、运营的流程、渠道占用、可用的资源、资金预算等，都被列入运营筹划的考虑范围内。运营规划过程的一大原则是拆分，将大方向、大目标拆分成各项具体工作，落实到各处对接人员，尽力降低运营执行过程中的不可控性。

（三）运营管理与反馈

运营规划制定完善后，进入运营的执行与管理阶段。运营过程中，运营者应建立起用户数据库，并时刻关注数据的变化和运营状况走向。在这期间，运营者扮演着"双向沟通"的角色，一方面，向用户输出运营策略，带动用户参与活动，提升互动积极性；另一方面，和用户建立情感联系，关注用户的反馈和动态，接受用户投诉，并在和用户的深入交流中不断调整运营策略，辅助产品的改进。

（四）数据分析

数字媒体运营中会产生大量数据，包括用户浏览量、用户停留时间、注册用户数、付费用户数、用户转化率、渠道引流数等。数据不仅可以反映问题，还可以帮助解决问题，因此，数字媒体运营必须掌握一定的数据分析能力。运营者应根据运营目的和重点，筛选出关键性指标，再对其加以分析，观测数据走势变化，对当下运营情况做出判断。无论是好的数据表现还是异常的数据表现，都要将其提取出来着重分析，观察其成功或失败的地方是否有共同点，并归纳出问题或原因。数据的分析和观测是一个长期工作，不仅要善用实时数据，也要善用历史数据，定期进行同比分析和环比分析，总结经验教训。

---

[1] 黄有璨. 运营之光：我的互联网运营方法论与自白[M]. 北京：电子工业出版社，2016.

第二节 传统媒体的数字化与数字媒体运营生态系统的构建

数字媒体的崛起使传统媒体风光不再，而其受众也大规模迁移至互联网阵地。新的技术手段和媒体环境要求传统媒体积极迎合、转变，重构运营模式，实现数字化的重组与转型；同时，无论传统媒体抑或新兴媒体，都需要在数字化的浪潮中积极寻求创新与变革，发展自有的媒体运营策略体系，并形成专业高效的运营组织体制。数字媒体行业的发展方向，是形成闭合而完善的数字媒体运营生态系统，以推动行业的长期良性进步。

一、传统媒体的数字化

毋庸置疑，传统媒体正遭遇以场景化、多功能、多样性见长的数字媒体的冲击，已开始积极寻求与互联网的深度接触，并谋求数字化转型。纸媒、广播、电视所具备的信息传播能力被互联网多媒体收割蚕食，专业大众传媒的媒介权力开始无限下放至受众群体及个人，传统媒体丧失了其垄断市场的核心优势。但是，新媒体的崛起并不代表传统媒体的必然消亡，而将带来一种共生态势，这种状态下，传统媒体逐步在技术、内容和产业上与数字媒体实现融合[①]。要脱离互联网崛起后的恶劣生存处境，传统媒体就必须拥抱去中心化、数字化的时代特征，在数字媒体领域开疆拓土。

传统媒体的数字化转型，不是"媒体+数字"的强硬技术拼接，而是由运营理念、组织架构，至技术升级的由内而外的数字化变革。传统媒体需要真正植入数字化基因，才有可能把握作为数字化原住民而培养起来的网络用户。

（一）转变运营理念

运营理念决定了媒介组织的经营策略和发展方向，传统媒体需要从理念源头

[①] 廖秉宜. 中国传媒数字化转型与广告生存形态变迁研究[J]. 广告大观, 2009, （6）：54-57.

上发生改变，抛弃旧时代积累的优越感，深入学习互联网时代特征，利用互联网思维指导媒体平台的运作。

第一，重视用户。用户地位的逆转和崛起，是互联网环境所带来的根本性变化。倾听用户声音、重视受众体验和满足用户需求，是所有媒体运营过程中必须遵循的不二原则。媒体运营中必须始终保证通畅的用户沟通渠道，进入市场前期，深入用户群体，完成市场调研；日常运营过程中，时刻注重用户反馈和市场口碑；当出现用户投诉和负面评价，重视问题成因，及时调整策略。此外，在日常运营过程中，运营人员也应注意与用户保持密切互动，从而与用户形成独特的情感纽带，提高用户忠诚度及用户黏性。

第二，开放包容。媒体必须时刻关注市场动态，保持开放包容的运营理念，吸收新理念、新观点、新知识、新技术，才能时刻紧跟时代发展，应对迅速变化的互联网环境。技术发展既会对传统媒体带来挑战，也可以帮助传统媒体脱离窠臼，在求新求变中实现突破。

第三，大胆创新。创新是媒体平台持续保持生命力的关键。传统媒体在数字化的转型过程中，应积极创新信息传播方式、创新内容表现手段，勇于尝试提供不同的服务功能，从而打造差异化和兴趣点，在注意力经济下把握用户。以新闻业为例，在传统新闻组织数字化的过程中，不断创新着新闻呈现技巧，数字新闻、视频新闻、直播新闻、VR 新闻等新形式以更加可视化、场景化、现场感的方式，将用户从旁观立场带入新闻事件现场。

（二）改革组织结构

精简组织架构，去除冗余组织，重组部门层级，是传统媒体数字化过程中必行的一步。为适应数字媒体的运营模式，媒体组织应积极引导森严的"等级制"架构向开放的"团队式""部落式"结构转变——积极引进数字技术人才，打破部门间壁垒，促进各部门、各专业人员的走动和沟通；同时淡化管理地位，下放权力，给予下层运营人员、执行人员足够的才能施展空间。重组团队结构、打造开放的办公环境，都是为了使传统媒体最大限度适应数字媒体的工作模式，提高工作效率，从而由固定、封闭、秩序化的媒体向灵活、机动、用户导向型的媒体机构转型。

（三）加大技术投入

技术所带来的媒体突破无疑是颠覆性的。为了完成理想的数字化转型，传统媒体应积极引进技术，将其应用于媒体运营的各个方面。在用户服务上，利用大数据技术手段捕捉用户行为，完成精准的用户画像，从而实现定制化、个性化的一对一服务；在内容服务上，搭载短视频、直播、AR/VR等新型内容呈现技术，不断突破信息内容的表现方式与互动形式，打造沉浸式的五感体验；在组织运行上，用AI等自动化技术代替基础的人力劳动，完成高效程序化运作。目前，互联网行业已将AI技术积极地投入其日常工作使用中，如腾讯开发新闻写作机器人"Dreamwriter"实现自动化新闻创作，阿里巴巴则利用AI设计系统"鲁班"完成大批量的海报设计作业。高科技手段不仅可以帮助媒体实现工作产量上的跃进，也可以将工作人员从基础性、事务性的工作中解放出来。

（四）构建全媒体矩阵

在数字化进程中，媒体的运营不再局限于单一渠道或单一媒体，而必须全方位渗透用户的生活场景，构建全媒体产品矩阵。在原有传统媒体渠道的基础上，拓展互联网媒体资源，实现跨媒体、跨介质运营，连接网页、社交媒体、客户端等平台，形成覆盖广泛的媒体网络；拓展产业链，丰富服务内容，除了内容提供者外，积极向其他内容领域和行业领域进行角色延伸，打造自有内容，形成自有IP品牌，从而成为聚合各方面资源、全方位营销的综合平台。

二、构建闭合完善的数字媒体运营生态系统

数字媒体的发展方向，是形成与互联网逻辑相吻合的平台型媒体，既具有专业媒体的权威性，又具有面向用户的开放性[1]。而当数字媒体发展到一定阶段，理想化的运营状态就是使媒体平台发展为闭合、完整、循环的数字媒体运营生态系统，聚合各方、线上线下联动，从而在各个场景下连接用户，用数字化媒体手

---

[1] 喻国明. 基于互联网逻辑的媒体发展趋势[N]. 人民日报，2015-04-19.

段随时随地接入用户的生活与消费。这样的数字媒体系统以海量数据积累为基础，能够通过技术手段挖掘、追踪用户行为，及时而精确地捕捉用户需求并提供定制化服务。理想化情况下，媒体之间可以实现真正的信息互享，建成跨媒体的云信息服务平台，并在市场规律指导下实现稳定高效运转[1]。数字媒体运营生态系统聚合了用户、运营者、内容提供者、广告方及其他媒体渠道资源等各种主体，凭借优质内容维系内容生产者与用户，以用户在社区内的高频次活跃保障各方利益最大化。数字媒体运营生态系统能达到自运营的良性循环，即高活跃、大批次的用户流量不断吸引优质内容生产者在平台驻扎，而优质的内容和服务又反过来实现对新用户的持续引入及导流，媒体平台的广告资源价值随之增长。此时，运营的重点不再是营销、拉新，而是社群的规范与管理、运营节奏的把控、服务与产品质量的创新优化。

第三节　数字媒体内容运营

内容是数字媒体成立发展的根本，是其得以吸引用户、打造品牌的核心构成。数字媒体的本质即各种形式的内容的分发与消费。在这里，内容不拘泥于文字、图片、影音等传统媒体形式，也包括新兴技术下的直播、VR/AR 等任意手段，其本质特征是有价值的信息。

相比传统的营销手段着重于"推"销，内容运营更倾向于"拉"取消费者。内容的实用性和价值性，使用户自发关注与传播，并在获取内容的过程中逐渐树立对品牌的信任和好感。内容运营是一个回报后置的过程：先消耗成本提供优质内容，吸引用户使用，再逐步与用户加强互动，促成普通用户向深度用户、付费用户的转化。

内容运营的独特优势在于，内容传达的信息本身具备高度价值，其根植于用户需求，因此毫无疑问会被用户接受甚至追捧；同时，内容是新鲜、有趣、具备

---

[1] 刘小华，黄洪. 互联网+新媒体：全方位解读新媒体运营模式[M]. 北京：中国经济出版社，2016.

吸引力的，因此得以在注意力经济下脱颖而出。对于视听媒体来说，这可能是独家IP、版权垄断的抢夺；对于社交媒体来说，是转载成千上万的热门段子和平台文章；对于信息门户来说，是专业的新闻跟进和点评发声。电商媒体同样处在内容运营的浪潮之中，自2016年8月起，淘宝开放"淘宝二楼"入口，接连推出《一千零一夜》《深夜食堂》等自制短视频内容，每次上线都掀起相应商品的抢购热潮。第一集《鲅鱼水饺》播出后，鲅鱼水饺的销量直翻150倍，优质内容的运营效果可见一斑。

内容的从无到有，可以分为内容采集、内容编辑、内容审核、内容呈现、内容推送几个环节，而且环环相扣。

一、内容采集

数字媒体的内容生产可以分为PGC和UGC两种类型。PGC即专业生产内容，由领域专家、权威人士生产作品，吸引大批粉丝入驻。PGC的特点是精品、权威、高价，需要媒体平台以签约、奖金等形式与创作者建立商务合作关系，激励其为平台创作独家优质内容，同时以重金购入其他版权产品。但一个领域内的专业内容生产者数量有限，对于数字媒体运营所需的内容池而言远远不够，因此，在PGC以外，数字媒体同样需要UGC进行补足和填充。

UGC即用户生产内容，通过向媒体平台的广大用户开放创作渠道和权限，鼓励用户自主创作，分享信息。微博和bilibili视频网站就是典型的以UGC为主要内容支撑的社交媒体和视频媒体平台。由于用户基数庞大，UGC覆盖更加广泛、形式更多样，可以满足不同类别的细分市场和小众用户。互联网平台以个体的崛起为显著特点，UGC在内容运营中发挥的影响越来越大。随着社交系统的发达所催生的网红经济，不少以UGC起家的自媒体创作者也积累了巨大的个人影响力，并向PGC方向演进，逐步走上专业化、权威化的道路。

内容采集的关键在于内容生产者群体的识别、筛选和维系。相比数字媒体的用户体量，内容生产者永远处在相对稀缺的位置。因此，如何吸引、绑定专业内容生产者，并将潜在的优秀个体创作者从普通用户中挑选出来、予以培养，是数字媒体运营者在内容采集时应着重考虑的问题。大多数数字媒体所采取的策略是，一方面赋予用户更多的创作权限，鼓励原创，打造自由的创作环境；另一方面媒体平台插手内容生产，与专业内容生产者联合出品自有优质内容，甚至建立标准化的内容扶持计划、内容生产者培育体系。另外从物质、权益、排名多方面给予激励，提升创作者在该平台的忠诚度并刺激创作。以直播类数字媒体为例，直播平台通常有一套完善的主播孵化体系，以平台赛事筛选潜力主播，外部挖掘专业技能主播签约，内部扶持原生主播，与经纪公司合作，参与主播的形象包装和内容定制，通过批量化生产与扶持保证内容质量及平台盈利。

二、内容编辑

内容编辑的过程主要考虑如何创造有价值且有吸引力的内容，引发用户消费内容、自发传播，扩散媒体影响力。因此，优质内容的挖掘应回归消费者群体，从用户体验出发，迎合用户的口味与需求。编辑有吸引性的内容，可以从以下几个方向考虑。

（一）创造性

创意是内容编辑最核心，也最困难的一点。用户吸引力有限，耳目一新、闻所未闻的内容方式，即便内容的实质意义稍有欠缺，也可以在同质化内容中脱颖而出，第一时间抓住用户眼球。良好的创意可以体现在内容上，如一个新的选题、一种新的话术（如"××体"）；也可以体现在形式上，如一种新的玩法、新的交互手段等。支付宝公众号的内容运营就是出奇制胜的显著案例：贴地气、口语式、极度个性化、内容比标题还短，其公众号带着鲜明的个人风格，不断反转用户心理期待，从而在短时间内实现上万的粉丝突破，在同质化的服务号中自成一派。

（二）趣味性

具有趣味性的内容同样可以轻松吸引用户眼球，这也是大量泛娱乐化内容充斥数字媒体的原因。年轻人构成了当下数字媒体用户的主体，轻松、幽默、趣味性的内容更容易贴合他们的口味。植入幽默元素、灵活运用当下网络热词和段子、品牌个性化、以轻松活泼的方式和用户交流互动，都是为运营内容增添趣味性的策略手段。

（三）时效性

时效性即追逐时下热点，借助热点的话题流量为媒体平台吸引关注。在社会热点之外，在一些惯常时令性日期，发布与氛围相吻合的主题内容，也是借助时效性的一种方式。例如，过年期间的内容主题总是围绕年味、年夜饭、庆祝；情人节前后发布与爱情有关的内容专题；高考季的内容则永远有关青春、奋斗、祝福。具有时效性的内容和人们的关注重点高度相关，因此较容易引起用户点击。

（四）实用性

具有实用性的内容，本身可以解决用户实际问题、满足用户某方面需求或对用户产生有益价值，因此受用户喜爱与接纳。近几年兴起的知识营销，正是实用性内容的一种典型表现。媒体平台提供给用户知识性、指导性、消遣性内容，以帮助者和给予者的身份与用户接触，可以降低用户的心理抵触感，并在无形间树立用户心目中的品牌认知。越来越多的品牌在自媒体运营中，不时以科普、盘点、故事、漫画等内容填充日常运营，都是在以实用性价值打动用户、吸引用户。

（五）贴近性

贴近性即深挖用户特征，投其所好，使内容与消费者的生活环境、文化息息相关，避免隔阂感和代沟感。因此，内容编辑之前，内容生产者可以面向目标消费群体进行市场调研，了解其生活习惯、话语体系、价值观念等。具体的内容方向可以从"痛点"和"痒点"两个角度挖掘：基于痛点的内容，迎合消费者诉求，戳中消费者内心深处，唤起情感共鸣；基于痒点的内容，根源于同圈层同文化，符合消费者价值认同，拉近心理距离。

无论从哪个方向入手编辑，优秀的内容永远来自对用户的深入剖析。要打动用户，必须先理解用户。

三、内容审核

虽然用户为媒体平台贡献了大量原创内容，但内容质量往往良莠不齐，需要运营者加以审核和管理。不是所有内容都适合在平台上呈现，如低俗、色情等触犯法律法规的信息，需要在第一时间处理并进行惩处。此外，一些低质量、无意义的内容信息无限泛滥时，也要对其进行约束。如果不对内容设立标准、加以限制，则很可能出现劣币驱除良币的现象，大量低劣内容破坏了平台氛围和使用体验，最终导致无法挽回的用户流失。

内容审核可分为人工和机器两种手段。比较来说，机器审核标准化、固定化，便捷高效，可以大批量处理违规内容（如常见的敏感词屏蔽机制），但不够机动，一旦创作者根据屏蔽规则修改内容关键词或打擦边球，则很容易产生漏网之鱼。人工审核严密灵活，但成本更高，效率相对较低。目前大部分数字媒体平台采取人工与技术相结合的审核方法。新浪微博长期具备敏感词屏蔽举措，当用户搜索此类词语时，将呈现"根据相关法律法规和政策，'敏感词'搜索结果未予显示"字样。但 2017 年 9 月，微博推出了微博监督员招募活动，公开招募 1 000 名微博监督员，赋予其审查权力，并反馈物质和权益奖励。这表明，数字媒体平台在人力审查内容方面正积极探索更加低成本、高效率的制度模式。

根据内容审核的次序先后问题，可以分为先发后审和先审后发两种模式。

（一）先发后审

先发后审的模式是优先保证信息的流通性和即时性，信息发布时不设限，或仅经过机器粗审，信息发布之后再由人工和机器根据发言规则具体审核，进行删除或封禁。百度贴吧及多数论坛即采取这种审核模式。这种审查方法可以极好地调动用户生产内容的积极性，但相应地，会把较大的压力和工作量放在后续审查流程上。一旦负面信息不能得到及时有效的处理，即使短短几分钟时间，也能在平台病毒式扩散并引发不可控的后果。

（二）先审后发

先审后发是大部分数字媒体平台采取的内容审核模式，尤其以在线视频媒体为典型。这种模式优先看重内容的规范性，内容发布后，不会第一时间显示在平台上，而是存储在系统服务器中，经过人工和机器审查确认符合规范，才会开放给外部用户。这样的审查次序更稳妥，可以有效规避低质量内容泛滥，预防违规内容带来的突发负面效果，但也难免对内容的时效性和流动性产生影响。

四、内容呈现

内容的呈现方式根据不同数字媒体平台的品牌风格和承载技术而有所不同。但无论哪种具体形式，各数字媒体平台的内容呈现都在一定程度上表现出共同的趋势：其一，内容的呈现形式不是一成不变的，而是始终追求新的突破、新的创意、新的变化；其二，大部分数字媒体平台不会只存在单一的内容表现形式，而通常将不同技术手段、不同媒体渠道加以组合，以实现最优体验。下面从内容表现形式和内容搭载媒体两个方面加以分析。

（一）内容表现形式

内容的表现形式既包括文字、图像、声音、影视等传统方式，也包括 H5、直播、VR/AR 等新兴手段。在内容风格上，还可以作活泼、严谨、搞笑等具体区分。大部分数字媒体平台不止提供一种内容表现形式，通常以某一种为主要手段，同时多种表现形式共存。例如，社交媒体平台以文字形式为主，但兼具图像、影音功能；视频媒体平台以影视功能为主，但也开放评论区，作为用户讨论互动的补充功能。

随着技术手段的不断更新，为捕捉用户注意力，内容的表现形式不断向可视化方向发展，因此越来越多的图像和视频内容，正取代文字占据重要的呈现地位。即便是着重文字交流的以新浪为首的社交媒体，也逐步开发了带图评论、视频专区等功能板块。随着抖音等短视频媒体平台的异军突起，可以预言，移动短视频形式将成为未来内容运营的大趋势。

（二）内容搭载媒体

数字媒体的媒介形式已在前文中介绍过，主要包括社交媒体、信息门户、视听媒体、电商媒体、游戏媒体等。数字媒体品牌同样不止局限于自有的媒体平台，而是通常拓展多种媒体资源，形成媒体矩阵，并在各媒体渠道上完成差异化的内容布局，至少包括两微一端、官方网站这些基本渠道。随着小程序技术的开通，越来越多的媒体品牌建立了自身的官方小程序，并将其纳入媒体矩阵的关键一环。此外，当数字媒体发展成熟到一定程度，也会开发新产品，向其他形式的媒体领域进军。

根据搭载媒体的不同性质和特点，内容呈现也要做出定制化调整，以适应各种平台。换句话说，内容应当具有"流动性"，创作任何渠道都可以表达的故事，保证内容元素可以流动，同时在各平台间又紧密相关[1]。以知乎为例，在知乎网站的主产品外，有以文字和图片为主要表现形式的问答社区，也有直播形式的知乎 live；在知乎网站和移动端应用以外，知乎也开发了名为"知乎日报"的 APP 子产品，每日更新，呈现内容皆为知乎社区内精选问答；微博内容上，知乎将挑选出的趣味、优质问题筛选投放在微博，不呈现答案全文，附问答链接，向自有媒体平台引流；微信则推送不同主题的原创文章，主要功能是介绍最新活动、营销知乎产品；此外，知乎开发了两个旗下小程序——"知乎 live"和"说话的地方"。知乎的全方位媒体生态、差异化内容布局就这样打造形成。

五、内容推送

内容推送是运营者通过甄选、整理，将合适的内容打包组合，主动投递给内容用户。内容推荐是内容运营中的重要部分，它可以使优质内容高效地抵达目标用户，并集中向用户展示媒体平台的内容价值。常见的推荐形式包括专题页、banner 展示位、信息流推荐广告、站内信等。内容推荐同样有人工和机器两种手段。机器推荐通常用于日常的用户检索数据收集，根据智能算法推荐相似内容，

---

[1] 肖定菊. 大数据背景下内容营销实施战略[J]. 商场现代化, 2017, (5): 86–87.

如电商平台常见的相近产品推荐；人工推荐则常见于阶段性的活动专题、内容整理，一般将内容整理成专题页面，并在首页 banner、专栏等固定位置放置宣传资源进行导流。内容推荐是加强用户与内容接触的一种推动手段。

互联网思维强调"内容为王"，内容运营正成为数字媒体乃至整个互联网行业的大势所趋。在用户注意力稀缺的时代背景下，品牌即内容、平台即内容、企业即内容。吸引用户、树立品牌的第一步，必先是经过内容化的历程。

第四节　数字媒体用户运营

用户对数字媒体的重要性不言而喻。数字媒体的一切运营手段，都是围绕、抢占用户而展开的：产品运营本身，是为了提供良好的使用体验，树立用户口碑；内容运营，是为了增加用户黏度、提升用户忠诚度；活动运营，是为了不断吸引用户，鼓动用户互动参与。用户访问量、用户活跃度、用户转化率，在很大程度上决定了数字媒体的运营状态和前景。得用户者，得市场。一个数字媒体平台，从前期产品雏形规划，到建立之初，再到运营顶峰直至最后退出市场，必然经历一个孕育、初创、成熟、衰退的过程。在此期间，用户数量的变化会呈现抛物线趋势，由少到多，达到峰值，并逐渐下滑。数字媒体的用户运营策略，也是由其生命周期不同阶段的具体运营目标决定的。运营前期，长驻用户数量少，媒体平台注重引流、拉新；用户增长到一定阶段，平台趋于稳定，运营重点关注的不再是新用户，而是现有用户的维系；平台进入下滑阶段时，则看重流失用户的唤回和沉默用户的促活[1]。

一、用户洞察：精准用户画像

认识用户，是用户运营的第一步。所有数字媒体的功能都在于服务用户某方面需求，因此在数字媒体规划阶段，实现精准的定位尤为重要。了解了用户的行

---

[1] 用户分析中，较为普遍认可的一种分析模型为 AARRR 模型，即 acquisition、activation、retention、revenue、refer。它将用户的增长分为获取、激活、留存、变现、推荐五个阶段。

为习惯、圈层文化、生活背景，才更容易对媒体平台的现存缺陷进行评估，对平台的未来发展有大致预估。

（一）显性画像：把握用户特征

显性画像是用户的外部可见特征，以人口属性为主，包括用户年龄、性别、职业、地域等。这些外在标签包含了丰富的群体特性信息，通过勾勒用户的显性画像，可以对用户进行粗略分类，并初步调整数字媒体平台的运营风格和基本功能。

（二）隐性画像：挖掘用户需求

隐性画像是显性画像之后的进一步探索，调查的是用户表象属性背后的深层动机，如用户的兴趣爱好、心理倾向、深层次需求等。马斯洛需求层次理论将人的需求分为五个等级：生理需求、安全需求、爱与归属、尊重、自我实现[①]，而所有的媒体产品都在人类需求的某一方面，如社交媒体迎合社会交往需求，音乐媒体解决心理上的娱乐消遣需求等。仅观察到用户的行为表象，并不意味着用户画像的完成，只有理清其背后的行为逻辑，了解用户的深层认知障碍，才有助于对症下药，以合适的运营方式提供服务。此外，在数字媒体普遍同质化的背景下，只有深入挖掘还未被产品覆盖到的心理诉求点，精准定位，才能在市场中寻求突破。

（三）用户画像策略

完成用户画像有收集数据、市场调研等不同方式。以下列举常见的几种手段。

第一，收集用户数据，划分用户群体。在各种渠道收集目标用户的喜好、历史记录、人口属性、消费特征等数据，并加以聚类分析，以贴标签的形式将目标用户划分为不同群体。这种数据方式可以将繁杂的数据简化为不同用户群的共同特征，从而一目了然地对用户进行分析建模。

第二，市场调查。除了用网络技术手段挖掘数据外，市场调查同样可以补充

[①] 马斯洛需求层次理论由美国心理学家亚伯拉罕·马斯洛在《人类激励理论》一文中提出。他将人的普遍需求分为呈阶梯式递进的五个层次，并认为，只有在低层次的需求得到满足后，高层次的需求才会产生激励作用。

丰富的定性与定量分析。市场调查形式多样，包括问卷调研、小组座谈会、用户深访、日志法等。社会调研可以弥补数据技术手段无法获取的资料，并且在访问内容上几乎没有任何限制。在调研之前，调研者应明确特定的研究目的，带着观点和假设出发，有的放矢，最大限度优化调查效果。

第三，媒体内测。内测是指媒体完全向市场开放之前，针对小部分目标用户试运行，以这种手段进行内部测试的方式。这种手段可以最大程度模拟真实的用户运营效果，并帮助运营者准确发现问题。但同时，内测开始代表着产品的构造已基本完成，如果在这一阶段发现根本性的漏洞或产品本身的失误，往往难以及时补救。

在面向用户调研时，可以引入一种对比测试机制：A/B 测试（A/B testing）。这种测试方法将预先准备两套方案，并分别针对两组用户进行测试，比较最终的用户反馈结果[1]。A/B 测试可以广泛应用于多种测试对象，小至一句文案的改动、一个图标的位置变化，大到产品的界面、活动的流程等。由于具有真实用户的实践数据对比，故而 A/B 测试产出的结论往往具有较大的可靠性和参考价值。

二、用户拉新：建立种子用户

媒体平台建立初期，没有足够的市场关注度和影响力，因此需要主动采取策略，为平台引入第一批用户，也称种子用户。种子用户的质量在很大程度上奠定了媒体平台未来的发展方向和品牌风格，所以对种子用户的筛选应当特别慎重，需要运营方在前期大量投入。第一批种子用户培育起来后，就可以依靠平台用户的力量带动分享、邀请，吸引更多用户加入。

（一）平台邀请制

平台邀请是指在最初始阶段，由主创方和运营人员亲自深耕市场，筛选并邀请目标用户进入空白的媒体平台，使其成为第一批使用者。在产品尚未成熟的阶段，大量引入用户并不恰当，很可能造成适得其反的效果。因此，最妥善

---

[1] 范冰. 增长黑客[M]. 北京：电子工业出版社，2015.

的做法是，先寻找市场空白的突破口，优先在特定的利基市场里占据主导，再向相近市场扩张[①]。这一时期用户数量不多，但质量佳、定位精准，可以在初期为平台营造良好的使用氛围，并辅助平台不断改进。一旦种子用户稳定下来，媒体平台成功占据了一小块细分市场，便可以形成扩散效应，在后期迅速向其他市场领域发展壮大。需要注意的是，在第一批种子用户进入之前，平台应完成内容的初始化，良好的初始内容池可以有效地提高种子用户的使用体验，优化留存率。

实际上，各数字媒体都具有自己的品牌调性和风格标签，而标签相近的媒体平台间，往往存在大量的重叠用户。因此，在平台筛选第一批用户时，可以着重"潜伏"在类似产品中，考察用户质量，从中挖走心仪的目标群体。例如，虾米创立早期就有大量用户来自豆瓣；而凭借用户参与制胜的小米论坛，在初期就是以100名核心用户为基础，逐步发展成了几亿用户的庞大社群。而这些初始用户，都是依靠创始团队亲力亲为，通过手机论坛潜水发帖，与目标用户一对一沟通推广达成的。

（二）用户邀请制

在种子用户初具规模后，媒体平台可以开放邀请制度，从而通过用户的二次传播迅速实现品牌曝光和扩散。用户邀请的形式一般为分享邀请码或指定页面，当新用户通过老用户的邀请渠道完成注册，老用户和新用户都可以获得一定奖励。在这里，邀请码也有开放式和封闭式之分：开放式的邀请码制度下，每名用户都将匹配一个邀请码，邀请码可分享给多人并重复获得奖励；而封闭式的邀请码制度，邀请码数量十分有限，且不可重复消耗，知乎平台在建立早期采取的就是这种策略。开放的邀请制度把重点放在用户增长，封闭的邀请制度则将重点放在用户质量，也就是接下来要提到的用户准入门槛的设立。

（三）用户准入门槛

在某些情况下，为了维持媒体平台内优质的用户质量，防止大量劣质用户进

[①] 蒂尔 P，马斯特斯 B. 从 0 到 1：开启商业与未来的秘密[M]. 高玉芳，译. 北京：中信出版社，2015.

入、粗劣内容泛滥损坏平台体验，平台会设立一定的用户准入门槛，只有用户达到一定条件或按要求完成操作，才可以在平台注册或获得相应权限。这样的制度也被称为护城河机制，邀请码限制进入是最常见的一种手段。此外，论坛经常采用的达成条件（注册时长、回帖数量等）开放权限、bilibili采用的答题合格开放权限也可以有效地约束用户进入。当然，付费注册是非常有力的限制手段，这种方式会将大批不愿付费的用户挡在平台外，但相应地，由于已注册用户付出了一定成本，其用户黏性也会更高，更不容易流失。

三、用户留存：提升用户黏性

用户黏性体现在用户登录频次、使用时长等方面，来自用户通过长期登录、使用媒体而对媒体平台所建立的依赖性和忠诚度。用户黏性越高，用户使用媒体越频繁。一个媒体平台的注册用户数并不代表其现存用户的真实数量，因为用户完成注册流程后，可能由于各种原因不再使用该平台、卸载客户端，成为流失用户。而用户留存策略需要关注的，就是用户首次注册后的关键时期，以各种手段引导用户熟悉平台、增加登录次数，从而逐渐养成习惯，建立品牌忠诚。

（一）培养用户习惯

用户黏性是一个关乎持续性的问题，因此培养用户长期使用平台的习惯，可以有效改善流失率。除了产品自身不断优化外，打卡签到制度是运营中经常使用的一种用户培养策略。几乎所有数字媒体都有自身的每日签到制度，用户每日登录后，点击打卡按钮将获得奖励，连续打卡时奖励递增。这一制度利用用户的获利心理，有效地诱导了用户的持续登录行为。而用户在登录之后，往往不会立即退出，而是在平台停留浏览。长此以往，用户自然会熟悉平台功能，了解平台的活动节奏，更积极地在平台互动。

（二）教育用户

产品开发和运营中的一项重要原则是不要让用户思考。数字媒体亦然。当平台功能太过复杂、操作流程太过陌生，用户的使用体验出现障碍，便会放弃该平台，转向其他易用性更强的产品。因此，用户需要被引导和教育。

对于新用户，平台应提供详尽的流程指引，带领用户熟悉页面和各项主要功能。考虑到功能引导不可能事无巨细，平台还应当开发专门的FAQ（frequently asked questions，常见问题）索引页面，放在固定位置，方便用户随时查询细节问题。此外，应建立客服反馈渠道，方便针对更特殊的情况解决用户的问题。这里要注意，在用户引导过程中，应尽量淡化其教育属性，避免太过刻板、烦琐，而应尽量以个性化和趣味化的形式，营造愉悦的引导体验。

（三）用户促活：刺激用户活跃

在完成用户的拉新与留存，用户量级实现突破增长后，运营下一步要着重思考的问题，是如何带动用户活跃起来，积极参与平台活动、消费平台内容，才能在后续运营中实现盈利。现有用户的维系成本要远远低于新用户的引入成本和流失用户的唤回成本，媒体平台应时刻关注现有用户的平台数据，建立体系化的用户激励制度，结合数据分析预先采取促活手段，而不是等到用户流失之后再以高成本唤回补损。用户的促活手段可以大体分为等级划分和奖品激励两个方向，但总的来说，都是在用物质和权益上的奖励吸引用户完成指定行为。

第一，等级划分。等级划分的方式将赋予用户不同层次的等级地位，发放身份标识，并开放不同权限和福利优惠。等级越高，用户在平台内的身份越尊贵，奖励回报也越丰厚。在马斯洛需求理论中，尊重属于高层级的心理需求，等级划分策略正是把握了这一心理需求。用户通过积极参与媒体平台任务，不断晋升等级，可以享有特权和身份认可，满足优越感。不同的数字媒体可以开发各自的等级标识方式，如积分系统、等级系统、成就系统、勋章系统等，但它们背后，都是相似的等级划分和身份认同的逻辑。

第二，奖品激励。奖品激励的逻辑更加简单，以奖励形式直接刺激用户参与活动。这里的奖品可以是非物质手段的权益形式，如赠送一个月会员、享用付费产品、获得稀有皮肤、开放高级功能等；也可以是和消费直接相关的物质奖励，如返现、优惠券、折扣券、实物抽奖等。奖品激励通常结合任务制度展开，在用户个人中心页面或活动页面设立各种进阶任务，用户每完成一个任务，即可领取对应奖励。这一手段在游戏媒体中尤为普遍。

此外，奖品激励还通常被用为用户流失预警机制的应对策略，挽回流失用户的成本巨大且可能性低，用户流失预警机制的建立便显得极其重要。当数据观测到用户有一段时间未登录平台，或媒体使用时长和频次日益下滑，出现流失倾向时，预警机制就被唤醒，运营者可立即采取手段刺激用户回归。这里的响应手段，一般为短信/站内信/邮件提醒结合奖品激励的方式。饿了么在其用户一定时间内未登录平台后，便会向用户账号发放抵现红包，同时短信提醒对方，就是以奖品激励为核心的用户流失预警机制的典型表现。

四、用户营收：促成付费转化

带领用户不断深入使用功能，最终完成付费，是用户运营的最终目的。因此，付费用户是一个数字媒体平台最应重点关注和服务的群体。一方面，发掘潜在的深度用户，通过激励手段促成其向付费用户的转化；另一方面，对于已有付费行为的用户，向其提供和费用匹配的优质服务，营造良好体验，促进用户持续付费。

（一）用户分层管理

用户群体可划分成不同等级，并应对其区别对待，这是毋庸置疑的。按照使用程度由浅至深排列，用户群体可分为初级用户、普通用户、深度用户、付费用户几个阶段，数量逐级递减，呈漏斗形排列。数字媒体的用户同样适用"二八法则"[1]，甚至更为悬殊，达到一比九的差距。也就是说，在数字媒体的用户群体中，真正愿意付费并为平台创收的，永远是极少的那十分之一；而大部分普通用户，尽管同样不可或缺，实际上并不会为平台的盈利贡献太大价值。

媒体应建立合适的模型系统对用户分层管理。美国数据库营销研究所提出了非常具有参考价值的 RFM 模型：从最近消费（Recency）、消费频率（Frequency）、消费金额（Monetary）三个纬度，衡量用户的重要等级和价值等级[2]。当把用户

---

[1] "二八法则"也称"80/20 法则""帕累托法则"，是指投入和产出之间的严重不平衡现象。一般情况下，80%的产出或报酬源自 20%的投入。

[2] 读懂用户运营体系：用户分层和分群[EB/OL]. https://zhuanlan.zhihu.com/p/25566278.

划分成一目了然的不同类别后，运营者就可以把目光放在高价值、高重要程度的用户群体上，并在他们身上花费主要的运营精力。

（二）付费盈利模式

数字媒体实现付费转化的途径和流程不一。有些媒体本身就作为付费平台上线，针对少量用户提供优质服务，用户付费之后才能注册或下载客户端；有些媒体向用户免费开放，但将付费内容作为产品植入平台之内，为用户提供增值服务，如自拍相机软件的付费滤镜，电子词典软件的付费人工翻译等；有些媒体不直接向用户收费，而是通过提供优质服务，积攒用户流量，打造品牌知名度和平台价值，从而吸引第三方付费，实现流量变现。以广大自媒体为例，其"文章+社群+内容付费""新媒体内容+社群+用户赞助""文章+目标用户+广告"的收益模式，就基本对应了前文所提到的三种付费转化手段[1]。

针对不同的付费盈利模式，用户运营的策略有不同的侧重点。对于付费媒体来说，应注重平台的口碑传播，不断优化服务，在行业内打造知名度和普遍认可；对于依靠增值服务盈利的媒体来说，则应先使用户对平台建立依赖感，使用户逐渐将生活习惯、社交关系融入平台中，再循循善诱地展开用户教育，引导其使用高级功能，并可通过免费试用的模式，促进用户对增值服务产生好感、完成消费；最后对于以流量变现为主要盈利模式的媒体平台，必须把运营的重点放在用户拉新与维系上，营造良好的平台氛围，着力铺设平台入口，并打通分享渠道，利用现有用户流量，鼓动用户二次传播，实现病毒式增长。

此外，内容付费是近两年逐渐兴起的一种付费盈利模式，由媒体打造专业性、知识性的优质内容，以问答、课程、线上讲座等形式呈现，消费者付费参与。内容付费使运营重点重新回归到了内容价值本身，代表着互联网知识经济的崛起。根据艾媒咨询的数据，2017年中国内容付费用户数量为1.88亿人，并在2018年达到2.92亿人的规模[2]。

---

[1] 王翔, 刘又玮. 新媒体视野下自媒体的运营策略与发展趋势探析——以自媒体"咪蒙"为例[J]. 理论导刊, 2017, (3): 97-100.

[2] 艾媒报告: 2017年中国内容付费专题研究报告[EB/OL]. http://www.iimedia.cn/c4001/50548.html, 2017-04-05.

第五节 数字媒体活动运营

活动运营是数字媒体运营中非常关键的一部分，一次成功的活动运营，可以直接有力地撬动用户流量增长，实现大规模品牌曝光，并在用户认知中留下深刻印象。活动运营必不可少，因为它是数字媒体的"保鲜剂"：运营者可以通过活动把控运营节奏，适时促进用户的积极性与活跃性，并通过系列活动逐步营造品牌形象和口碑，传递品牌价值，并保证用户源源不断地流入和互动。

一、活动类别与优先级

对于执行渠道而言，活动有线上活动、线下活动之分；对于规模而言，活动有大型活动和日常小型活动之分；对于执行时间而言，活动也有周期性活动和一次性独立活动的区别。活动的具体类别、规划、量级，要根据不同的媒体平台情况和时期背景决定。以下介绍三种活动类别：日常周期性活动、时令性活动及热点活动。

（一）日常周期性活动

日常周期性活动是较为常规、琐碎、小型的活动，如社交平台的每日讨论话题、电商媒体周期性的促销活动等。此类活动的特点是重复性、普遍性，以一定的时间间隔零散分布，负责填充起媒体平台的常规日程，以保持用户在平台内的持续活跃互动，维系用户黏性。这类活动的运营成本较低，尽管同样需要动用创意，但一般不涉及复杂的技术和宣传资源。由于周期性举办，以促进用户活跃为主要目的，因此时常会带有重复性质，如电商平台周期性的购物专题活动，尽管每期冠以不同的主题，但实质上都是以折扣促销作为活动核心形式。

基于日常周期性活动的这些特点，其活动规划往往需要运营者在产品诞生早期就做好充足准备，编写出核心、成熟的活动策划，后期运营便可以在这一套成熟的活动方案上继续延展。日常类活动的运营是数字媒体的基础工作，同时也是最频繁、最主体的活动运营工作。

（二）时令性活动

时令性活动的频次要少于日常类活动，是结合特殊的时间背景，如节假日、纪念日、节气等开展专题活动的一种运营方式。时令性活动的规模往往和其时令节点的重要性呼应，如在新年、圣诞节、情人节等国民性节日，几乎所有数字媒体平台都会展开大型专题活动，号召所有用户参与。同时，不同媒体平台的行业领域、品牌调性不同，其开展活动的重点时令节日也会有所区别。例如，重大体育赛事对于体育类媒体而言几乎可以是最重要的时间节点，但对于其他媒体平台，尤其是面向女性用户的媒体平台来说，则可能显得无足轻重。

数字媒体的时令性活动可以基于已有的节日展开，也可以自创独属于品牌的节日，为某一时期赋予意义，并通过教育用户将其塑造为一个经典活动。这方面最典型的例子莫过于淘宝开创的"双十一购物狂欢节"，通过重新定义11月11号这个日期，将过去的"光棍节"转变为全民购物的消费狂欢盛典，并使其成为为淘宝贡献大量营业额的最重要的日期。自定节日需要付出一定的教育用户的成本，但一旦其认知在用户心目中成功确立，便可以极大优化平台活动的参与热度与流量。

由于时令性活动具有一定规律性，也需要运营者提早预测时期、做好活动规划，确定活动主题、活动规则、持续时间等，保证活动在后期稳妥顺利实施。

（三）热点活动

热点活动是指当社会出现引起全民关注的热点议题或事件时，平台利用这一热点的巨大关注度，举办相关主题活动，吸引用户参与的运营手段。从前文内容运营策略可知，时效性和借势对内容具有重大帮助，活动运营同理。借助了热点的全民性、社会性，热点类活动往往能取得不错的用户话题度和参与度，而且有些社会热点是可以提前预知的，如阅兵典礼、奥运赛事等。当然也有些热点往往产生自临时或突发性事件，留给运营者的准备时间有限。要及时跟进热点事件的发展，在余温未降前借势举办活动，赢取用户注意力，就比较考验运营者的决策力和执行力了。

二、活动策划

一次成功的活动，前期要有详尽筹备，中期要有高效及时的落地执行，后期要能够合理分析数据，对整次活动进行复盘。活动从无到有，是系统庞大、工作量复杂的综合性工作，涉及策划、文案、风险控制、成本预估、宣传、数据分析等方方面面。

（一）前期筹备

活动应在执行日期前预留充足时间进行筹划，制定活动策划书，针对活动安排、风险把控、资金规划等做全方面准备。

首先，针对活动本身，根据活动上线时间，确定活动的主题和目的。在这一框架下，填充活动细节，确定具体活动流程与活动规则、持续周期、目标人群，并对活动的大致效果做出预判。在活动内容确定之后，输出合理的成本预估和分配。总之，通过活动策划书，应当能清晰地了解活动详情，对各方面细节有初步筹划。

为防止意外情况发生；一份风险管控预案也是必要的。运营人员应尽量设想活动可能出现的问题，如活动规则是否有漏洞、用户体验是否流畅、各部门协调衔接有无疏漏等，规避潜在风险，并再三检查活动开展的关键节点。同时，准备一份应急活动备案，以备不时之需，确保活动可以顺利进行。

这里需额外强调一点，用户的预期管理，也是活动运营中不可忽视的一部分。活动的前期宣传、文案、活动介绍等都将影响到用户对活动的心理期待，而其心理期待又最终与活动口碑紧密相关。活动宣传和文案描述应根据实际情况落地，可以为吸引注意添加修辞成分，但不能过于夸张，以免造成后期用户心理期待的落空。当活动超出用户心理预期，用户会出于惊喜提升参与活动、自发宣传的积极性；反之，预期塑造过高，活动跟进无力，则会导致差评增长和用户流失。2016年春节期间的支付宝"集五福"活动，就因在宣传中过度拔高了用户期待，最终落地未能达到预期要求，而迎来了用户口碑的反扑。

（二）活动执行

活动执行过程中，需要把前期规划好的各项活动内容进行具体拆分，落实到各负责人员，并根据日程安排表有序推进。线上活动可能涉及程序的开发、测试，在这一过程中需要和开发人员保持充分密切沟通；线下活动可能涉及场地预约、物料制作和人员邀请等，这些同样需要提早安排，避免意外情况打乱活动节奏。活动执行阶段涉及和各方的大量对接工作，运营人员应做到及时跟进、充分沟通、灵活调整。

对于上文中提到的日常周期性活动，在程序开发上，可以采取"系统复用"模式，即开发人员编写一套核心系统，使其能够支撑多种活动运营场景，兼容不同的活动需要，在各活动主题下重复包装上线，从而极大缩减开发测试成本，提高运营效率[①]。

（三）活动总结

活动的下线不代表活动的结束，如果没有后续的总结和复盘，活动运营的价值就损失了一半。每次活动结束后，运营者都应当有所收获，吸收活动得失，在下次活动中继续改进。运营者可以从以下几个方向思考：活动是否达到预期效果？如果没有达到，原因是什么？如果超出预期，是活动中的哪一个环节贡献了最大价值？本次活动有没有不完善的地方？有没有可以进一步改善的地方？……总之，对活动的可取之处和失败之处都做出系统的盘点，未能达标之处，总结出共同点，试图找出问题根源。每次活动结束后，都将活动总结报告进行存档，使活动的运营和管理清晰化、条理化，并使历史经验能继续应用于后续活动策划中。

活动总结往往要结合具体的活动数据进行分析。活动数据的观测和分析方法，将在后文中详细解说。

三、活动数据观测

活动的成效往往和数据息息相关，数据是最核心的量化指标。一般来说，

---

① 张亮. 从零开始做运营[M]. 北京：中信出版社，2015.

每次活动都背负着相应的 KPI（key performance indicator，关键业绩指标）任务，运营者需要通过数据分析得知活动的业绩好坏、运营成效的高低。不同的数字媒体有不同的核心数据，社交媒体的数据可能是用户活跃数、发帖量、话题热度；影音媒体的数据可能是点击量、播放量；电商媒体则可能是成交量、成交金额等。

（一）确定核心数据

分析数据的第一步是确定和运营目标相关的直接数据。不同的数字媒体平台关注的数据不同，即使同一数字媒体内，不同的活动、不同的运营侧重点，运营者应关注的核心数据也是不同的。如果以品牌曝光、社会影响为主要目的，应着重关注话题讨论量、传播量、点击量等数据；如果以拉动新用户为主要目的，则应关注用户注册量、增长量；如果以盈利为目的，则应关注成交量、付费转化率等。一旦关注了错误的数据，如明明是以促进营收为主的活动，却关注了用户点击量、讨论度，则实际上是南辕北辙，丧失了数据观测的意义。

（二）数据分析与观测

数据观测不是活动结束之后才进行的工作，而是在活动一开始，随着前期宣传、资源渠道的到位，就实时观测、实时跟进的工作。数据可以起到监管、诊断、把控的功能，及时向运营者反映活动中的异常，并且经过正确分析后，可以暴露问题的来源和成因。数据不是一维的，而是多维的，运营者可以通过提炼不同数据、分组进行对比，得出丰富的检测结果。

首先，要观测流程各核心节点的数据。一个活动，从外部宣传位，到链接到 Landing Page，到跳转活动专题页面，再到参与活动完成任务等，是由关键的几个环节所组成的。在这个流程中，随着活动的不断深入，会不断产生数据的变化和用户的蹦失。运营者应关注几个核心节点的数据变化，留意是否有异常的数据断崖下跌、蹦失率突高，并及时改善该节点的漏洞问题。漏斗分析法就是数据分析中的一项重要手段，即关注数据漏斗行走时的转化率，不仅关注整体转化率，也关注各关键环节转化率，并从多维角度进行分析[1]。

其次，要随着时间推进观测数据走势。通常情况下，数据走势应当是坡形的，流量随着宣发资源的到位逐渐攀升，在活动进行阶段达到顶峰，并在活动结束之后开始回落。某些成功的爆点活动，将会有数据爆发式增长的现象。如果数据趋势异常，则说明活动的某一阶段出现了问题。例如，数据高开低走，或是低开高走的单线增长，都说明活动的前期宣传或活动导入、执行阶段出现了问题。

最后，要和历史的活动数据进行比对，总结反思活动得失。在往期活动运营中，必定有实质相近的同类活动，将往期数据同现有数据结合分析，更利于看清活动的运营状况，总结其中的经验和教训。要善于利用数据库储备，争取把每一次活动都转化为下一次的资源和助力。

互联网为各种数字媒体的诞生和发展提供了平台机会与技术支持，也正是因此，数字媒体行业不断壮大，形成了数字化、互联化、多样化的媒体生态。凭借着丰富的互动形式、趣味的内容和突破性的交互手段，数字媒体在不断刷新着用户的使用体验，其未来前景值得期待。

---

[1] 运营入门，从0到1搭建数据分析知识体系[EB/OL]. http://36kr.com/p/5058187.html，2016-02-12.

第七章 数字内容营销

在数字营销时代，营销环境和消费者都在发生变化，企业的营销传播战略不得不随之发生转变。2011 年可口可乐发布"可口可乐内容 2020"战略，宣布要从"创意卓越"向"内容卓越"转变；2015 年全球知名化妆品品牌欧莱雅在加拿大蒙特利尔建立自己的"内容工厂"，为旗下品牌提供社交媒体传播内容……越来越多的企业和品牌正在加大对内容的投入力度，而内容则成为营销市场的新宠。根据英国数字营销研究公司 Econsultancy 在 2018 年上半年发布的《全球营销内容评估和测量报告》，跨国集团正在高度统一和控制本集团的全球化内容营销，其中 72% 的领袖企业高度控制全球营销内容[1]。美国媒介调查公司 PQ Media 数据显示，全球内容营销收入在 2016 年增长了 14%，达到 280 亿美元，而在 2017 年上半年，内容营销收入增长率仍然保持在 14%[2]。这一切均表明，内容营销将迎来黄金时代。

第一节 数字内容营销的概念、起源与特点

自 1996 年"content marketing"这一概念被首次提出以来，内容营销作为

---

[1] Econsultancy. 全球营销内容评估和测量报告[EB/OL]. http://www.199it.com/archives/637873.html，2018-06-17.
[2] PQ Media：2017 上半年内容营销收入增长 14%[EB/OL]. http://www.199it.com/archives/631829.html?weixin_user_id=08o6ETQjrnELX6--Sj-IimMgG2Opwg，2018-09-09.

一个专业的研究对象和营销模式已被广泛接受,但时至今日营销学术界和业界都没有对其概念做出明确界定,在内涵上也未达成一致意见。

一、内容营销概念的界定

根据学术文献查阅,学术界普遍认为内容营销这个概念于 1996 年被 Rick Doyle 在美国报纸编辑协会的新闻记者会上首次使用[1]。但至今国内外对其都没有统一定义。随着信息技术的革命和传播环境的变迁,"内容营销"的内涵也发生着深刻的变革。对此,国内外学者和研究机构进行了一些界定。

第一,侧重于从企业与消费者建立关系层面界定这个概念。例如,Pulizzi 和 Barret 提出,内容营销是"企业通过聆听顾客的需求、免费采纳顾客的有用建议来与消费者建立拥有共同利益的互相依存关系以及信任"[2];于伯然指出内容营销"从给予消费者答案的角度来向消费者提供信息,从而降低消费者的厌恶感,使有价值的信息更易被消费者主动接受"[3]。他们都倾向于从消费者出发,将企业与消费者建立良好的沟通关系作为内容营销的核心使命,即通过聆听消费者需求、采纳消费者建议来与消费者建立共同利益的相互依存关系和信任。

第二,侧重于从企业自主创作的内容平台层面界定内容营销。Rose 和 Pulizzi 指出,内容营销是"企业建立一个讲故事的平台,发布有价值、与消费者利益相关并且引人注目的内容,发展稳定的平台关注群体,并最终促进企业产品和服务的销售";企业所建立的内容平台能够让人们互相帮助、分享有价值的信息、丰富社群,同时能帮助企业在社群中成为思想领导者。平台上的内容是有吸引力的、方便分享的,而且最重要的是能够帮助顾客(自行)找到他们想要的关于产品或服务的信息[4]。其界定强调在消费者主动搜索信息以帮助自己进行购买决策的年代,企业需要做"值得消费者信任的顾问",成为价值信息的发布

---

[1] 李蕾. 内容营销理论评述与模式分析[J]. 东南传播,2014,(7):136-139.
[2] Pulizzi J, Barrett N. Get Content get Customers: Turn Prospects into Buyers with Content Marketing[M]. New York: McGraw-Hill, 2009.
[3] 于伯然. 新十年的品牌传播:内容营销最热门[J]. 广告主:市场观察,2011,(5):38-39.
[4] Pulizzi J. Content marketing has arrived. Should publishers be worried?[J]. Folio: The Magazine for Magazine Management, 2011, 40(10):43.

者，而不是由付费媒体来承担这样的角色。因此，企业要建立自己的内容平台并自主发布内容来吸引消费者，进而进行内容营销。

第三，侧重于从多种形式的内容创造层面定义内容营销。Junta42认为，内容营销是"负载了企业自主创作的品牌内容的产品，包括网页内容、案例分析、博客、白皮书、在线研讨会（webinars）、内部通信、电子通信（newsletter、e-newsletter）以及定向杂志（custom magazines）"[1]；Lieb也认为提供"相关、高质量、有教育意义、对购买决策有帮助和有娱乐性的吸引眼球的内容"是内容营销的制胜法宝[2]。他们更多倾向于以多样化的形式创作和传播有教育意义、引人注目的内容，以达到吸引或留住用户的目的。

随着内容营销在营销领域的广泛应用，其概念界定越来越完善。2012年美国内容营销协会（Content Marketing Institute，CMI）将内容营销界定为通过制作和发布有价值、有吸引力的内容来吸引、获取和聚集明确界定的目标人群，最终使这些人产生消费转化、带来收益的营销和商业过程。国内学者李蕾指出内容营销是"通过创建与传播具有教育性的和引人注目的内容来吸引和维系客户，其本质是讲故事（story telling），通过讲述、聆听和互动来传播内容，核心是掌握内容并将其作为一种交流工具来影响现有客户和潜在客户。内容营销是一个过程，即确定利益相关者的需求，然后创建必要的内容并通过相关的营销渠道进行传播，再通过绩效指标来检测内容的影响力"[3]。

结合中外学术界、业界和相关机构对内容营销的论述，至少有以下三个方面可以确定：其一，内容营销的开展主体是企业或者品牌主，其发布内容的营销平台是自主搭建，而不再像以前那样是由数字媒体提供或专业营销机构帮着选定；其二，企业自建内容营销平台发布的是其自主创作的关于产品、品牌和企业的内容，这些有价值、有趣、对用户（消费者）有吸引力的内容通过"讲故事"的方

---

[1] Junta42（Content Marketing Institute）. 2010 Content Marketing Spending Survey[EB/OL]. https://contentmarketinginstitute.com/wp-content/uploads/2011/12/B2B_Content_Marketing_2012.pdf.
[2] Lieb R. Content Marketing: Think Like a Publisher—How to Use Content to Market Online and in Social Media[M]. Hoboken：Que PubLishing, 2011.
[3] 李蕾. 内容营销理论评述与模式分析. 东南传播[J]. 2014,（7）：136-139.

式，借助多种线上、线下渠道传播出去；其三，企业开展内容营销的目的是倾听用户的声音，更好地与其互动、沟通，从而与目标用户（消费者）建立起长期而稳定的关系，最终实现消费转化。明于此，就可以给内容营销下一个定义了：内容营销是指企业或品牌主通过"讲故事"的方式，自主创作与产品、品牌和企业有关的有价值、有趣、有吸引力的内容，借助自主搭建的营销平台发布这些内容，以便倾听用户声音，更好地与其互动、沟通，从而与目标用户建立长期而稳定的关系，实现消费转化，并带来实际收益的营销方式和营销过程。

二、内容营销的起源和发展

"内容营销"这个概念虽然在 1996 年才被正式提出，但其核心关键词"讲故事"在百年前就开始了。内容营销的发展以 2001 年为节点分为前后两个时期：2001 年之前，"内容营销"一词的使用还处于初始阶段，它更多的是与"定向出版"一词相关联的。1998 年美国定向出版协会（Custom Publishing Council，CPC）成立，并将其称为定向出版（custom publishing）。定向出版是企业推行的个性化市场沟通解决方案，包括企业建立和经营自己的媒体，或者出版商为企业的自办媒体提供专业的出版服务，这种出版形式是融合公司的推广销售与目标受众的个性化需求，利用期刊读物、互联网等向受众传递信息，以此来引导受众的使用或消费行为[①]。定向出版包括购物杂志、企业或品牌杂志、网站、商业指南、新闻通信等。定向出版在我国也被称为定制出版、客户出版，常用于商业领域，其含义和功能更加广泛。

虽然"定向出版"一词不仅仅指纸质印刷品的出版发行，但早期的企业内容营销却多以自主出版印刷物的形式呈现，如漫画、杂志、食谱等，内容多以与企业产品关联度较高的信息为主。早在 1895 年 John Deere（约翰迪尔投资有限公司）就创办了首部企业出版物《耕耘》（*The Furrow*），该出版物已经有 150 万发行量，在超过 40 个国家发行，拥有 12 种译言版本。随后的一百年时间里，"定向出版"这一概念都与纸质印刷品紧密联系，如米其林公司为了推动汽车业

---

① 张继业. 基于虚拟社区的定向出版模式[J]. 新闻传播, 2015, (5)：17-18.

的发展和促进米其林集团的成长,将地图、加油站、旅馆、汽车维修厂等有助于汽车旅行的信息集结起来出版,并免费提供给客户的随身手册,这本手册首次出版于 1900 年 8 月的《米其林指南》(Michelin Guide)(图 7-1);1904 年卡夫旗下的 Jell-O(啫喱品牌)提供免费食谱给消费者,两年后(1906 年)该产品的销售额超过了一千万美元;1913 年 Burns & McDonnell Engineering(建筑工程方面的咨询公司)出版 Benchmark,该出版物至今仍有发行;1982 年 Hasbro 和 Marvel 两家玩具公司合作推出反映流行文化的 G.I.Joe 漫画书,作为首部在电视上打广告的漫画书(后来还推出了系列漫画书),它的推出使一系列玩具产品受到市场欢迎,推动了玩具行业的营销革命;1987 年乐高公司发行 Brick Kicks 杂志,即《乐高俱乐部》杂志等。这些案例都表明这一时期企业内容营销形式的单一性,这个概念实质上只是用来指称大型 B2B 企业发行购物杂志和纸质新闻通信的行为。

图 7-1　1900 年 8 月米其林出版的第一本《米其林指南》
资料来源:米其林指南历史. https://travel.michelin.com.cn/michelin-history

随着越来越多数字媒体形式的涌现,"定向出版"这一概念因其略显狭隘的内涵而不能满足营销领域的需求。Pulizzi 和 Barrett 曾经为即将出版的书做了有关内容营销相关概念的认知调查,发现市场营销人员和出版商倾向于将"定向出版"狭隘地理解为购物杂志、通信和其他定向纸质产品,而忽视了在线品牌化内容的巨大市场。而受访者更愿意使用"内容营销"和"定向媒体"等概念。因此,在 2001 年之后,"内容营销"一词的使用便逐渐超越并取代了"定向出版"一词,以此来适应以互联网多媒体为代表的数字传播时代的需要。

其实,在 2001 年之前,很多企业就尝试了一些非印刷品的内容营销方式,如 1920 年 Sears 公司的 Roebuck 农业基金会在美国经济大萧条期间推出广播节目，向农民提供最新信息；1930 年宝洁公司旗下的肥皂品牌 Duz&Oxydol 进军广播连续剧，这也是之后连续剧被称为"肥皂剧"的原因。但这一时期这些多样化的尝试并没有成为主流，企业自主出版纸质印刷物仍然占据着主导地位。21 世纪来临后，随着数字化媒体在市场营销中的广泛应用，企业纷纷尝试使用多样化的媒体形式来呈现内容，如 2004 年 Sherwin Williams（美国宣威涂料公司）开始面向室内设计师和建筑师发行 *STIR* 杂志。微软公司推出首个企业博客"Channel9"；2005 年 Live Vault 公司以 IT 经理为传播目标的病毒视频爆红，下载量在几个月内就超过了 25 万（这是在 YouTube 出现之前）；2007 年 Blendtec（搅拌器公司）在 YouTube 上发布"*Will it Blend?*"（搅得烂吗？）系列视频。该视频有超过 600 万点击率、385 万订阅者，而且最终促使公司利润增长 700%；2008 年宝洁推出面向少女的 BeingGirl.com 网站。Forrester（调研公司）研究数据表明，该网站的效应比传统广告高出 4 倍；2011 年可口可乐宣布"2020 内容战略"，将讲述品牌故事作为可口可乐营销重心；2015 年欧莱雅宣布要在内部创建一个"内容工厂"，并与 YouTube 等视频网站进行密切合作，就干货视频、美妆教程，以及社交媒体上的照片进行视觉和文本内容的创造，目的是为美容品牌的产品提供实时、本地的共享内容。

这一时期内容营销不仅停留在企业的实际操作层面，学术界、业界也加大对这一领域的研究，并出版了许多研究成果。例如，2008 年被称为"内容营销手册"的《得内容，得人心》（*Get Content, Get Customers*）一书出版，此后一系列数据也相继出版，如 *Content Rules*、*Managing Content Marketing*、*Content Strategy* 等。不仅如此，一些专业性的研究机构也相继成立。例如，2010 年内容营销协会建立，这是一家全球性的内容营销教育和培训机构，它的前身是 2007 年成立的内容营销咨询机构 Junta42，随后为满足更多企业的内容营销教育和咨询需求，2010 年 Junta42 转型成为内容营销协会，随后推出纸质版和电子版杂志《首席内容官》（*CCO Magazine*），并在 2011 年 9 月举办了第一届内容营销世界论坛（Content Marketing World），来自 18 个国家的 600 多名市场营销行业精英聚首讨论。

由上文的梳理可以看出，"内容营销"的实践和理念发展的主战场还是在欧美等地，中国的内容营销是随着很多跨国企业进驻中国后而逐渐起步和发展的，如 Nike 公司的 Nike+模式，欧莱雅中国官网的"美妆测评"内容等。但纵观近年来中国本土企业的内容营销实践，大多数本土企业还停留在热门电视剧、综艺节目和电影的内容植入阶段，而缺少企业自主的内容创造和传播。因此，在内容营销的深度运用层面，中国本土企业还有很长的路要走。

三、内容营销的特点

Pulizzi 和 Barrett 早在 2009 年就提出了内容营销的"BEST"规则，认为其策略具有行为性（behavioral）、必要性（essential）、战略性（strategic）和有针对性（targeted）四大特点[1]。这是从策略层面来讨论内容营销。如果从内涵层面分析，内容营销包含以下特点。

（一）内核：有价值的内容

这里的"内容"是指企业自主创作的任何形式的关于产品、品牌和企业的内容，包括文本、声音、图像等多种媒体形式的"故事"。但是并不是所有企业自主创造的内容都可以称作"有价值的内容"，这里的"价值"是相对于用户而言的。有价值的内容是指由企业选中并组织、分享给消费者等目标用户的有教育意义、有帮助或激励作用的信息和知识。企业只有提供能够满足消费者迫切需求的内容，才能够最大限度吸引用户注意，并将内容中所承载的品牌信息有效传递给用户，因此有价值的内容才是内容营销的核心所在。

（二）手段：讲故事

相比于传统广告通过打断消费者思考或感官体验来硬性传递信息，内容营销更注重用"讲故事"的手法来传递品牌信息。这里的"讲故事"是指企业通过讲述一个与产品品牌理念相契合的故事来吸引消费者，使其在品味故事情节的过程

---

[1] Pulizzi J, Barrett N. Get Content Get Customers: Turn Prospects into Buyers with Content Marketing[M]. New York: McGraw-Hill, 2009.

中潜移默化地接受品牌信息的传播[①]。这种方式能够降低信息接收方的抵触感和厌恶感，从而使品牌信息能够得到用户的主动接受和传播。

（三）渠道：形式多样的媒介渠道

内容营销的类型有很多种，如自动进入邮箱中单独文件夹的时事通信、白皮书、应用软件、品牌研讨会或博客、视频、案例研究、事件（events）、博客帖子、内情报告、社会化媒体上的帖子、网页、信息图表和电子书等。Chris Sietsema 将内容分为两大类：砖块（bricks）内容和羽毛（feathers）内容。砖块内容是指大型的内容产品，如研究报告、事件、白皮书、视频和移动应用软件。这些内容产品需要投入更多的时间与金钱，但回报也很大。羽毛内容是指小型、低风险的内容产品，由简单的文字和图片构成，通常在博客和社会媒体网络上传播。在数字营销时代，内容营销多在以互联网为主的数字媒体渠道进行，如企业网站、社交媒体、搜索引擎、电子邮箱等，其中企业网站应是品牌进行内容营销的主要阵地。

（四）目的：与消费者进行有效沟通并促成消费转化

任何营销的目的都是通过营销努力而促成相关的消费者行为，以此来达到理想的营销效果，内容营销也不例外。它更强调通过长期的内容互动、沟通而让用户主动关注和参与，进而引发主动的消费行为，实现消费转化。Pulizzi 和 Barrett 认为，在开展内容营销之前，营销者需要思考消费者的真实需求是什么，想让消费者拥有什么样的体验，期待他们采取什么样的行动，如何促进消费者购买公司产品或服务等[②]。

四、内容营销与其他营销方式的比较

内容营销的迅猛发展引发了学术界和业界的广泛关注，人们普遍将其与时下盛行的原生广告、植入广告、社会化媒体营销和病毒营销（viral marketing）混

[①] 马玲, 刘蕊. 新媒体故事营销——互联网时代的品牌传播之道[J]. 东南传播, 2012, （2）: 106-108.
[②] Pulizzi J, Barrett N. Get Content Get Customers: Turn Prospects into Buyers with Content Marketing[M]. New York: McGraw-Hill, 2009.

为一谈。本部分将内容营销与这些概念进行比较。

（一）内容营销与原生广告

"原生广告"（native advertising）是近年来广告营销界讨论的热点话题之一，但对这个概念的争议一直不断。一些业界人士认为原生广告代表着广告的未来，最终将取代互联网上的展示性广告；而另一些人则认为原生广告不过是内容营销的另一个名称而已，其实质并没有发生改变。对此，需要对两个概念加以仔细辨析。

"原生广告"这个概念首次被提出是在 2011 年，当时联合广场（Union Square）风险投资公司的创始人弗雷德·威尔逊（Fred Wilson）在 OMMA（Online Marketing Media and Advertising，网络媒体营销和广告奖）全球会议上首次提出新的广告形式将存在于网站的"原生变现系统（native monetization systems）"当中[1]。他指出："原生广告是一种从网站和 APP 用户体验出发的盈利模式，由广告内容所驱动，并整合了网站和 APP 本身的可视化设计，简单来说，就是融合了网站、APP 本身的广告，这种广告会成为网站、APP 内容的一部分。"简言之，原生广告是"设计特制的一种媒介形式，让广告成为内容的一部分"。例如，国外的 Google 搜索广告、Facebook 的"赞助故事"（Sponsored Stories）、YouTube 的"专题视频"（Featured Videos）、Twitter 的"促销推送"（Sponsored Stories），以及国内新浪的"原生信息流广告"、腾讯的"智汇推"、凤凰网的"凤凰影响"等都属于这一范畴。

从以上论述中可以看出，原生广告与内容营销确实存在一定的关联。它们都追求企业信息与媒体所传播内容的高度融合，在保证用户体验的前提下传递企业信息；它们都强调要整合多种多样的免费媒体，如企业自有网站、各种社交 APP 等。实际上，两者在执行方、媒体性质、核心目的层面仍然存在不同：内容营销的执行主体是企业本身，企业运用自有媒体和免费媒体如自有网站、微博、微信、APP 等直接负责发起和执行一系列的内容营销活动，其核心目的

---

[1] 康瑾. 原生广告的概念、属性与问题[J]. 现代传播（中国传媒大学学报），2015，37（3）：112-118.

是维护与消费者的良好沟通关系；而原生广告的执行方则是一些掌握媒体的平台商或代理商，它们受企业委托将企业信息与媒体形式高度匹配，使广告成为内容的一部分，在保证用户体验的前提下降低用户对广告的排斥，最终达到有效地向用户传递品牌信息的目的，在这个过程中，大部分的原生广告是需要向媒体付费的。

（二）内容营销与植入广告

植入广告又称植入式营销，是指将产品或品牌及其代表性的视觉符号甚至服务内容策略性融入电影、电视等媒介内容中，通过场景的再现，悄无声息地将信息灌输给受众，让受众在无意识的情态下对其产品及品牌产生印象，继而达到营销的目的[①]。由于内容营销和植入广告的目的同样是更好地促进用户互动参与，因此有人容易将内容营销与植入广告联系在一起，认为内容营销是植入广告的一种新的表现形式。

需要注意的是，内容营销与植入广告在媒体选择和营销策略方面有本质区别。首先，在媒体选择方面，植入广告是一种有偿的信息传播活动，需要通过付费媒体来实现；内容营销则通过企业自有媒体或赢得的公众媒体实现，不会发生向媒体付费的行为，一旦发生向媒体付费的行为，相关营销就属于植入广告，而非内容营销。其次，在营销策略方面，内容营销使用的是拉式策略，即吸引用户并引起用户主动关注参与；而植入广告使用的则是推式策略，即通过打扰的方式引起用户注意。

（三）内容营销与社会化媒体营销

社会化媒体营销是指运用社会化媒体，如博客、微博、社交工具、社会化书签、共享论坛，来提升企业、品牌、产品、个人或组织的知名度、认可度，以达到直接或间接营销的目的。其核心要素之一就是社会化媒体的使用，强调通过与用户建立关系以及用户互动参与来形成社区，内容在这一过程中起着举足轻重的作用。正因为社会化媒体营销和内容营销都非常重视内容，并且内

---

① 芦海燕，张沛. 植入式广告：电视广告传播新途径[J]. 青年记者，2011，（17）：77.

容营销使用的媒体渠道大部分是社会化媒体，故而很容易将二者混为一谈。其实，社会化媒体营销和内容营销并不是同一概念。首先，两者的侧重点不同。内容营销注重企业对内容的创作和发布；而社会化媒体营销则强调在社会化媒体上所做出的一切营销行为，这些营销行为不仅包括内容创造，而且还包括各种促销活动（抽奖、赠券等）及售后服务等，其外延更广。其次，内容营销的传播渠道不仅限于社会化媒体，还包括企业的自有媒体如白皮书、杂志等纸质媒体，其渠道比社会化媒体更加宽广。因此，虽然社会化媒体对于成功的内容营销发挥着重要的作用，但归根结底，企业使用它们的最终目的都是导向品牌官网。

（四）内容营销与病毒营销

病毒营销也可称为病毒式营销，是一种常用的网络营销方法，常用于进行网站推广、品牌推广等。病毒营销利用的是用户口碑传播的原理，关注人们的口碑传播在新媒体技术下如何形成热议话题，也叫蜂鸣营销（buzz marketing）、网络口碑营销（electronic word of mouth, e-WoM）。病毒营销与内容营销的侧重点是有所区别的：病毒营销的本质是一种"传播机制"，更加注重传播过程，在互联网上内容通过规模庞大的用户进行大范围的传播，信息可以像病毒一样迅速蔓延，因此病毒营销成为一种高效的信息传播方式，它的关注点在于扩大信息传播的广度，营销者也将关注点聚焦于影响用户对信息进行关注和传播的维度；而内容营销不仅会关注信息传播的广度，而且更注重内容传播的深度问题，如培养品牌意识、提高顾客品牌忠诚度、与消费者直接对话等。总之，病毒营销是一种传播策略，而内容营销更加注重与消费者互动沟通和塑造品牌价值，是一种战略选择。

第二节 有价值内容的稀缺性与衡量标准

与传统营销单纯强调品牌信息的高曝光度不同的是，内容营销更强调与用户的沟通和交流，从用户的角度来思考问题，为用户提供最有价值的内容，以此来吸引目标用户的主动关注和参与，最终达到品牌信息的有效传播和营销目标的完成。在这个过程中，有价值的内容发挥着重要作用。

一、有价值内容的稀缺性

有价值的内容在内容营销中占据着重要地位，它是品牌主与用户沟通交流的重要载体。在"内容为王"的营销环境中，内容的价值性越来越受到各界的广泛关注，其重要性伴随着新技术促使营销环境变革而日益凸显。

（一）新媒体崛起与传播渠道多元化

在营销传播领域，互联网的兴起带来了新媒体的勃发，促进了传播媒体向多元化方向发展。新媒体是指以数字传输为基础，可实现信息即时互动的媒体形式，其终端显现为网络链接的电脑、手机、智能电视等多媒体终端设备。新媒体相比于传统媒体拥有着完全不同的技术基础、媒体形态、媒体特性和媒体业态。

新媒体的崛起对于营销传播领域的变革是颠覆性的。在传统媒体时代，强调"声量为王"，高质量媒体资源的稀缺使电视、广播、报纸等传统媒体在营销传播中占据着举足轻重的地位，品牌主往往以品牌信息的媒体曝光度来衡量营销传播效果。所以，"在哪儿说""说了多少次"是最重要的，而"说什么""怎么说"反而不被重视，即内容让位于渠道。而在数字营销时代，由少数高质量传统媒体垄断传播渠道的局面被彻底打破，用户接收信息的渠道呈现多元化格局，其可以自主选择使用什么样的媒体渠道、接收哪些信息；媒体多元化也让品牌主在与用户沟通的渠道上有了更多的选择。因此，"说什么"和"怎么说"显得尤为重要，为用户提供有价值的内容就成为营销传播中的重中之重。

（二）传播的去中心化与信息海量化

新媒体的崛起为营销传播领域带来的另一个变化就是传播结构的去中心化。在这种扁平化、开源化、平等化的新媒体环境中，每个人都是中心，每个人都既是传播者又是受众，可以连接并影响其他传播节点。与传统媒体时代受众处于弱势地位不同，新媒体用户开始逐渐掌握了信息传播的自主权，从信息内容的生产、传播、接收和反馈，用户不再是传统媒体组织的"靶子和附庸"，而是主动的信息生产者和传播参与者，亦即媒体使用者成为互联网信息传播世界的主导性力量。在这种情况下,由数以亿计的用户构成的矩形传播网络就形成了,每位用户都积极地生产、传播和接收信息,于是一个信息极大丰裕的信息时代到来了。

在这样一个信息爆炸的世界,信息体量的充裕并不意味着信息质量的提升,恰恰相反,占据互联网信息库的大部分是亿万用户无异议的自说自话,而高质量、有意义的信息变得越来越难以获取,这就使优质内容的稀缺性进一步提高。

(三)用户阅读习惯的碎片化

互联网对社会生产和生活的影响是全面而深刻的,也影响着用户的思维方式、行为模式和阅读习惯。中国互联网络信息中心发布的第 43 次《中国互联网发展状况统计报告》显示,截至 2018 年 12 月,中国手机网民规模达 8.17 亿,网民中使用手机上网人群的占比达 98.6%,网民人均每周上网时长为 27.6 小时(图 7-2)。

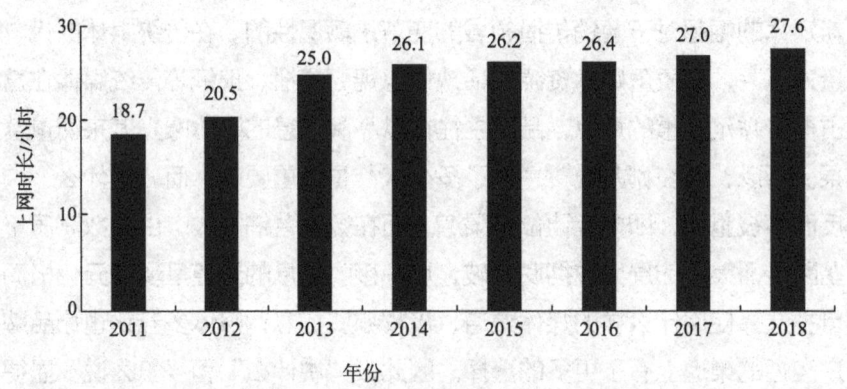

图 7-2　2011~2018 年中国网民平均每周上网时长

资料来源:第 43 次《中国互联网络发展状况统计报告》[EB/OL]. http://www.cac.gov.cn/2019-02/28/c_1124175677.htm

　　Kantar CTR Media Research 调查了 2010 年到 2015 年中国消费者平均每天上网和看电视的时长,发现中国消费者在这 5 年中电视收看时间减少了 24 分钟,但是上网时间延长了 1 个小时。显然,新媒体尤其是移动新媒体有取代传统电视媒体成为国内占主导地位媒体的趋势,而这一变化将深刻地影响用户的内容需求和媒体的内容呈现。由此新媒体将改变用户使用媒体的习惯。一方面,手机、电脑、平板等电子终端设备的频繁使用导致用户习惯了不完整、断断续续地

"碎片化"接收和阅读信息；另一方面，信息的海量化也使用户越来越难以获取自己想要的信息，这些都共同造成了用户注意力的日益稀缺。在海量信息和用户阅读碎片化的情况下，品牌主如何"讲好故事"，即通过为用户传递有价值的内容而获得其青睐，从而实现品牌信息的有效触达，显得尤为重要。

（四）内容营销的优势

传播渠道多元化、信息海量化和用户阅读习惯碎片化共同造成了用户注意力的分散和优质内容的稀缺。要想吸引用户关注的目光，聚拢其分散的注意力，非有价值的优质内容不可，内容营销将在其中扮演重要的角色。

首先，内容营销将使品牌主的营销成本大幅降低。营销内容可以来自品牌自产（brand generated content, BGC），通过企业内部的内容生产团队，向用户传递品牌信息；也可以来自PGC，通过雇佣外部代理公司进行专业生产；但更重要的则是激发UGC，通过对有价值内容的生产与传递，使用户成为品牌的粉丝，达到口碑效应的持续发酵和传播扩散。并且品牌主可以利用低成本甚至免费的企业自有媒体和社会化媒体进行信息传播，通过BGC、PGC和UGC的协同作用，大大降低品牌主的内容生产和传播成本。

其次，品牌主与用户能够进行有效的沟通，提高营销传播效果。内容营销的核心就是为用户提供有价值的内容，即提供能够满足用户最迫切需要的内容，能够解决用户在现实生活中的痛点或痒点。无疑，这样的内容自然能够最大限度地吸引用户的关注并主动参与，促成品牌信息的有效传播和品牌主与消费者之间的良性互动，产生更多的消费转化。

最后，营销传播方式的转变有利于满足用户对品牌信息的需求。品牌主提供有价值的内容，能够将用户从强制性品牌信息的过载状态中解放出来，这种良性沟通方式在加深用户对品牌理解的同时，也获得自身对品牌信息需求的满足。

二、有价值内容的衡量标准

在新媒体环境下，信息过载和用户选择性注意成为品牌与消费者有效沟通的障碍。国外市场研究公司One Spot发布的《2016年内容营销研究报告》显示，如果品牌主不能提供消费者需要的营销内容，那么近半数的消费者就不会花费时间浏览内容，更不会对品牌主提供的产品和服务感兴趣。因此，如何衡量和判断营销内容的价值性非常重要。

（一）有价值的内容是符合用户实际需求的内容

使用与满足理论认为，受众使用媒介来获取内容往往是从自身需求出发的，因而是否从用户角度出发、提供其最为迫切需求的内容，是衡量内容营销价值性的首要也是最重要的标准。使用与满足理论从受众角度出发，分析归纳了受众使用媒介获取内容的五大动机和需求，分别是：认知需求——获取信息、知识和理解；情感需求——获得情绪的、愉悦的或美感体验；个人整合需求——加强信心，稳固身份地位；社会整合需求——加强与家人、朋友等的接触；舒解压力需求——逃避或转移注意力。

因此，品牌主在做内容时要结合品牌调性和目标用户群体的需求特征综合考虑内容生产，从用户的需求出发，为用户提供问题解决方案，帮助用户解决实际问题，与用户形成深度互动。例如，国际知名化妆品品牌欧莱雅在品牌官网和 YouTube 等社交媒体上为旗下美宝莲、科颜氏等美容品牌提供专业性内容，就干货视频、美妆教程和社交媒体上的照片进行视觉和文本的内容创造。"内容工厂"为欧莱雅旗下的护肤品牌 Shu Uemura（植村秀）制作了 8 个 "How To" 干货视频，其中"如何塑造你的眉毛"这个视频，反响尤为强烈，在没有任何付费媒体报道的情况下，积累了近万的浏览量。欧莱雅通过品牌生产专业性内容并联合社交媒体投放，满足了用户关于美妆产品使用信息和社交平台获取内容的需求，为用户提供了有价值的内容，实现了品牌在互联网时代的突围。

（二）有价值的内容是具有聚焦性的内容

品牌主在进行内容生产时绝不是天马行空、毫无规划的，而是要具有聚焦性。品牌主要根据自己的品牌调性、目标消费群体特征和产品服务相关度进行内容创作。首先，企业的品牌战略决定内容营销战略，进而指导内容规划和生产。品牌自有媒体和社交媒体账号的视觉设计、日常运营等都应该符合品牌调性，只有在一致的品牌战略指导下进行内容营销，才能更好地传递品牌价值，给用户留下深刻的印象。其次,品牌内容生产应该与所销售的产品或者服务具有高关联度,好的内容必然是产品或服务的一部分,割裂内容与产品或服务的关系只能让内容成为无源之水、无本之木,也不能使用户将内容与产品或者服务有效地关联起来,进而造成沟通和营销失败。最后,品牌的内容生产要聚焦于品牌目标用户的群体特征,从目标用户的心理和行为特征出发进行创作。例如,年轻化的品牌就需要用年轻群体感兴趣的内容和方式进行内容的生产与传播,从而达到与目标用户的有效沟通。

品牌年轻化是近年来业界谈论最多的话题之一,而诞生于1886年的老品牌可口可乐在这场年轻化的战役中通过内容营销取得了良好的战果,这与其内容的聚焦性是有很大关联的。从2013年开始,可口可乐持续发布了系列新款的瓶装设计,将极富年轻活力的昵称和歌词等文本刻印在瓶体上(图7-3),这一做法不仅迅速发酵为全民话题,更取得了良好的销售效果,销量较2012年同期增长20%,其创意内容设计在广告界的盛大节日中国艾菲奖(EFFIE AWARDS,大中华区)颁奖中摘得全场大奖。可口可乐之所以能够通过瓶体包装的小小改动而获得全方位的效果和聚焦——可口可乐将极受年轻群体喜爱的歌词和昵称印在瓶体上,将产品作为传播媒介,并通过品牌自传播和用户二次传播在社交媒体持续进行话题发酵,迎合了年轻消费群体的兴趣与媒介使用习惯,同时与自己"快乐分享"的品牌精神完美契合,拉近了自己与年轻消费群体的距离。

图7-3 可口可乐的"歌词瓶"海报

资料来源:http://jl.sina.com.cn/news/1/2014-07-23/135893870.html

（三）有价值的内容是高质量的内容

在新媒体时代，信息过载和用户注意力碎片化趋势日益严重，如何在海量信息中脱颖而出，并有效抓住用户的注意力？高质量的内容生产就成为内容营销不可忽视的要素。

2016年农夫山泉陆续推出了四部贴片视频广告，每部长度都在3分钟以上。该系列广告片以纪录片的手法讲述农夫山泉员工的故事，并设置"5 秒后可自主选择关闭"的按钮，内容充实，拍摄精美（图 7-4）。与传统强制性观看的 15秒左右的贴片广告不同，农夫山泉给予用户关闭广告的自主权利，但网络数据显示，有80%的用户选择完整地观看了这个系列的广告片。农夫山泉系列广告片能够有效抓住用户的注意力，具有良好的观看体验，改变了以往用户对强制性贴片广告的厌恶和拒绝态度，在用户主动选择和接受中传递品牌价值，它能够取得良好的传播效果，与其高质量的内容生产是分不开的。

图 7-4　农夫山泉《最后一公里》广告视频截图
资料来源：https://www.iqiyi.com/w_19rui57osh.html

（四）有价值的内容是情感性的内容

理性诉求与感性诉求一直是营销传播的争议性话题，但无论是感性还是理性，都是人类情感世界的组成部分，也贯穿于马斯洛关于人类生理、安全、社交、尊重和自我实现五种需求的始终。人类对于亲情、友情、爱情等美好的情感有着共同的追求，这就需要品牌能够洞察社会情感，发掘具有共性的情感需求，用情感性的内容打动用户。

2016年宝洁再次成为奥运会的官方合作伙伴，在母亲节来临之际，宝洁以

"感谢母亲"为主题发布了系列奥运活动的全球广告短片 *STRONG*（图 7-5）。该系列片讲述四位奥运选手在幼年时期的人生重要时刻，妈妈在不自觉中将自己的强大传递给孩子的故事，表达"每一个强大的孩子背后，都有一位强大的母亲"的主题思想。宝洁从情感出发，通过强烈的情感性表达，与广大用户产生情感上的共鸣，借以传达出宝洁能够提供优质产品、帮助母亲为家人创造高质量生活的品牌精神。

图 7-5　宝洁广告短片 *STRONG* 截图

资料来源：宝洁催泪大片 strong 致谢奥运英雄背后强大的母亲. https://www.digitaling.com/projects/17424.html

第三节　建立与用户的情感联系

相比于传统营销，内容营销的核心在于始终把建立与用户之间的情感联系和沟通互动作为主线。它抛弃了以往将用户仅仅当作售卖对象的传统思想，即通过高强度的广告曝光来劝服用户，而是将用户看作平等沟通和交流的对象，在倾听、理解的基础上，设身处地思考用户所遇到的问题并给出解决方案。内容营销的策略规划是长期性的，它更看重用户的终身价值，与用户保持一种持续而紧密的情感联系，实现与用户共建品牌。因此，用户思维与情感联系必须贯穿于内容营销的始终。

一、用户思维——像用户那样去思考

品牌存在的最大意义在于为用户解决问题，即针对用户所遇到的问题，品牌

能够提供一套自己的解决方案,这是在产品层面应该具备的用户思维。营销传播领域同样需要有用户思维和问题意识,即要研究用户,思考用户在与品牌触达的过程中会遇到哪些问题,提供什么样的方案能够解决用户的问题。

科特勒认为用户对品牌产品或服务的消费是一个系统的决策过程。用户需要客观发现并认识自己存在的某些问题和需求,在认知需求的基础上寻找问题的解决方案,这是一个系统的信息收集过程;然后对信息进行分析和评估,决定解决方案;最后形成购买意愿、做出消费决策,并进行购后的行为活动[①]。在整个消费决策过程中,用户会受到文化、社会环境、营销努力、个人、心理特征等内外部多方面的因素影响。因此,做用户研究要充分考虑内外部的多重影响因素,针对用户的消费决策全过程进行系统研究。首先,在对用户需求认知阶段,品牌营销者应该采取适当措施唤起和强化用户的需求;其次,在信息收集和方案评估阶段,品牌应该针对用户多元的信息来源进行整合营销传播,通过不同的渠道传递一致的品牌声音,吸引用户对品牌的关注和理解;最后,品牌更应该关注用户消费后的行为活动,多维协同促进用户对品牌的二次购买和二次传播行为,如图 7-6 所示。

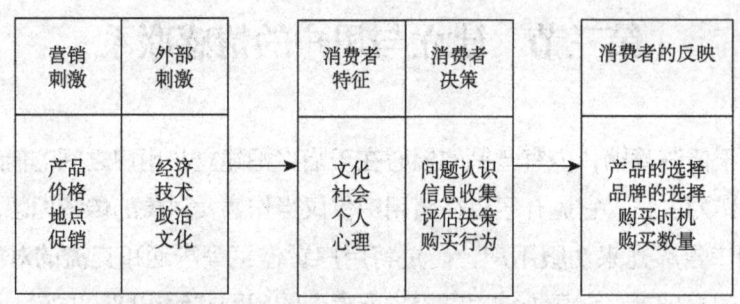

图 7-6 科特勒的消费者决策过程示意图

资料来源:图解消费行为与消费者购买决策过程[EB/OL]. http://www.cyzone.cn/article/84793.html,2012-05-31

开展内容营销,应该从优质内容的发现、创造、传播和形成互动等多重环节与用户进行交流。首先,从用户角度发现他们对内容的需求,满足其对有价值的

---

① 阿姆斯特朗 G,科特勒 P. 市场营销学[M]. 9 版. 吕一林,等译. 北京:中国人民大学出版社,2010.

内容的需要；其次，在内容传播过程中关注用户与品牌信息触达过程中存在的问题，从表达方式、媒介使用、用户习惯等多方面促进内容与消费者的触达；最后，品牌要时刻注重与用户的互动交流，及时反馈发现的问题，将用户纳入品牌内容的创造与传播之中。

二、规划将消费者从顾客培养成客户的路线

在传统营销中，消费者仅仅是产品或服务的售卖对象，品牌与消费者之间存在的仅仅是一次性的消费关系，这是典型的顾客思维。而在内容营销中，品牌需要与消费者建立一种长期稳定的信任关系，即将消费者培养成为品牌的客户。正如著名的麦肯锡咨询公司的创始人马文·鲍尔所说："我们没有顾客，我们只有客户。"品牌需要制定系统的培养规划，将消费者培养成为品牌的长期合作者和共建者。

市场营销学从4P营销理论到4C营销理论的演进也反映了从顾客思维到客户思维的转变。在顾客思维下品牌与消费者是一种单纯的购买关系，营销者主要通过定位和聚焦来抢占消费者的心智，反映在4P营销策略上就是以强调功能和质量的产品策略、竞争博弈的价格策略、便利的渠道策略和注重刺激的促销策略。而在客户思维下营销策略需要更加关注品牌与消费者之间平等交互的合作关系，在品牌的产品、定价、渠道、促销等各个营销环节都要体现消费者的主体性，在产品层面要使品牌产品或服务成为消费者需求的解决方案，并时刻注重消费者的消费体验；价格层面上要变价格吸引为价值吸引，通过为消费者创造价值来获得品牌溢价；在渠道层面要充分利用互联网营销渠道的便利性；在营销沟通层面，要在整合营销传播的策略指导下，充分发挥新媒体的交互优势，通过多元化媒介组合与消费者保持分享互动。例如，海底捞就将服务做成内容，坚持以消费者为中心做内容营销。它一直将"服务至上、顾客至上"的经营理念贯彻于品牌营销始终，从消费者需求出发安排一系列贴心的就餐服务，在同行业中以服务树立第一品牌；从消费者的服务价值而非火锅产品角度制定价格战略，成功获得品牌溢价；在营销沟通层面充分利用社交媒体，用优质服务促使消费者形成大规模口碑传播和话题讨论，以此扩大品牌影响力。

三、记录各个阶段用户的反馈并实施优化

品牌学者大卫·艾格认为品牌的用户群体是品牌资产的重要基础，而科特勒则主张培育顾客资产、最大化顾客终身价值是品牌进行顾客关系营销的最重要目标。因此，品牌必须建立用户关系管理系统，实时监控并记录各个营销阶段用户的反馈，并以此作为优化营销环节的基础。

用户管理系统的一个重要方面就是建立消费者数据库，通过对消费者数据的分析和挖掘生成用户画像，为营销活动提供数据支撑。大数据技术已经涵盖了市场营销的各个环节，尤其是在用户数据分析与处理方面发挥着重要作用。例如，阿里云发布的一款大数据产品"数加"，可以提供数据采集、数据库建设、数据检测管理、数据计算分析、数据加工展示、数据应用等整套的一站式数据服务。品牌可以使用阿里云"数加"大数据平台将自有用户数据与阿里集团消费者数据结合，利用"数加"大数据工具从规模庞大的消费者数据中进行用户画像、记录用户反馈信息、绘制用户关系图谱等，以此来指导营销实践。

第四节　数字内容营销的方法

传统的内容营销多在杂志、白皮书、电视、广播等传统媒体上进行，但在数字营销时代，数字媒体成为数字内容营销的主阵地，企业网站、社交媒体、搜索引擎和电子邮件等新媒体形态都是品牌主开展内容营销的重要渠道。

一、利用企业网站实施内容营销

在内容营销的众多媒体渠道中，企业网站是品牌主进行内容营销的主阵地之一，是品牌与用户沟通的重要渠道。企业网站是企业在互联网上自行建立的网站，也被称为品牌官方网站，它是以互联网营销为导向，以信息发布、产品介绍、在线销售、用户服务、提升品牌形象等为主要目的商业性网站。

在企业网站的内容营销方面，国外品牌一直领先于国内品牌。例如，化妆品

品牌欧莱雅就在自有网站的内容建设方面做了系列变革。其一，为适应内容营销时代的营销传播环境，欧莱雅将内容营销提升至战略高度，内部成立了"内容工厂"，采用文字、图片、视频等多元化表现元素为旗下产品提供实时共享内容。其二，在品牌官网首页界面，除了产品展示外，内容界面占据了重要位置。其三，在网站内容创造方面，欧莱雅不仅针对化妆产品生产了一系列的美妆内容，还采用互动技术增强用户对相关产品的直接体验；消费者不但可以通过"测评中心"界面直接阅览欧莱雅提供的一系列专业美妆知识，还可以通过"专家测评"页面用鼠标拖动按钮直观感受相关产品的使用效果。其四，欧莱雅品牌还建设了一个专注于内容的网站 Fab Beauty，该网站汇集了时尚界的知名人物，如明星、模特、设计师等，通过日常的一些文章、图片、视频等为读者传达美妆知识、时尚设计、模特走秀等关于时尚的内容信息。欧莱雅通过这一系列的内容营销活动，不仅加强了与消费者的互动沟通，也将自己打造成为时尚内容的创造者和传播者，而不仅仅是一个化妆品售卖商。

因此，品牌主利用企业网站开展内容营销，最重要的是要树立内容阵地意识和用户导向意识，明确企业网站的建设目的是加强与用户沟通而非简单地罗列企业信息，将企业自有媒体平台建设提高到战略高度。首先，品牌主要投入大量人力和财力进行企业网站的内容建设，将其打造成企业内容输出的主阵地；其次，品牌主在规划建设网站时需要将内容建设和用户体验放在首位，网站界面设计简洁大方，重视与用户互动沟通；最后，在网站运营和维护方面，品牌主要及时进行内容更新、用户反馈信息管理、品牌网站推广、网站数据安全检测管理等工作，不能让企业网站形同虚设。

二、借助社交媒体进行内容营销

Web 2.0 的兴起和智能手机的普及使社交媒体蓬勃发展，而围绕社交媒体进行的营销传播活动也在如火如荼地进行，"微博热搜""微信 10 万+"等营销热词见证了社会化媒体营销的辉煌，如何在社交媒体上进行内容营销成为各界关注的焦点。

但是，社交媒体信息过载和用户注意力碎片化造成品牌内容的低关注度，社交媒体多元性带来品牌的"跟风投放"或"普遍撒网"，内容创作追逐热点与品牌调性和用户需求不符等，这些问题使品牌内容往往淹没于社交媒体的众声喧嚣中，而难以引起消费者的有效关注和记忆。

针对上述问题，品牌需要有的放矢、有针对性地提出应对之策。其一，品牌需要将用户年轻化和社群化趋势纳入用户研究中，寻找品牌与年轻的、特定圈层的用户之间的契合点和接触点，采用他们的方式与其沟通；其二，针对社交媒体多元化现状，品牌应该重点研究媒体间不同的属性及特点，归纳分析各媒体间的共性及特性，在厘清社交媒体生态的基础上选择与品牌契合的社交媒体，并根据媒体特性进行定制化内容创作；其三，针对热点事件的高频度与短时效等特点，品牌要摒弃盲目追随热点的惯性思维，更多地从企业的品牌战略层面和社交媒体用户需求进行自主的内容创作，争取让品牌内容成为"原生热点事件"，避免因盲目追随热点让品牌疲于奔命而收效甚微的局面出现。

利用社交媒体进行内容营销，老牌国货百雀羚做出了一些有益的探索。2017年5月，百雀羚在微信投放一则名为《一九三一》的长图广告（图7-7），很快在微信朋友圈形成刷屏态势，引发朋友圈的广泛转载，阅读量和点赞数迅速突破10万+。这则长图广告在社交媒体的成功，一是具有创意的内容呈现方式——这则长达427厘米的超长手绘动态图为用户呈现了一个上海特工的故事，摆脱了文字的枯燥乏味，为用户带来了新鲜感，符合社交媒体时代的用户使用习惯。二是内容与品牌理念的契合度高——长图主要根据百雀羚1931年诞生在上海而设定民国时期为背景，将百雀羚拟人化为一名身着民国时期旗袍、执行特工任务的摩登女郎，通过一系列的悬念设置，最后交代任务是"消灭时间"，突出"与时间作对"的主题，其内容从整体上与百雀羚的老牌国货定位和为中国女性创造美的品牌精神十分契合。三是对微信的灵活运作——百雀羚这则长图是由名为"局部气候"的独立工作室创作并于其公众号"局部气候调查组"首发形成第一轮传播，后来经过"4A广告门""庞门正道"等粉丝众多的大号转发后形成第二轮传播，这些公众号利用自己的影响力使这则长图在众多粉丝的朋友圈中热传，再通过朋友圈的扩散式传播形成了刷屏效应，并得到广泛好评。因此，百雀羚的这场内容营销战役是在深刻理解微信用户行为模式、百雀羚品牌理念和微信营销机制的基础上取得成功的。

图 7-7　百雀羚《一九三一》长图广告截图

资料来源：一九三一. https://mp.weixin.qq.com/s?__biz=MzU0OTE1ODMxOA==&mid=2247486155& idx=1& sn=71ebb6695a910cc 079088e2a 75b27b30&source=41#wechat_redirect

三、利用搜索引擎优化开展内容营销

搜索引擎营销（SEM），是英文 search engine marketing 的缩写，是指根据用户使用搜索引擎的方式，利用用户检索信息的机会，尽可能地将营销信息传递给目标用户的营销方式，主要包括搜索引擎优化和付费搜索广告两种营销模式。这里主要讨论搜索引擎优化（search engine optimization, SEO），它是指企业通过相关操作让网站更容易被搜索引擎收录，并且当用户通过搜索引擎进行检索时，在检索结果中获得好的排名的位置，从而达到网站推广的目的。搜索引擎优化又被细分为网站内容优化、关键词优化、外部链接优化、内部链接优化、代码优化、图片优化、搜索引擎登录等。通过这些方法，企业不需要向搜索引擎提供商付费，就能使搜索引擎将企业的网站链接收录在搜索结果页中自然搜索区域靠前的位置，这是当前一种比较受品牌方欢迎的搜索引擎营销模式。

搜索引擎优化营销模式的直接目的是要提高企业网站与用户的接触度，而在这个过程中，企业网站成为用户与企业进行沟通和交流的载体，因此需要对企业网站进行内容优化，从而提高网站在搜索引擎中的自然搜索排名，让更多用户能够在搜索引擎中关注并进入企业网站。具体地说：第一，要对网站标题与排版设计进行优化。在美国长期研究网站可用性的著名网站设计工程师杰柯伯·尼尔森通过研究发现，互联网用户阅读互联网内容时，其眼睛轨迹——人们不由自主地以"F"字母形状的阅读模式来阅读网页（图7-8）。简单来说，用户在浏览网页时，首先倾向于水平扫描网页内容最上面的一部分，然后再扫描下方较短的水平区域，最后再缓慢垂直扫描网页的左边区域，由此用户浏览一个网页的视线扫描轨迹就构成了一个"F"字母。因此，针对用户浏览网页时的模式化习惯，企业网站在进行网页的标题排版设计时，要按照关键词的重要程度在标题中进行排序，同时将重要内容置于网页的左上方，保证用户能够最大限度接触企业网站信息。第二，要对网站主体内容进行优化。搜索引擎的算法规则青睐于最能满足用户搜索需求的内容，因而品牌需要花费更多精力在网站的内容安排上。品牌要重视优质内容的生产，打造企业网站的高质量特色内容；要保证内容原创性，即使内容被转载修改，搜索引擎算法也能够准确定位到原创内容地址；要保持一定频率的内容更新，持续为用户带来有价值的内容。

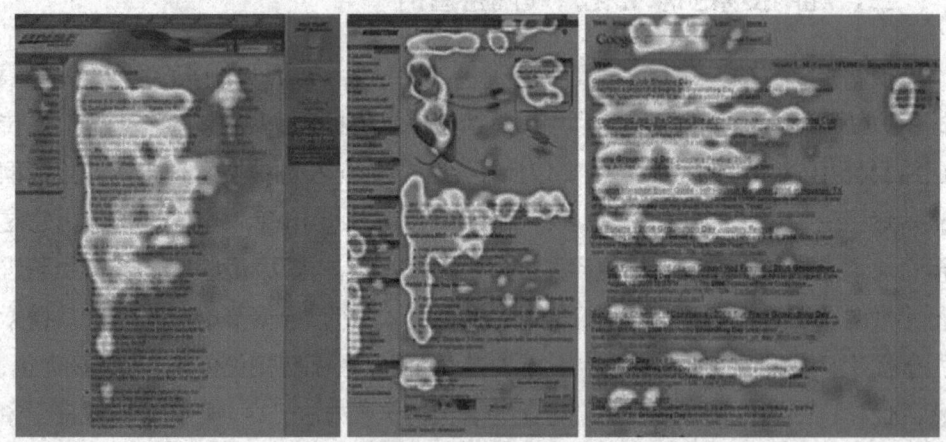

图7-8 用户"F"型网页阅读模式
资料来源：F型阅读模式[EB/OL]. https://www.jianshu.com/p/6586c181f2c4，2017-06-24

四、借助电子邮件尝试内容营销

相比于传统的通信方式，电子邮件具有极速传输、成本低廉、多媒体呈现和多样化功能等巨大优势,因此电子邮件成为早期互联网时代最受用户青睐、普及程度最高的应用之一,企业围绕电子邮件开展的营销实践也由此而生,如电子邮件广告、电子邮件杂志订阅等。虽然电子邮件的使用率在近几年出现了下跌,但是庞大的用户规模、低廉的营销成本和快速精准的营销效果让其仍然是企业不可忽视的营销载体。

在众多的电子邮件营销方式中,许可式电子邮件成为最为理想的营销选择,其最大特点是用户主动要求企业发送相关信息,如用户在注册登录企业网站时同意订阅企业电子邮件杂志等。不同于恶名昭著的垃圾邮件,许可式电子邮件是在用户主动接受和订阅的基础上进行的,避免用户对电子邮件中的企业信息产生排斥和厌恶,能够达到较为理想的营销效果。许可式电子邮件营销一般有三个步骤:其一,企业要在合法合理的基础上获得用户的邮箱地址。通过用户填写企业网站注册表格获取用户邮箱信息,并让用户了解注册表格的隐私政策和条件,包括企业会通过此邮箱发送相关品牌信息和保护用户信息不受第三方机构侵害等,在用户知情并同意的基础上进行下一步的营销行为。其二,促使用户订阅企业相关信息推送。企业要在获取用户的电子邮箱地址之后说服用户订阅企业电子邮箱杂志,可以利用优惠促销形式增加用户对电子邮件杂志的好感度和订阅量。其三,企业要定期发送相关内容给用户。这里需要注意电子邮件内容的价值性和发送频率问题,要持续为用户提供有价值的内容,并且掌握适当的发送频率,避免因为发送频率太低而导致营销力度不够,或者发送频率太高而带来的用户退订或将企业拉进邮箱黑名单的后果。

即便企业获取了用户的电子邮箱地址并成功说服用户订阅企业信息,也不能代表企业的电子邮件营销就一定能够取得理想效果,从用户订阅到记忆电子邮件信息之间还存在一个打开并阅读的环节。该环节十分重要,通常最难搞定,因此营销者需要对企业的电子邮件推送内容进行规划和创作,使之符合用户的使用心理习惯,培养和维持用户对于企业电子邮件的信任度。首先,电子邮件内容要以用户需求为中心,如发送相关行业新闻、评论、技巧等满足用户的信息获取需求,也可以适当加入产品打折促销信息,使企业电子邮件能够为用户解决实际问题,以此来赢得用户的信任,同时要避免过度推销,以免引起用户反感;其次,要使邮件内容个性化，通过大数据对用户进行精准定位，为用户推送个性化、定制化的内容，吸引用户打开并阅读邮件；最后，定期、定量发送内容，掌握适当的邮件发送频率，避免信息真空或信息过载。

第八章　数字品牌营销

云计算、大数据、AI（artificial intelligence，人工智能）、LBS（location based service，基于移动位置服务）、HTML5（Hyper Text Markup Language5.0，超文本标记语言 5.0）、MCN（m-channel network，多频道网络）、移动定位等，数字技术的蓬勃发展使传统品牌的营销格局风云突变，媒体格局此消彼长、用户习惯不断演变，品牌的营销策划需要统筹全局，有的放矢。可能一次成功的品牌营销是一篇公众号推文，抑或是一家创意热店，又或是一次品牌异业合作。总之，在数字时代，品牌需要借助数字媒体渠道与用户平等对话，在互动沟通中传达品牌理念，塑造品牌形象，一个全新的品牌营销时代正在到来。

第一节　数字品牌营销的概念、产生背景与历史沿革

随着数字化技术的不断发展，传统品牌如何扛起数字化营销这面大旗是当下品牌面临的主要挑战。在数字化浪潮中，已有不少品牌在数字化营销中率先做出表率。例如，阿迪达斯减少电视广告的投放，而将更多预算转移到数字渠道上；星巴克和微信联手推出具有社交礼品体验的"用星说"平台，正式开启了星巴克社交数字化消费体验；美国日用消费品巨头宝洁提出媒介透明化议题，欲推动数

字化广告下的品牌收益[1]。

一、数字品牌营销的概念

数字技术的迅猛发展、用户行为的变化，再加上媒体格局的巨变，使品牌在进行营销决策时面临更加复杂的局面。对于数字品牌营销这个新概念，目前学术界和业界对其的定义还处于一种模糊状态，大多与社会化营销、互动营销等概念混为一谈，较难区分。

有学者认为数字品牌营销是指以数字网络和多媒体互动终端为载体，以品牌的智能化再造为核心理念，以品牌关系的累计升级为终极目的，以满足任何消费者在任何时间、任何地点、任何有关品牌、产品和服务的信息需求为目的的营销传播活动及其过程。谷虹从交互展示、游戏玩乐、移动定位、搜索应答、社交情感、电子商务、协同创新7个方面阐述了品牌智能的核心理念，通过将品牌隐喻成生命展示了数字时代品牌营销的核心理念和具体操作方法[2]。

沈虹认为在数字传播时代，消费者与品牌形成一种平等的沟通关系，品牌从大众传播的建立品牌形象走向与消费者共同建构的协同创意。数字传播的 4I 原则即偶发性、不平衡性、交互性、整合性共同构成品牌协同创意策略的整合力量[3]；姚曦认为互动成了数字时代品牌创意的首要标准，能够引起消费者互动的创意才是好的创意，而在互动中完成传播才能使传播的效果最大化[4]。

简单来说，数字品牌营销指的是品牌主利用数字传播渠道来推广自身品牌，实现品牌信息的精准传达和与用户之间的深度互动，并最终增强用户的品牌好感度和引导销售的所有营销传播活动。从广义上来说这种数字传播渠道既包括了互联网渠道，也包括如 LED 屏幕等线下的数字渠道。数字品牌营

---

[1] 数英. 数字观察：传统品牌如何扛起数字化营销这面大旗？[EB/OL]. https://www.digitaling.com/articles/37515.html, 2017–06–17.
[2] 谷虹. 品牌智能：数字营销传播的核心理念与实战指南[M]. 北京：电子工业出版社，2015.
[3] 沈虹. 品牌协同创意的传播策略——数字传播时代的营销传播策略制定与评估[J]. 贵州社会科学，2015，（8）：21–25.
[4] 姚曦. 与消费者互动是数字时代创意的首要标准[J]. 声屏世界·广告人，2014，（3）：35.

销是基于大数据分析的精准营销,是品牌主通过对海量数据的研究和分析,利用数字化媒体渠道,从而实现品牌营销的精准化与效果的可量化。同时需要注意的是,数字品牌营销区别于以往品牌营销的重要一点是用户之间的强互动性。

二、数字品牌营销产生的市场背景

传统媒体的没落与新媒体的强势崛起使得如今的传媒格局发生了深刻的变革,新媒体在赋予用户自主权的同时也改变了他们的消费认同与消费习惯,个性化的消费需求被全面激活。传媒格局的深刻变化与用户消费习惯的改变使品牌主们面临更多的挑战,它们急需进行数字化的转型。

(一)媒体格局:新旧媒体从竞合到此消彼长

进入 21 世纪以来,随着互联网、新媒体技术的迅猛发展,媒体格局发生了翻天覆地的变化。传统媒体风光不再,纸媒正在走向衰落,广播、电视的收听率、收视率持续走低,广告收入逐年下降,传统媒体的受众正在逐渐消失。

传统媒体的广告经营在 2012 年达到巅峰之后进入下跌期或缓增期,报纸更是陷入"断崖式"下跌,每年下跌幅度 30%~50%,直到 2017 年才有所缓和。国家市场监督管理总局 2019 年公布的数据显示:广播电台、报社、期刊社三大传统媒体的广告经营额在 2018 年均出现了负增长,分别为-0.01%、-10.34%、-9.49%,只有电视广告经营额因政策原因增长了 26.73%。与之相对应的是网络新媒体的强势崛起,以前传统媒体的受众逐渐转移到新兴媒体上来。早在 2016 年,网络媒体的广告经营额就一举超过了四大传统媒体的广告经营额的总和,到 2018 年更是达到 3 694.23 亿元[1]。图 8-1 是国内电视广告、互联网及移动互联网广告、报纸广告、杂志广告、户外广告和广播广告 2013~2019 年的市场份额变化情况。

---

[1] 中关村互动营销实验室. 广告业走出上扬曲线 年经营额接近 8000 亿元[N]. 中国市场监管报, 2019-04-25.

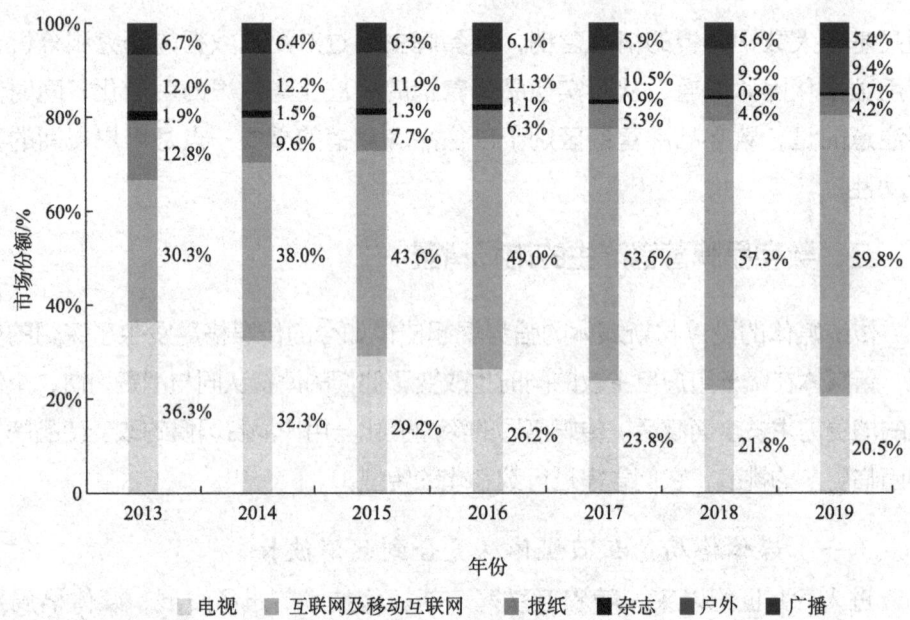

图 8-1　2013~2019 年国内主要媒体形态广告市场份额变化情况
2013~2017 年份额根据公开资料整理，2018 年、2019 年份额根据之前数据预测

从图 8-1 中可以看出，传统媒体的广告份额减少趋势明显，而新兴媒体的广告份额则增长巨大，这就使新旧媒体的市场格局由竞合走向此消彼长。在这种传媒格局下，品牌主面临的市场环境随之发生改变。

（二）消费习惯：从喜欢趋同到追求个性

与传统的消费者相比，数字时代的用户不管是在触媒习惯、消费行为还是消费习惯等方面都发生了很大的变化，品牌在面临新时代用户时往往很难做出有效的调整，他们正在变得更加难以捉摸。

作为网络原住民的新时代用户，他们一出生就面临着一个无处不在的网络世界，数字化生存成为他们必须要面对的生活方式。不同于父辈们只能通过读报纸、看电视、听广播才能获取信息，新时代用户的注意力被各种各样的新媒体、手机应用所吸引。根据中国互联网络信息中心发布的第 43 次《中国互联网络发展状况统计报告》，中国各种互联网应用保持快速发展，各类应用用户规模均呈上升趋势,包括网络新闻、网络视频、网络音乐、网络直播和网络游戏等,用户的触媒习惯发生了翻天覆地的变化,他们面临更加多元化、碎片化的信息环境。

新媒体的低门槛赋予用户以消费自主权,他们可以随时随地获取商品信息并指导消费决策,用户可以随心所欲地与他人互动并表达意见,这不仅仅重新定义了用户获取信息的方式以及与品牌交互的方式,更重要的是,这些行为也将永久地改变用户与企业之间的互动关系[①]。由于用户可以随时随地获取自己想要的信息,他们的广告免疫性逐渐增强,变得不再相信广告,不再相信传统媒体和权威专家,这种现象使品牌在如何将自己的诉求有效地触达用户上变得更加困难。

与此同时,用户的消费习惯也发生了很大的变化,他们追求更加个性化、定制化的商品与服务,他们越来越追求自己的消费自由,不再满足于购买大众化商品,而是追求能体现自己个性化的消费品。互联网加速了大众市场的分化和兴趣圈子的形成,长久以来被大众化、标准化、规模化所覆盖的个性化需求在网络环境下被全面激活[①]。

(三)品牌数字化:从塑造品牌到走向沟通

新媒体时代品牌面临着数字化转型的危机,传统媒体的营销效果直线下降,新媒体的快速崛起和营销环境的日益复杂,使用户变得更加聪明,更加难以捉摸,品牌在营销传播上面临着比以往更多的挑战和不确定性,品牌急需进行数字化转型。

有些品牌则走在数字化转型的前沿,开始尝试品牌的数字化转型之路。作为全球最大日用消费品生产商的宝洁,深入和准确的用户研究和巨额营销推广费用,始终是其核心竞争力,然而近年来宝洁正在悄然进行着一场数字化革命,试图通过种种技术手段,尤其是与信息技术相关的手段,逼迫自己改造"旧马车",希望能由此成为世界上首家实现全面数字化的公司。时任宝洁 CEO 的麦

---

① 谷虹. 品牌智能:数字营销传播的核心理念与实战指南[M]. 北京:电子工业出版社,2015.

睿博与宝洁全球业务服务集团总裁兼 CIO（chief information officer，首席信息官）费礼博重新为公司确定了 88 个不同的业务流程。通过开发数字化预测模型，他们发现可以通过一系列方法来加速决策过程，缩短采取最终行动所需的时间。最终目标是：实时运营业务；让所有的宝洁员工在同一时间获得同样的数据，使组织扁平化[1]。从宝洁的案例不难看出，品牌的数字化转型是以信息化、技术化为核心的，信息化、技术化对企业的转型体现在方方面面，包括生产流程、组织方式、管理模式、品牌塑造、营销传播等。在数字经济时代，未来的企业都将变成信息科技企业，未来的行业都将以信息技术为基础支撑，信息化、技术化也将成为品牌进行营销传播的核心和出发点。

三、品牌营销的历史沿革

品牌营销作为一个不断发展变化的概念，其理论研究经历了不同的阶段：20 世纪 50 年代以前的产品营销阶段；从 20 世纪 60 年代到 20 世纪末的形象营销阶段；21 世纪初以来的个性营销阶段，每个阶段的品牌营销理论都有其不同的侧重点。

（一）产品营销阶段：以产品为中心

20 世纪 50 年代以前是品牌营销的 1.0 阶段，其工作是围绕企业和产品开展的，主要营销理念是把工厂生产的产品全部卖给有支付能力的人。在这种情况下，企业的目标就是要实现产品的标准化和规模化生产，不断降低生产成本以形成低廉的产品价格，吸引更多顾客购买[2]。这一时期的典型代表是福特汽车的广告语："不管你要什么车，我们只有黑色的。"

这一阶段的广告营销理论基本上是以产品为中心的，代表理论有约翰·肯尼迪（John Kennedy）的原因追究派、西奥多·麦克马纳斯（Theodore MacManus）的情感氛围派和罗瑟·瑞夫斯（Rosser Reeves）的 USP（unique

---

[1] 赵建凯. 宝洁革命——重塑宝洁[J]. IT 经理世界, 2013, (18): 70-76.
[2] 科特勒 P, 卡塔加雅 H, 塞蒂亚万 I. 营销革命 3.0: 从产品到顾客, 再到人文精神[M]. 毕崇毅, 译. 北京: 机械工业出版社, 2011.

selling proposition）理论，而杰瑞·麦卡锡（Jerry McCarthy）在 20 世纪 60 年代提出的 4P（product、price、place、promotion）营销理论，无疑是这一时期营销思想的集大成者。由于生产能力的限制和消费的增长，整个市场格局处于供大于求的卖方市场，这一阶段的品牌营销理论聚焦在产品、企业方，这是由"供不应求"和买方市场的市场格局决定的。从根本上说，这一时期是以产品为中心的时代，广告营销诉求，无论是物质利益，还是功能特点，是唯理派，还是唯情派，其最终的诉求指向都是产品。因此，这一时期只能算是品牌营销理论的起步阶段。

（二）形象营销阶段：以消费者为核心

从 20 世纪 60 年代到 20 世纪末是品牌营销 2.0 阶段。随着生产力的发展和竞争的逐渐加大，传统的营销理论逐渐失灵。消费者在企业的营销活动中扮演着越来越重要的角色，品牌必须要对目标市场进行细分并找准自己的产品定位，针对某个特定市场和人群去生产自己的产品。同时，随着竞争的逐渐加剧，传统的单一的广告手段不再起效，品牌需要整合不同的渠道和媒体进行营销才能达到效果。总之，品牌营销 2.0 阶段是以消费者为导向的。

这一时期的代表理论有品牌形象理论、定位理论、4C 理论和整合营销传播理论。"供大于求"、卖方市场形成是这一时期的市场格局，品牌营销理论注重整合营销传播，消费者地位逐渐提升，品牌的成功必须要围绕"消费者"来进行。

（三）个性营销阶段：以价值观驱动为核心

从 21 世纪初到现在是品牌营销的 3.0 阶段，是一个价值观驱动的数字营销时代。菲利普·科特勒提出的营销革命 3.0 是目前为止最适合指导数字营销的理论。在书中，作者重新定义了品牌营销：营销是一个由品牌、定位和差异化构成的等边三角形，它以"3i 概念"——品牌标识、品牌道德和品牌形象主导品牌的使命、愿景、价值观（价值承诺、价值承诺兑现）和战略规划。营销 3.0 的实质是人文精神驱动的价值营销，品牌在做出营销策略战略决策时，不仅要考虑商业回报，还要考虑道德和社会影响，以积极的心态作用于人类文明的进程①。表 8-1 是品牌营销 1.0、2.0、3.0 时代的综合对比。

表 8-1　品牌营销 1.0、2.0、3.0 时代综合对比

阶段	1.0 时代（产品营销阶段）	2.0 时代（形象营销阶段）	3.0 时代（个性营销阶段）
目标	销售产品	满足并维护消费者	让世界变得更好
推动力	工业革命	信息技术	新浪潮科技
企业看待市场方式	具有生理需求的大众卖方	有思想和有情感的消费者	具有独立思想、心灵和精神的完整个体
企业营销概念	产品开发	差异化	价值
企业营销方针	产品细化	企业和产品定位	企业使命、愿景和价值观
价值主张	功能性	功能性和情感化	功能性、情感化和精神化
与消费者互动情况	一对多交易	一对一关系	多对多合作

资料来源：科特勒 P，卡塔加雅 H，塞蒂亚万 I. 营销革命 3.0：从产品到顾客，再到人文精神[M]. 毕崇毅，译. 北京：机械工业出版社，2011

第二节　借助数字媒体渠道建立品牌与用户的联系

借助数字媒体渠道，品牌可以更好地知晓用户的真正需求，建立用户与品牌的联系，在与用户互动交流的过程中传达产品信息与品牌理念；同时，各类数字媒体有其不同的特性，适用于不同的场景，这就要求品牌在进行营销传播时要做到整合和有针对性。

一、用微博、微信等社交媒体沟通品牌与用户

以微博、微信为代表的社交媒体具有互动性、公开性、连通性和社群化等特征，这使得社交媒体时代用户与品牌之间有了平等对话的机会。借助社交媒体，品牌可以迅速高效地寻找到自身的目标用户。通过与用户的实时互动，品牌可以

---

① 科特勒 P，卡塔加雅 H，塞蒂亚万 I. 营销革命 3.0：从产品到顾客，再到人文精神[M]. 毕崇毅，译. 北京：机械工业出版社，2011.

及时获取用户的真实需求与创意灵感，而用户也在这个过程中成为品牌互动的最佳合作者和受益者。

（一）明确自身定位

明确自身的定位是品牌利用社交媒体进行品牌营销传播的起点，需要始终围绕品牌的定位、用户的特点来进行。例如，杜蕾斯的微博营销始终围绕自身产品和用户进行，独特清晰的定位使其微博的活跃度和转发量始终居高不下，并且杜蕾斯始终能紧抓热点话题和时尚潮流，在微博上引发一阵阵的刷屏。以 2017 年 11 月刷屏微博、微信朋友圈的感恩节杜蕾斯海报为例，杜蕾斯在感恩节当天连续发布了 14 张海报，以诙谐幽默的口吻感恩 14 个品牌，这些创意海报一经发出就引发了粉丝的疯狂转发和评论，粉丝们纷纷点赞、感慨，各个品牌纷纷制作对应的海报与杜蕾斯进行互动，各大微信公众号和微博账号也发了推文，在微博、微信朋友圈等社交媒体上引发了超高的刷屏。

（二）内容建设

内容建设是品牌进行社交媒体营销的基础，优秀的内容不仅能实现粉丝的聚集，也能增强品牌的好感度和美誉度。首先，品牌的社交媒体营销人员必须明白社交媒体是一个"给予"平台，只有为消费者和用户创造有价值的内容，才能使自身的社交媒体账号脱颖而出。其次，品牌在社交媒体上所展示的内容要尽量做到专业化，同场竞技，只有专业才能超越对手，吸引持续关注的目光，专业性也是衡量一个品牌社交媒体平台的重要指标。需要指出的是，专业化的要求并不是指所有的内容都要做到专业化，研究者提议品牌社交媒体平台在开通初期以增强影响力为主，更多地发布所在行业相关的专业内容，专业内容与兴趣类话题的比例大概是 7：3，而到了中后期可以做具体调整[1]。最后，品牌在社交媒体平台上的内容在发布时需要注重一些方式方法，如微博话题的设定，表达方法的选择就很重要。如果企业的博文是提问性的，或是带有悬念的，引导粉丝思考与参与，那么浏览和回复的人自然就多，也容易给人留下印象；反之新闻稿一样的博文会

---

[1] 陈永东. 企业微博营销：策略、方法与实践[M]. 北京：机械工业出版社，2012.

让粉丝想参与都无从下手。

（三）注重个性化与互动性

社交媒体的一个重要特点是"关系""互动"，因此在社交媒体运营的时候要避免像官方发布消息窗口的那种冷冰冰的模式。要给人感觉像一个人，有感情、有思考、有回应，有自己的特点与个性。

此外，社交媒体的互动性也是一个重要的衡量指标。拥有一群不说话的粉丝是很危险的，因为他们慢慢会变成不看你内容的粉丝，最后更可能离开。因此，互动性是使品牌的社交媒体平台持续发展的关键。第一个应该注意的问题就是，品牌宣传信息不能超过10%，最佳比例是3%~5%，更多的信息应该融入粉丝感兴趣的内容之中。"活动内容+奖品+关注（转发/评论）"的活动形式一直是社交媒体互动的主要方式；此外还需要做到通过认真回复粉丝的留言、与粉丝深入沟通等，做到情感与利益共存。

（四）与大V、名人进行合作

与大V、名人进行合作也是常用的营销手段之一，品牌需要根据自身的产品和消费者画像决定进行合作的对象。通常品牌的消费者与某些大V、名人的粉丝具有极高的重合度，与他们进行合作，往往可以达到意想不到的效果。

（五）注重与其他营销方式的整合

任何一个营销活动想要获得成功，都离不开系统化的整合营销传播。通常社交媒体营销不会作为品牌的唯一营销渠道。在这种情况下，势必要与企业其他的营销环节相整合，做好营销活动的线上宣传或者活动中期的客户服务、活动后期的其他服务等相关工作，企业和品牌需要在精力与财力允许的情况下根据不同的营销渠道特点，结合营销目标设计合理的营销渠道进行整合营销传播，充分发挥每个营销渠道的优势，努力实现最佳的营销效果[1]。

---

[1] 陈永东. 企业微博营销：策略、方法与实践[M]. 北京：机械工业出版社，2012.

二、以搜索引擎连接品牌与用户

随着互联网技术的快速发展,互联网中海量并且复杂的信息给消费者带来不小的困扰。搜索引擎的出现有效地解决了这个问题,它是消费者连接互联网的入口和出口,如今消费者在做出意向购买决策之前通常会通过搜索引擎来了解品牌和产品的相关信息。随着谷歌、百度等大型搜索引擎的不断完善,搜索引擎成为品牌与消费者建立联系与互动必不可少的平台。品牌可以借助搜索引擎有效地搜集消费者的真正需求,向有明确意向的消费者有针对性地提供个性化服务,在与消费者的互动中完成品牌营销。

那么品牌如何借助搜索引擎建立与消费者之间的联系呢?总的来说,可以通过搜索引擎优化、投放关键词广告等方式实现。

(一)搜索引擎优化

搜索引擎优化是指在了解搜索引擎自然排名机制的基础之上,对网站进行内部及外部的调整优化,改进网站在搜索引擎中关键词的自然排名,获得更多的展现量,吸引更多目标客户点击访问网站,从而达到互联网营销及品牌建设的目标。

搜索引擎优化包括对用户优化、对网络环境优化和对网站运营维护优化这三层含义。搜索引擎优化可以分为站内引擎优化和站外引擎优化两种类型。

搜索引擎优化的方法如下:

(1)关键词研究——关键词是搜索引擎优化过程的起点和重要一环。如果想要在优化过程中达到优化效果最大化,那么从网站初期的关键词,到网站后期文章中的关键词,都是需要考虑的重要内容。所以,对于关键词的优化,需要贯穿搜索引擎优化的始终。

(2)优化网站域名、主机和结构——在域名的选择上要方便记忆,短域名有限,同时要符合网民日常习惯,并具有内涵,还有一点是一个好域名要方便输入;在网站主机上要注意安全稳定性、访问速度、设置错误等方面的设计和优化;对网站结构的优化包括网站的物理结构和逻辑结构,良好的网站结构能让浏览者很快得到其想要的信息，提升用户体验。

（3）优化网站内容——对内容的优化是网站优化的核心与重点。网站内容优化需要做好以下几个方面的工作：首先网站内容要有价值，注重提升用户体验及原创内容，提升转载量和网站浏览深度。具体来说，在标题的选取上可以多用数字、疑问、夸张、明星效应、热点事件、不按常理出牌等方式；在结构上具体段落不能太长，多用小标题，并且多罗列要点等。

（4）优化链接——链接是搜索机器人爬行的路径，链接分析是搜索引擎排名算法中一个很重要的部分。链接有内部链接和外部链接之分：对于内部链接，要做到保证其完整性和畅通性，从主页到内页再到栏目页、文章页等，都需要保证完整和畅通，同时需要注意对内部死链接和无连接现象的清除；对于外部链接，可以采用提交网站目录、利用论坛和社交媒体、发表原创文章、提供免费有用的服务等方式进行植入和扩展[1]。

（二）关键词广告

关键词广告作为付费搜索的一种形式，也称为"关键词检索"，简单来说就是当用户利用某一关键词进行检索，在检索结果页面会出现与该关键词相关的广告内容。由于关键词广告是在特定关键词的检索时，才出现在搜索结果页面的显著位置，所以其针对性非常高，被称为性价比较高的网络推广方式。关键词广告属于 CPC 收费制，即按点击次数收取广告费。

关键词的选择可以遵循以下几个原则：关键词与网站主题密切相关；关键词要精准而不能宽泛；关键词不要太特殊；站在用户角度思考；选择竞争度最小的关键词[1]。

三、借视频直播拉近品牌与用户的距离

艾媒咨询数据显示，2018 年中国在线直播用户规模达到 4.56 亿，增长率为

---

[1] 刘玉萍. SEO 网站营销——策略、方法、技巧和案例[M]. 北京：清华大学出版社，2015.

14.6%，预计2019年在线直播用户规模将达到5.01亿人[1]。视频直播的火爆使品牌主们纷纷将注意力转移到如何利用视频直播与消费者进行互动，从而达到营销传播目的上来。

2016年，欧莱雅邀请大牌明星巩俐、李宇春、李冰冰、井柏然参加名为"零时差追戛纳"的直播，各大明星在直播中通过介绍和示范的方式将欧莱雅的产品信息传达给用户，此外在微博与电商中也通过妆容解说、发放红包及同步发售戛纳同款等方式为活动提供支持。通过借势热门事件与高人气代言明星，给消费者带来更加触手可及的关系与体验。直播获得评论72万条、观众311万人次、"点赞"总数达到1.639亿次。直播结束后四个小时，欧莱雅天猫旗舰店中李宇春同款色系"701号CC轻唇膏"销售一空。

从以上案例中我们可以看出视频直播对于品牌营销的重大意义。首先，视频直播可以大幅度提升品牌的曝光度和知名度。视频直播由于其强互动、低门槛的特性，可以实现全民参与，网红和明星名人自带流量，可以最大限度实现产品和品牌信息的曝光。其次，视频直播的转化率相当高。因为在直播这个场景中，粉丝出于喜欢主播而产生信任，并且由于主播的亲身示范也消除了消费者的疑惑，当他们接受品牌信息之后很容易产生购买行为。品牌利用视频直播进行品牌营销时可以从以下三个方面着手。

（一）优质内容是核心

视频直播的内容是品牌利用视频直播与消费者进行沟通的基础和出发点，内容的创新成为决定性因素。如今的信息爆炸时代，用户的注意力被极大地分散，他们寻求高质量、有创意、能和自身产生共鸣的好内容。只有高质量的视频直播内容才能在第一时间吸引用户的眼球，同时也能提升用户的体验，引发用户的自发分享与传播。除了内容上的创新与原创之外，视频在形式上的创新也是很重要的一个方面。近些年流行的VR技术、裸眼3D技术、H5技术等形式都为视频直播的展现形式提供了技术支撑。

---

[1] 艾媒大文娱产业研究中心. 2018–2019中国在线直播行业研究报告[EB/OL]. https://www.iimedia.cn/c400/63478.html, 2019–01–23.

优质的内容不仅可以吸引流量，还可以直接完成变现。优质内容在直播时代，仍具有三个品质，即有关、有用、有趣。如果话题策划具有连贯性并兼顾深度互动，则更有利于持续的传播。

（二）整合直播平台和名人

品牌利用视频直播与消费者进行互动时，在做好内容之后就需要在视频直播平台和网红、名人的选择上进行整合。品牌在整合直播平台、名人的时候可以从广度和相关性两个角度去考虑。

在广度上，如果预算允许，要充分利用多平台联合直播，从而达到品牌信息的最大化曝光与传播。目前国内的视频直播大致可以分为秀场直播、游戏直播、泛娱乐直播和"直播+"四大类，比较知名的直播平台包括斗鱼直播、虎牙直播、熊猫直播、龙珠直播等，各大社交媒体和电商平台也有自己的直播平台，如淘宝直播、企鹅电竞、网易CC直播等。在相关性上，品牌在利用视频直播时要根据直播平台的属性和网红、名人的气质挑选具有代表性的平台进行直播，这样才会提升品牌知名度和转化率。

（三）注重用户体验

用户体验的好坏会直接影响一场直播活动的效果，品牌在进行视频直播的时候要特别注重提升用户体验，好的用户体验往往会让直播效果事半功倍。

首先，由于视频直播的大部分用户是从手机上直接观看的，如果出现信号卡顿、黑屏等现象很容易造成用户流失，因此技术保障是保障用户体验的基础；其次，要注重直播的互动性和趣味性，这就需要品牌在了解用户真正需求的基础上，精心策划直播的环节和互动形式，将产品和品牌信息巧妙地与直播的环节和互动话题相结合，让用户在互动的过程中不自觉地了解到产品信息与品牌的核心价值，实现情感共鸣，增强用户的品牌好感度与忠诚度，最终实现品牌营销的目的。

四、利用网络游戏构建品牌与用户的关系

根据中国互联网络信息中心发布的第43次《中国互联网络发展状况统计报

告》，截至 2018 年 12 月，中国网络游戏用户达到 4.838 4 亿人，网络游戏使用率（占网民比例）为 58.4%；手机网络游戏用户为 4.587 9 亿人，手游用户占手机网民比例为 56.2%[①]。网络游戏尤其是手游的火爆，使其成为品牌主们瞩目的新营销工具与方式，各大品牌纷纷利用网络游戏来与目标消费者进行互动沟通，从而达到营销传播的目的。

相比其他营销传播方式，网络游戏聚集的海量玩家不仅可以实现产品和品牌信息的海量曝光，还可以实现品牌与玩家之间的深度互动、更立体的展示等。品牌利用网络游戏进行营销传播的核心是深度解读游戏玩家的心理需求，在不影响游戏体验的同时将自身的产品和品牌信息巧妙地与游戏环节相结合，探索游戏化营销的创新方式。

（一）游戏植入广告

游戏植入广告指的是依托网络游戏本身的娱乐性和互动性，借助游戏角色、道具、场景、任务等形式为品牌营销传播定制的广告类型。游戏植入广告使广告成为游戏内容的一部分，这使玩家在游戏中能够切身体验产品的特性以及品牌理念与游戏文化的契合。

游戏植入广告的关键在于如何在众多的游戏产品中找到符合自身产品和品牌定位与气质的游戏产品，并能以一种友好的方式与目标用户互动。也就是说，游戏内容、产品概念、用户三者之间要高度吻合，既不影响游戏本身的娱乐性，也能将广告诉求进行传达。

品牌选择游戏植入广告这一方法的时候，大多选择那些人气高、玩家集中的游戏，采用游戏环节、道具、场景、角色植入等方式来提升用户对品牌的认知度与好感度。通常来说，游戏植入广告包括以下几种方式：

场景植入——将广告信息制作成游戏中的画面或者场景地图，如将品牌名字或者 logo 放置在游戏中的某个墙面上等[②]；

---

① 第 43 次《中国互联网络发展状况统计报告》(全文)[EB/OL]. http://www.cac.gov.cn/2019-02/28/c_1124175677.htm, 2019-02-28.
② 朱珊. 游戏营销攻略[J]. 成功营销，2013，(4)：84-87.

道具和装备植入——网络游戏的乐趣之一就是其中有各种各样的游戏装备和道具，而如果把广告商品直接变成游戏里的装备和道具，会取得非常好的效果[1]；

　　情节植入——将产品和品牌变成游戏中的情节或者任务，会让玩家在完成游戏任务的同时记住品牌和产品的信息，而这种记忆通常更加长久[1]；

　　角色植入——品牌代言人作为游戏角色全程参与游戏，会给品牌带来良好的亲和力，通过各种深度的互动形式加强与玩家的关联[2]；

　　电商植入——游戏植入广告还可以和电商合作，从产品展示到完成购买行为的全过程，都可以借助网络游戏这一平台实现[2]；

（二）电竞赛事赞助

　　网络游戏的竞技性使电子竞技逐渐发展成为一项体育运动。电子竞技作为一种职业，同时也是中国第 99 个正式开展的体育运动项目。近些年随着国家开设电子竞技专业，社会上对于网络游戏这一行业的观念也大有转变，网络游戏逐渐从单纯的线上游戏发展成为线上游戏与线下比赛和电视转播相结合的模式，越来越多的商业化电子竞技比赛开始引起人们的关注。

　　品牌赞助电竞赛事可以有以下几点好处：首先，可以实现以往无法比拟的高曝光度，目前的电竞赛事关注度已经达到"全民参与"的级别，仅《英雄联盟》LPL 联赛的观赛人数就高达 3 000 万。据国外数据统计网站 Esports-Charts 的统计，《英雄联盟》S7 全球总决赛观看人数中国高达 9 634 万，占总观看比赛人数的 98.4%。面对如此高的曝光率，投资电竞行业可以快速扩大企业的品牌知名度。其次，可以降低消费者的尝试成本，提升用户转化率。消费者在面对商品的时候，更愿意选择自己熟知的品牌。直观地讲，无论是传统体育还是电子竞技，"粉丝效应"都是两者产生经济效应的核心元素。再次，在企业品牌赞助大型电竞赛事后，玩家们对企业的品牌化、质量化和特制化的认可将会有进一步的提升。最后，可以实现精准的广告投放。2016 年哈尔滨啤酒冠名

---

[1] 朱珊. 游戏营销攻略[J]. 成功营销，2013，（4）：84-87.
[2] 谷虹. 品牌智能：数字营销传播的核心理念与实战指南[M]. 北京：电子工业出版社，2015.

赞助 LGD.DOTA2 战队，助力出征 TI6，双方在各自领域所代表的文化和影响力融合到一起的这次合作，推动了哈啤与年轻的电竞玩家群体间建立良好的互动，并以哈啤为载体传递 TI6 的精彩赛事体验。赛后网络调查问卷显示，有 97.58% 的观众表示哈尔滨啤酒赞助 LGD 战队是非常明智的选择，因为整个赛场都在"一起哈啤"，单就品牌曝光度而言，这已经实现了传统广告渠道根本无法想象的效果[①]。

（三）品牌异业合作

异业合作指的是两种或两种以上看似不相关的行业通过创意策划相互"外包"或"嫁接"现有资源，从而强化自身的竞争优势，重新审视和评价自己的资源价值[②]。异业合作在移动互联网时代有着强劲的生命力，新媒体环境下，手游用户相较于以往的端游和页游时代有了很大的突破，而手机作为一个智能终端页能承载更多的信息，这也为品牌与游戏的异业合作奠定了坚实的基础。

业内有不少游戏与品牌进行异业合作的成功案例。以网易出品的阴阳师和肯德基的异业合作为例，阴阳师作为一款爆款手游一经推出便迅速引爆朋友圈，而其后续的异业合作也值得关注。阴阳师与肯德基的这次异业合作推出新的套餐"欧气明星套餐"，顾客在购买了"欧气明星套餐"之后会随餐获得阴阳师定制餐盒一份及闪卡一张，订制餐盒与闪卡均是全国限量；此外，分别从三个方面击中玩家心理需求，激发玩家冲动心理，让玩家快速被撩，为自己的热爱买单并使活动短期内人气升温。全国设置 8 家"阴阳师"主题门店，主题门店让肯德基成为现实世界中集美食、娱乐和"欧气"之所在，选址以接近学生和年轻群体为考量，丰富的主题店现场应援活动用二次元的力量将线上线下壁垒打破。合作也取得了极大的成功，活动上线 6 小时肯德基紧急准备断货预案，原计划半个月消耗完的闪卡不到 1 周基本送罄，玩家热情远超预期，主题套餐超出目标并成功售卖 350 万份；阴阳师线上玩家反应强烈，游戏聊天频道被 KFC 话题刷屏；微博、微信朋友圈被 KFC 阴阳师

---

① 如何看待快消品赞助电竞所获收益[EB/OL]. http://www.imbatv.cn/article/7198，2016-09-15.
② 周丽玲，刘明秀. 新媒体营销[M]. 重庆：西南师范大学出版社，2016.

话题刷屏，一时间话题"LBS 鬼王惨烈翻车""求大佬帮忙集闪卡""组团转发吸欧气"等话题被玩家热议。"阴阳师肯德基""来肯德基欧气爆棚"短期内话题累计阅读超 1.8 亿。

第三节　线上线下结合增强用户的品牌体验

品牌在进行数字营销的时候，一个很重要的策略是线上线下结合，增强用户对品牌的体验，真正做到品牌与消费者的实时互动与沟通，在互动与沟通的过程中增强用户体验，进而提升消费者的品牌认知和好感度，实现销售转化。这个过程中，消费者的消费体验是品牌必须要努力做好的一个关键之处。

一、数据精准定位与把握消费者偏好

品牌在进行营销的时候要善于利用大数据，可以通过平时的数据积累来沉淀消费者数据，通过大数据分析来不断清晰化消费者画像。基于对数据的整合和相关技术的应用，品牌可以轻松地实现线上线下资源与流程的整合，如顾客、订单、库存、物流、支付等，从而为消费者提供更好的用户体验。

以国内领先的 O2O 平台——美团为例，品牌商家完全可以借助美团平台提供的数据和技术进行营销。在购前阶段，美团提供基于位置的服务，为消费者推荐周围的美食，并提供详细的商家信息；购中阶段，消费者可以实时查询自己的订单进度；购后阶段，消费者可以给出自己的评价，还可以领取相应红包并分享给朋友。基于美团的数据和技术，品牌商家可以轻松实现与消费者的互动沟通，为消费者提供更好的消费体验[1]。

二、增强线上线下体验的关联性

线上线下的整合关键在于增强线上线下体验的关联性。试想如果线上成功地

---

[1] 孔栋, 孙凯, 张明祥. O2O 企业如何利用线上线下整合改善顾客体验——合作关系视角下的概念模型[J]. 中国流通经济, 2017, (6): 45-52.

吸引了消费者到线下实体店来,但是线下的体验很差或者没有让大多数消费者满意,那整个过程的体验感就会变得很差,久而久之消费者对品牌的好感度就会下降,反之亦然。

在增强关联性上,品牌需要把握和利用好消费场景,做到线上场景与线下场景的互相引流。网易云音乐在 2017 年 8 月 7 日与农夫山泉进行合作,联合推出限量款的"乐瓶",精选 30 条用户乐评,印制在 4 亿瓶农夫山泉饮用天然水瓶身,让每一瓶水都自带音乐和故事。同时,消费者可以通过扫描瓶身上的二维码直接跳转到对应的歌单,在最短的时间内保证最优质的音乐体验。此外,为了使互动更加有趣,用户可以通过网易云音乐 APP 扫描瓶身图案,体验定制化 AR。扫描完成后,手机界面将会让用户置身于沉浸式星空,点击星球会弹出随机乐评,用户可以拍照、同框合影,并即时分享到社交平台。

在这个案例中可以发现,网易云音乐通过对线上线下场景的完美引流,实现了与消费者的深度沟通与互动。当消费者在线下购买到这样一款定制版的"乐瓶"时,通过瓶身上的二维码进入线上的听歌、看乐评的场景,在引发消费者共鸣之后他们往往会选择拍照发朋友圈等行为,无形之中促成了二次传播。这个过程既给消费者带来了极好的体验,又实现了线上线下场景的完美融合与转化,实现了品牌与消费者的高质量互动沟通,提升了消费者对品牌的好感度与忠诚度。

三、让消费过程变得有意义

让消费过程变得更加有意义和有针对性会有效增强消费者与品牌之间的黏性,使消费者觉得他们购买品牌提供的产品时不仅仅是一种消费行为,也是一种很有价值、很享受的事情。营销大师菲利普·科特勒在《营销革命 3.0:从产品到顾客,再到人文精神》中提出当下的营销 3.0 是以人文精神驱动的价值观营销[1],企业和品牌在与消费者进行互动沟通的时候要思考如何在这个过程中给消费者提供附加的价值,只有做到这一点才能使消费过程变得更有意义。

---

[1] 科特勒 P,卡塔加雅 H,塞蒂亚万 I. 营销革命 3.0:从产品到顾客,再到人文精神[M]. 毕崇毅,译. 北京:机械工业出版社,2011.

让消费过程变得有意义的前提是要让消费者当家做主，品牌在进行营销的时候要将消费者视为和品牌共同成长的伙伴，让他们积极参与到品牌的每次活动中来。首先，品牌可以利用社交媒体平台搭建品牌与消费者交流的平台，社交媒体平台的选择要尽量多样化，努力做到最大化覆盖目标消费者。其次，发布有参与感的话题互动、活动信息等，吸引消费者积极参与品牌的线上活动。最后，品牌在举办活动时还可以邀请消费者参与，在平时的运营过程中积极采纳、回复消费者的意见，使其感觉到自己真正参与了产品的设计过程。当消费者收到品牌的回应或者发现自己的意见得到了采纳，他们往往会产生巨大的成就感。这种成就感会驱使他们更加积极地参与品牌的互动，同时也会带动身边的朋友参与，在这个过程中消费者对品牌的情感会逐渐加深，品牌忠诚度也会在无形之中得到提升。

第四节 通过互动沟通打造品牌形象

数字时代，互动成为品牌营销传播的首要标准，在互动中完成传播才能使营销的效果最大化[①]。与消费者的互动沟通不仅可以让整个消费过程变得有趣，也可以让消费者在这个过程中慢慢地接受品牌信息与理念，是打造品牌形象与提升品牌忠诚度的捷径。

一、与用户互动沟通是打造品牌形象的捷径

"品牌的建立从来就不是一蹴而就的，需要在潜在客户的脑海里攻占一个合理的位置，通过广告手段将品牌形象或者产品特色推送到那个合理的位置上。"美国著名营销专家艾·里斯与杰克·特劳特在《定位》一书中这样写道。品牌形象的塑造是一个漫长的过程，积极的品牌形象能够为品牌增添无形的资产。在数字时代，随着传播格局的日新月异、消费者自主意识的增强，品牌形象的塑造变得更加具有挑战性。在这样的背景下，与用户进行互动沟通成为打造品牌形象的

[①] 姚曦. 与消费者互动是数字时代创意的首要标准[J]. 声屏世界·广告人, 2014, (3): 35.

捷径，与用户进行互动沟通不仅能加深用户对品牌的认知，也能在互动中带动用户的二次传播，从而实现品牌信息的进一步推广和俘获潜在的用户。

与用户进行互动沟通的一个经典案例当属味全每日C的系列营销活动。最开始，味全每日C总结了生活中的许多场景，并将它们用简洁的文案表现出来，反复告诉用户"你要喝果汁"，加深用户对喝果汁这个行为的印象（图8-2）。

图8-2 味全每日C "XXXXX，你要喝果汁"系列广告
资料来源：http://www.pitchina.com.cn/index.php/Mobil/Work/workDetail/work_id/4982

后来，味全每日C与用户之间的互动进一步升级，将"XXXXX，你要喝果汁"的前半句改成可以随意修改的样式，用户可以根据自己的心情、想送给人表达的话写在上面（图8-3），这进一步增加了产品和用户之间的互动。

图8-3 味全每日C "心情、留言"系列广告
资料来源：http://www.pitchina.com.cn/index.php/Mobil/Work/workDetail/work_id/4982

再后来，味全每日 C 第三次改品牌包装，就是推出 42 款拼字瓶，让用户将多瓶味全每日 C 摆在一起，拼成一句话（图 8-4）。

图 8-4　味全每日 C "拼字瓶" 系列广告
资料来源：https://www.digitaling.com/articles/32914.html

在这三次与用户的互动沟通中，味全每日 C 一次次调动用户对产品包装的趣味性，使味全每日 C 不仅仅是一个果汁品牌，更是代表着好心情的开始，引发了用户的创造激情，在无形之中塑造了积极向上的品牌形象。

二、品牌与用户进行互动沟通的方法

与用户互动沟通需要使用合适的沟通方法，在洞察用户需求的基础上尽量投其所好，让用户感觉到他是受重视的；品牌要善于利用社交媒体来进行传播，基于兴趣社群的互动沟通往往可以事半功倍；技术的创新拓宽了品牌与用户互动的场景与方式，使互动更加有趣高效。

（一）采取用户满意的互动沟通方式

采取用户满意的方式是品牌与消费者互动的关键。这需要品牌在长期与用户的互动过程中不断总结经验，不断提升和改进自身与用户进行互动的方式和程度；而进行互动的核心是让消费者觉得自己是被重视的，自己是独一无二的。

第一，发布用户平时最关注的话题与热点事件。这需要企业和品牌收集其目标用户平时最关注的话题，他们平时都在关注哪些领域，他们喜欢哪些明星，他们的消费习惯是怎么样的，他们对热点事件是如何关注的，等等。通过对这些用户关注的问题的收集和整理，提炼出用户最为关心的话题，并与自身品牌关联起来，然后发布。这样不仅能解决用户关心的问题，也可以引起他们的主动转发和分享，实现品牌信息的二次传播。

第二，及时回复用户的评价。如果用户对产品精心评价，说明他对产品和品牌是真正的关注，品牌如果能够及时地回复，会让用户觉得自己受到重视，从而增强与品牌之间的亲密感。另外，及时回复用户的评价也能作为其他用户的见证，增加潜在的信任感[1]。

第三，及时解决用户的难题。用户在购买产品的整个过程中都会遇到一些问题，这个时候需要企业和品牌及时且细致地给予用户回复。在购前阶段，提供专业的建议和产品对比，帮助用户更明智地选择产品；购后阶段，及时解决用户对产品使用的问题，这些都会在无形中提升用户对品牌的好感度。

第四，线上线下结合提升用户参与感。线上线下的联动可以很好地将消费者聚集到一起，真正实现全方位的互动。用户在线上了解企业和品牌的活动信息后，再到线下参与活动会更有代入感和体验感，也能引发二次传播。

（二）巧妙利用社交媒体与用户进行互动沟通

社会化媒体时代，社交媒体成为品牌与用户进行互动沟通的重要战场，社会化媒体的不断发展也为互动营销提供了更多好玩和有趣的方式。社交媒体上聚集了大量的用户，且这些用户都是以兴趣、爱好为核心聚集起来的，企业和品牌可以利用这些兴趣小组找到自己的目标用户，并与他们进行深入的互动。

以统一集团在 2017 年底发布的新产品——藤椒牛肉面为例，统一集团在营

---

[1] 孔斌. 场景营销——互联时代企业制胜的方法+应用+实践[M]. 北京：中国铁道出版社，2016.

销活动中就很好地利用了社交媒体来与消费者进行互动。通过对外卖数据平台的大数据分析，统一集团发现当下的年轻人普遍喜欢口味比较重的食物，作为"舒缓压力"的麻辣口味受到年轻人的喜爱。基于这一点，统一集团推出藤椒牛肉面，以"辣的清新爽口""麻的唇唇欲动"作为卖点，在竞争激烈的方便面市场格局中抓住了年轻人对麻辣口味的消费需求，受到了广泛的关注，让人印象深刻。在藤椒牛肉面刚上市之际，还未曾进行相关营销宣传时，网上就已经有众多消费者进行了自发安利，口味独特的藤椒牛肉面收获了众多良好口碑。除了普通消费者，还有一些美食大号也加入了安利的队伍，折服在藤椒牛肉面创新的清香椒麻口味之下，如微博@吃货樱桃酱、微信@魔都食鉴局等都自发创造了不少"免费软广"（图8-5）。

图 8-5 消费者对藤椒牛肉面的"自发安利"
资料来源：http://www.sohu.com/a/214458556_505786

而在知乎论坛也有人专门发起相关话题，并引起了广泛的讨论，众多网友亲身测评，从口感的角度为其进行了软宣传（图8-6）。

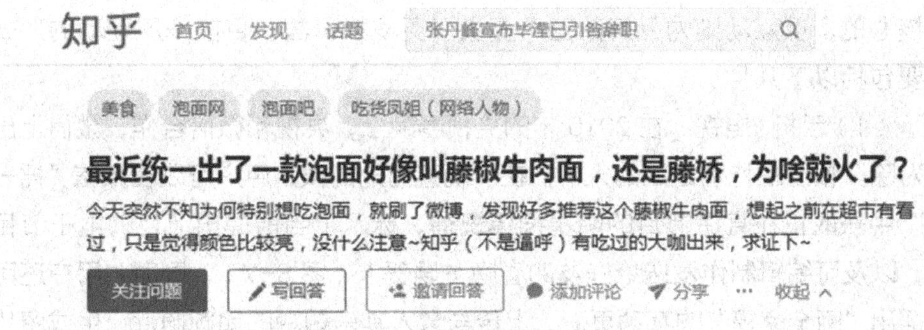

图 8-6 知乎论坛对藤椒牛肉面的讨论
资料来源：https://www.zhihu.com/question/66741302?sort=created

此外，除了常规的社交媒体宣传之外，统一集团还结合年底的圣诞节、元旦等节日热点在社交媒体上进行了营销传播。藤椒牛肉面围绕"触电的那种感觉"在自媒体展开传播，利用自媒体本身易传播、高互动的特性，围绕品牌利益点"触电般的心动"与消费者进行感性沟通，并以"CP"作为创意点，成功借势微博KOL 中的流量 CP "苍南派"和"芒果宓"，将话题契合度推至最高。这一举措成功让藤椒牛肉面的卖点"触电"与"恋爱、心动"等词搭上线，扩充了消费者的品牌联想，还让品牌认知度得到了进一步的提升。

（三）利用最新技术为互动沟通提供支持

互动技术的发展使品牌与用户之间的互动变得更加有趣和精准，按照互动技术多元化和场景来划分，主要分为多屏互动、本地定位互动、H5 互动等几种主要的方式。

第一，多屏互动。移动互联网时代是一个多屏时代，人们在日常生活中每天都会在不同的屏幕之间来回转换，手机、电脑、电视、电影、LED 屏、智能手表等。众多的屏幕分散了用户的注意力，品牌如果想要将自身的信息广泛地传达到目标用户中，则需要进行多屏投放。多屏互动的本质是动员更多的用户参与进来，只有互动起来才可以增强用户对产品和品牌的黏性和好感度，才可以持续地保持热度。通过互动，用户长时间地聚集在一起对话题讨论和裂变，从而实现品牌信息的有效传播和品牌价值的无形积累。以手机为核心的多屏互动则为品牌的互动提供了更多的玩法,目前多屏互动的形式主要包括以下几种。

（1）手机+电视。在2015年的央视春晚上,央视和微信合作,微信上出现为除夕和春晚特别定制的入口。在春晚直播的时候,用户可以在微信"摇一摇"中获取正在直播节目的明星拜年祝福、标示了当前播出节目的电子节目单,以及可编辑制作发送给好友的春晚主题贺卡(图8-7)。同时,用户还可以摇出"晒全家福"的互动页面,上传与亲人其乐融融的团圆照片,生成图片分享到朋友圈,更有机会出现在春晚现场。而在22点30分左右,"全民抢红包"环节则让当晚的气氛达到了最高潮。事后数据显示,除夕0:00~19:00,微信红包的收发总量达到4亿次,摇红包的总参与人数达2 000万。截至21点,微信红包的收发总量达到6亿次,摇一摇次数为8.57亿次。10点半央视春晚送红包,微信摇一摇总次数72亿次,峰值8.1亿次每分钟,送出微信红包1.2亿个[①]。

图8-7　2015年央视春晚直播时的微信"摇一摇"
资料来源：2015央视春晚：微信摇一摇红包引发全民互动狂欢[EB/OL]. https://tech.qq.com/a/20150221/011066.htm, 2015-02-21

---

① 微信与央视春晚深度合作 除夕全民"摇一摇"[EB/OL]. http://tech.qq.com/a/20150216/008681.htm, 2105-02-16.

（2）手机+户外 LED 屏幕。以麦当劳在马来西亚做的一个户外互动广告为例。麦当劳为了在马来西亚进入夏季高温时促销其冰淇淋，在十字路口红绿灯处和用户玩了一次双屏小游戏；派人在路口挂广告牌宣传，指导用户进行交互；用户在手机上输入地址进行交互，转动手机上的风扇，广告牌上的风扇也会转动起来；越多人参与那么甜筒就不会融化，而参与的人就能获得免费甜筒一份[1]。

（3）手机+PC。手机相对于 PC 来说，优势是灵活便捷，而 PC 的多样化、宽广的视觉体验则是手机无法做到的，如果将二者进行结合，那么就可以为用户带来更加有互动性、参与感的全新体验。

第二，本地定位互动。2017 年春节，支付宝采用了"AR 实景红包"的新玩法，基于"LBS+AR"的方式，用户在发、抢红包时，需要满足地理位置和 AR 实景扫描两个条件，这种新鲜方式吸引了不少用户，也给春节带来了不一样的欢乐[2]。具体来说，通过结合地图和 AR 技术，用户可以在手机上看到现实生活场景下的红包，可能是藏在树下，也可能是在自己的卧室中，只要走到相应地点就可领取红包。

第三，H5 互动。H5 互动可以说是当下最火爆的互动营销方式之一，其故事化、强互动、强参与感、场景带入、社交性都成为品牌与用户进行深入互动的重要方式[3]。在利用 H5 进行营销推广的时候，可以遵循以下几个原则：一是在创意和内容上追新求异，一个让人眼前一亮的 H5 一定是一个极具创意、内容能打动人心的 H5。创意上结合品牌调性，从视觉、听觉等多方位做到创新，内容上要么是有趣、好玩的，要么是能提供实用价值或者能打动用户真实情感的。此外，还可以利用时下的话题热点进行借势营销，只有这样才能促进用户的主动转发分享。二是深挖 H5 的价值点，一个优秀的 H5 一定具备打动用户的点，品牌在利用 H5 进行互动营销时需要结合自身的品牌调性和目标消费者的特征，将品牌和产品调性抽象到用户的具体生活场景中去，力求与用户产生精神层面的共鸣。三

---

[1] 营销狗科普．"多屏互动"营销玩法汇总[EB/OL]．https://www.digitaling.com/articles/23424.html，2016-03-23．
[2] 刘国信．LBS+AR 基于消费场景的全新互动方式[J]．农村电工，2017，（5）：61．
[3] 孔斌．场景营销——互联时代企业制胜的方法+应用+实践[M]．北京：中国铁道出版社，2016．

是从技术上寻求突破,想要让 H5 脱颖而出,在技术的运用上也需要显得"高大上",可以结合时下的 VR、裸眼 3D、指纹解锁等多媒体技术进行制作。四是要进行多渠道的推广,充分调动身边可利用的渠道资源进行推广,如公众号图文群发、微信群、朋友圈、微博 KOL 的转发分享、线下活动推广等。

第九章　数字平台营销

广告主、第三方和数字媒体分别构成了数字营销中十分重要的三个角色。从2013年开始，传统媒体由盛转衰[①]，数字媒体逐渐占据了媒介生态的主导地位，数字媒体不仅规模大、数量多，更逐渐向垂直化发展，多屏互动、精准营销成为数字媒体营销的关键词。随着媒体向数字世界迁移，广告生态圈也在逐渐数字化重构，大数据、云计算、物联网等新技术赋能广告产业，数字平台在不断发展中趋于数字化、程序化和自动化。

第一节　数字平台与数字平台营销

数量庞大的数字媒体如何最大化填充自己的广告位？广告主面对海量的广告位如何做出最有利的选择？针对这些问题，媒体方和第三方都参与到整合的解决方案里——构建数字平台。

一、数字平台与数字平台营销的概念

在认识数字平台营销之前，首先我们要厘清"平台"（platform）这个概念。

[①] 根据《现代广告》2013年第7期的数据，2012年是报刊媒体广告经营额的最高值，此后呈现断崖式的下降，广播媒体和电视媒体此后基本上是小阴小阳，阴晴互现，再也未能有大的升幅，因此一般认为2012年是传统媒体由盛而衰的转折点。

在互联网中，产业平台是指提供两（多）种需求各有不同但又相互依赖的不同客户群体间进行互动的，由硬件、软件、管理服务体系、政策规则体系及交互页面等构成的基础架构[1]。简单来说，平台一般指连接双边或多边提供资源整合的中介。本章的"数字平台"指的是互联网广告生态中，为了使媒体的全部广告资源得到最大限度的合理利用，为了广告主迅速找到合适的媒体资源，最大限度地触达目标用户实现营销计划，媒体和广告主之间由媒体或第三方搭建的广告营销平台。具体包括广告联盟平台/广告网络（Ad Network）、广告交易（Ad Exchange）平台、需求方平台（DSP）、供应方平台（SSP）等。

在市场营销学的发展过程中，很多学者尝试定义"营销"，其中著名管理学家彼得·德鲁克对营销的理解最能反映当下数字化营销的特征——营销的目的在于深刻地认识和了解顾客，从而使产品或服务完全符合顾客需求，形成产品的自我销售[2]。数字平台将"广告当作一种商品"，数字平台营销就是通过网上广告平台聚合媒体资源，利用大数据等技术为广告位和广告主的需求做精准匹配，完成对广告位的售卖活动。

二、数字平台的演进历程

从传统广告购买方式到广告联盟，再到程序化广告，新技术和用户的力量驱动数字平台实现了从无到有、从粗放到集约、从人工到数字化的逐步演变。

（一）数字平台的兴起与演进

1997年，IBM在Chinabyte网站上投放了一个banner（网络旗帜）广告，这是我国第一个商业性网络广告，标志着我国网络广告的起步。随后搜狐、网易、新浪三大门户网站崛起，经历2001年国际互联网泡沫破灭的洗礼，网络广告在产品形态和经营思维上都有了很大创新，以Google为首的搜索引擎推出网络搜索引擎广告，推动了网络广告快速发展。2003年网络媒体因"天时、地利、人和"

---

[1] 刘学. 重构平台与生态：谁能掌控未来[M]. 北京：北京大学出版社，2017.
[2] 德鲁克 P. 管理：任务、责任、实践[M]. 王永贵译. 北京：机械工业出版社，2009.

而实现跨越[①]；之后搜索引擎、电子商务、网络游戏、视频网站、SNS、移动互联网、博客等相继成为互联网热点[②]；Web 2.0 时代用户原创内容和广泛分享增加了网民与互联网的黏着度，网络广告伴随着网络媒体的发展实现迅猛跃进。

  Web 1.0 早期，简单的网络广告类似传统广告的网络版，简约粗放且不成规模。随着网站增多和互联网技术的发展，以及 Cookies 技术被应用于网络定向广告，第三方的网络媒体广告代理公司发展起来，它们搭建起网络联盟平台，聚合大小网站广告资源，通过广告管理系统将广告主的广告放在联盟媒体中合适的广告位上，从广告主付给联盟媒体的广告费中收取一定费用。例如，好耶依靠 AdForword 广告管理系统搭建起中国第一个网络广告联盟——好耶广告网络（Allyes Ad Network）。随后搜索引擎、电子商务等大小网站如雨后春笋般蓬勃发展，与传统媒体不同，海量网站提供丰富的信息资源的同时用户也更为碎片化和分散化，很难通过购买少数几个媒体的资源就触达大部分用户，所以广告主通常只购买大型网站上的广告位，中小网站的广告资源就这么被弃之不顾。于是中小网站联合起来组成一个整体面向广告主，加入 Ad Network（广告网络）平台，由 Ad Network 与广告主谈判、定价、制定收费标准，并负责将广告散布在合适的媒体上，给联盟媒体分配费用。因为网站众多，市场上的 Ad Network 数量也与日俱增，2007 年以百度、阿里妈妈为代表的网盟出现，大的媒体（如百度、谷歌）和第三方代理公司（如好耶、易传媒）纷纷搭建广告联盟平台。平台的激增使平台手握的媒体资源不均衡，有时手中的广告主与媒体不匹配，平台与平台之间也相互转卖广告资源，但是几经转手，广告主和媒体之间的 Ad Network 越多，中介费用就越高。Ad Network 也显露出它自身的弊端：一是广告主并不知道发布媒体的定价。也就是说，Ad Network 是暗箱操作，给媒体的发布费用和收取广告主的费用只有平台知道，媒体和广告主双方并不相互知晓，所以双方对此都有不满。二是 Ad Network 水平参差不一。有些平台掌握的网站大多长尾且流量小，广告主质疑广告效果，自然导

---

① 彭兰. 中国网络媒体的第一个十年[M]. 北京：清华大学出版社，2005.
② 黄河，江凡. 论中国大陆网络广告的发展分期[J]. 国际新闻界，2011, 33（1）：92-98.

致广告主对平台失去信任[①]。于是更透明公平的 Ad Exchange（广告交易）平台应运而生。世界上最早的广告交易平台是 2005 年出现在美国的 Right Media。国内第一个面向全网的实时广告交易平台 Tanx（Taobao Ad Network & Exchange）也于 2011 年 9 月由阿里妈妈正式对外发布。

Ad Exchange 也是一个中介，Ad Exchange 不仅仅联合 publishers，它同样把 Ad Network 联合起来，这些拥有广告位的，被统一用"供应方"（supply side）来指代。Ad Exchange 为这些供应方提供了一个用于展示自己的资产（即广告位）的界面[①]，广告主可以自行选择需要的媒体资源。同时 Ad Exchange 上的定价机制是"价高者得"，随着技术发展成为 RTB，同一个广告位，广告主可以根据效果和竞争情况随时调整出价。随之又发展出了 DSP（需求方平台）、SSP（供应方平台），DSP 对接 Ad Exchange 平台面向广告主，利用大数据技术将繁多的广告位转化为不同类型的目标消费者，为广告主简化操作，方便广告主挑选能触达目标消费者的广告资源。同理 SSP 对接平台和供应方做类似工作，但是国内几乎没有真正意义上的 SSP。2013 年程序化购买概念被提出，程序化购买是基于自动化系统（技术）和数据来进行的广告投放。当下程序化广告生态的主要角色有广告主、DSP、Ad Exchange、SSP、媒体以及 DMP 和第三方监测平台等。

程序化购买的优势也是突破性的：与传统人力购买广告不同，程序化广告投放形式、投放时间、预算分配更加灵活，提升了广告投放效率，减少了人力谈判成本[②]；同时从传统购买媒体广告位转换到购买目标人群，使广告投放效果更可控。

从 Ad Network 到 Ad Exchange，是数字平台根据市场需要的自我进化，不过 Ad Network 在程序化购买的广告生态里仍然发挥着作用。例如，移动广告平台将 DSP 模式与 Ad Network 结合起来形成 DSPAN。虽然 Ad Exchange 平台能使需求方获得多样化的流量，在广告投放效率上优势突出，但是在大的

---

① 半小时读懂互联网广告新生态[EB/OL]. https://zhuanlan.zhihu.com/p/21882204.
② 许正林，马蕊. 程序化购买与网络广告生态圈变革[J]. 山西大学学报（哲学社会科学版），2016, 39（2）：72-78.

整体营销活动中，广告主希望使用声量大、与自身调性相匹配的优质媒体，Ad Network 搭建起一个广告主能直接采购媒体的广告网络，通过自身的优势掌控着大型或垂直媒体资源，契合客户希望的媒体曝光控制力、品牌调性安全确保等营销诉求。DSPAN 结合了 DSP 的高性价比投放效率与 Ad Network 的优质流量锁定能力[①]，为广告主提供了更好的解决方案。

（二）技术与用户造就数字平台变革

2016 年中国社会科学院新闻与传播研究所发布的报告指出：2015 年中国传媒业市场发生了革命性变化，互联网媒体广告收入首次超过电视、报纸、广播和杂志四类传统媒体广告收入之和[②]。这标志着广告市场的未来将由数字媒体广告主导，中国广告生态圈已经彻底改变。

1. 技术变革推动数字平台搭建

是什么推动了数字平台乃至整个广告生态圈的变革？是技术！技术上的变革推动了互联网走过门户时代、搜索时代、视频时代、社交时代、移动时代、场景时代，直至进入人机对话、物物相连的智慧时代。技术创造了新的需求、新的机会和新的资源[③]。从以门户网站和个人网站为代表的 Web 1.0 到以 Facebook 和 Twitter 为代表的 Web 2.0，甚至是尚在展望中的万物互联的 Web 3.0 时代，技术是推动这一切进步的动力。

其一，互联网技术的发展、各类网站的崛起，为数字平台的搭建创造了需要。

其二，Cookies 技术可以辨明用户身份，追踪用户在网上的行为轨迹并记录数据，以此了解用户的兴趣爱好和需求。以这项技术为基础的网络定向广告将网络广告与传统广告区隔开来，使网络广告更具有针对性、有效性，奠定了数字营销的基石。

其三，数字压缩技术和储存技术的提升则推动了数字媒体内容的生产、存储、复制、查找都极为方便。Web 2.0 时代每个人都可以成为内容生产者，生产图文

---

① 移动互联网广告里的 DSPAN 是什么？[EB/OL]. https://www.zhihu.com/question/43607213.
② 唐绪军. 新媒体蓝皮书：中国新媒体发展报告[M]. 北京：社会科学文献出版社，2016.
③ 万木春，胡振宇. 数字营销再造——"互联网+"与"+互联网"浪潮中的企业营销新思维[M]. 北京：机械工业出版社，2016.

或视频内容，传统媒体的内容在海量的数字媒体内容面前黯然失色。越来越多的用户选择互联网作为接收信息和娱乐的渠道，广告投放重心随之转移，网络广告发展势头良好，自然促进了数字平台的崛起。

其四，大数据和用户画像技术则给了传统媒体最后一击，媒体从未像今天的数字媒体那样了解他们的用户，掌握他们的喜好、动向。对于数字平台来说，大数据主要应用于：通过收集记录网站上用户的大量数据，经过分析揭示用户一定的行为模式和发展趋势，识别媒体所触达的用户，从而帮助广告主达到精准投放、精准营销的目的。媒体的广告价值在于它背后的用户群，购买媒体即是购买目标用户，大数据帮助平台和广告主清楚地了解媒体所代表的用户类型，更好地选择能精准触达用户的媒体。同时可视化技术通过把复杂的数据转化为可以交互的图形，帮助客户更好地理解分析数据对象，发现、洞察其内在规律。用户行为偏好通过数据可视化，促使精准营销又迈出了一大步。

其五，LBS技术和移动互联网的发展使更多功能性媒体平台出现。例如，做电子商务的淘宝、京东，做生活服务的滴滴打车、大众点评。场景营销、口碑营销、O2O线上线下联动，广告与营销融为一体。移动数字平台可以为广告主提供更好的解决方案，逐渐凸显出价值。

2. 用户是数字平台演进的重要驱动力

2016年《时代周刊》选出的封面年度风云人物是"You"，是每一个改变信息时代的人，每一个创造和使用互联网的人。与用户的互动性是数字营销传播的本质特征，也是数字营销区别于传统营销的首要特征。一般来说，数字媒体互动主要有三种形式——人际互动、人机互动和人与信息互动[1]，多互动形式给予了用户更多的体验。传统媒体霸占着有限的信息传播渠道，拥有绝对的权威，占据着话语权的制高点[2]。而"新兴数字媒介极大降低了公众参与营销传播的'门槛'，借助数字媒介'意见平台'和'公共空间'的互动效应带给人们更多的自主表达机会和参与传播的权利。以往传播者和接受者之间的界限模糊了，被认为建构的

---

[1] 姚曦，韩文静. 参与的激励：数字营销传播效果的核心机制[J]. 新闻大学，2015，（3）：134-140，145.
[2] 程明，战令琦. 传统媒体的"解构"与新媒体的"解读"[J]. 今传媒（学术版），2017，25（2）：4-7.

受众时代该终结了"[1]。开放的数字营销平台重视与用户的双向互动与沟通,用户获得了充分的参与权和自由的表达权,参与越多,卷入度越高。大众推翻了传统媒介主导的受众时代,进入了数字媒介的用户时代。用户对数字平台演进的驱动主要表现在以下几个方面。

其一,大众的活跃阵地转移带动了广告生态的重心转移,广告主的广告预算分配逐渐向网络广告偏移,数字平台得到了生存发展的机遇。

其二,用户碎片化,分散在互联网的各个平台、垂直化网站上,为了方便广告主找到自己目标用户的踪迹并精准地将自己的广告曝光在目标用户眼前,数字平台力求找到最利于广告主和媒体的解决方案,促使了自身的演进。

其三,用户的高参与、强互动也促成了社会化营销、场景营销等新的广告营销方式出现。Ad Exchange 平台具有实时监控与竞价、直接效果反馈的优势,而 Ad Network 平台则掌握了优质的垂直媒体资源,数字平台相互整合,发挥各自优势,朝视频、社交、跨屏、移动等方向发展。

技术和用户共同促成了数字平台的演变进化,用户驱动了需求,技术则是解决方案,有需求就会有供给,再有技术支撑助力,这是互联网生态中恒定的法则。

三、数字平台的类型

从初级聚合广告主和媒体的广告联盟平台,到逐步实现程序化、自动化的程序化广告平台,数字广告生态圈日益扩大,物种逐渐增多,服务于各种细分需求的角色平台仍将持续不断拓展。

(一)广告联盟平台

广告联盟平台是指连接上游广告主和下游加入联盟的中小网站,通过自身的匹配方式为广告主提供高效的网络广告推广,同时为众多中小网站提供广告收入的平台[2]。细分的话,通常分为 Affiliate Network 和 Ad Network。

---

[1] 田智辉. 新媒体传播:基于用户制作内容的研究[M]. 北京:中国传媒大学出版社,2008.
[2] 中国程序化购买市场趋势展望报告[EB/OL]. http://report.iresearch.cn/wx/report.aspx?id=3017&from=imeline&isappinstalled=0,2017-06-28.

1. Affiliate Network

一般称之为网盟,狭义上的网络联盟,主要代理广告。网盟在平台上聚集有需求的广告主,为之匹配合适的流量供应方,媒体发布广告后,按 CPA(cost per action,根据用户行为付费,注册、安装、填信息等)或 CPS(cost per sales,按成交计费)结算,平台则收取一定的中介费用(图 9-1)。

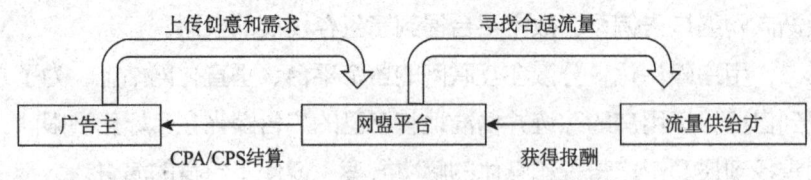

图 9-1 Affiliate Network 运作示意图

2. Ad Network

一般称之为广告网络或广告平台,主要代理流量。中小网站和自开发 APP 流量有限,垂直细分程度高,没有足够的成本和精力去做用户数据分析、寻找广告主、精准匹配。但是它们细分程度高,用户群单一,广告投放成本低,对于部分广告主来说是极好的媒介资源。广告网络以批发代理的方式从中小网站、APP 手中收购这些流量,用平台的技术算法去做数据收集挖掘和精准匹配,卖给合适的"流量需求方"。通常以 CPC(按点击收费)或 CPM(按每千次展示收费)的方式结算(图 9-2)。广告平台一般分为三类。

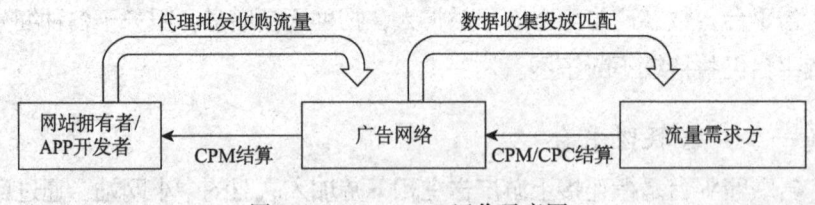

图 9-2 Ad Network 运作示意图

(1)垂直类广告网络(Vertical Network),把某一领域相关媒体资源全部集合起来,如包断汽车类广告的媒体资源,整合卖给广告主。易传媒就属于这类。

(2)盲广告网络(Blind Network),这种类型聚合的媒体种类多杂,采购价格低，冗余媒体较多，国内大多是这类广告网络。

（3）定向广告网络（Targeted Network），这类广告网络自身技术能力较强，基于内容和行为定向技术，达到更精准的效果，互动通的 iFocus 就属于内容定向的广告网络，在采购优质媒体的基础上，通过对网页的内容分析来实现相关的广告匹配。

两类广告联盟平台主要的区别在于：Affiliate Network 平台聚集广告主需求，代理广告；Ad Network 平台聚合媒体流量资源，代理流量。

中国早期主流广告联盟平台以 Affiliate Network 为主，2007 年底随着广告联盟市场的成熟发展，越来越多的联盟整合较丰富的媒体流量，以广告网络形式为广告主提供广告投放。例如，好耶在早期开发 Ad Forward 广告管理系统，可以针对地域定向投放，赢得许多客户签约，2000 年好耶开始代理大大小小的广告位，好耶向广告主争取网络广告合同，然后通过自己开发的 Ad Forward 软件，将广告转发到广告联盟成员的网站上，最后将广告主支付的广告费分一部分给广告联盟成员，其中的差价则是好耶提供代理服务的报酬[①]。于是好耶搭建起中国第一个收费运营的网络广告联盟——好耶广告网络（Allyes Ad Network）。同时拥有 Affiliate Network 和 Ad Network 的好处是显而易见的，通过自己代理的低价流量推广自己代理的广告，省去了单纯的 Affiliate Network 再向外寻找流量的环节和成本，当然条件是自己的体量要够大，代理的流量要够全。本章中的广告联盟平台多指聚合媒体流量资源的 Ad Network 平台。

（二）程序化广告平台

广告联盟平台虽然能做到聚合资源和使用一定数据分析及匹配技术，但是并未做到完全的数字化和自动化，随着数字化的深入发展，程序化广告概念被提出。

程序化广告链条中主要包括广告主、DSP、Ad Exchange、SSP、DMM、媒体及第三方检测分析平台这几个主要角色。

---

① 杨志. 好耶"六年"暗战互联网广告[N]. 中华新闻报，2005-12-14.

1. Ad Exchange

广告交易平台，聚合流量供应方和流量需求方，平台为流量供应方提供一个展示自己广告位的界面，流量需求方包括广告主、广告代理公司及 Ad Network，它们可以在自己的界面上查看这些广告位的情况。前面提到 Ad Network 平台中，平台是一个"黑箱"，广告主和媒体双方都没有定价权，而 Ad Exchange 则采用完全透明公平的"市场机制"——价高者得，同一个广告位被多个需求方看中，那么出价最高的需求方将获得这个广告位。整个平台就像是一个股票交易市场，随着技术进步，原来两天才能完成的交易现在一秒钟就能走完整个流程，这就是实时竞价。著名的 Ad Exchange 有谷歌收购 DoubleClick 后推出的 ADX。

2. DSP

需求方平台，对接广告交易平台和众多广告主，主要是帮助广告主简化媒介选择。广告交易平台上拥有海量的广告资源，广告主面对如此庞大的资源无从选择，而需求方平台对接广告交易平台，接入第三方数据并用先进的数据分析技术，描绘出媒体的用户画像，用简单的界面告诉广告主每次展示的价值和广告可触达人群，把购买媒体转化为购买目标用户，广告主可用实时竞价的方式在 DSP 上购买广告资源。现在市场上的 DSP 有两类：一类是独立的 DSP，如品牌类品友互动、游戏类新数、璧合等，它们不拥有媒体资源，相对公正；另一类依附于流量，包括媒体、Ad Exchange 和 Ad Network，如腾讯的智慧推、新浪的扶翼、谷歌的 DBM、聚效、广告家等，它们自身拥有媒体资源，在做推荐时自然给自己的资源更多权重。这类 DSP 又分为移动 DSP、视频 DSP 等。

3. Trading Desk（程序化交易平台）

Trading Desk 最开始只是 4A 广告公司旗下统一负责程序化资源采购的中心，它们采用人工服务的方式，在投放过程中手动优化广告效果。随着 DSP 种类和数量的增多，广告主和广告代理公司对选择 DSP 又出现了选择困难，所以第三方的 Trading Desk 发展起来，以产品和技术驱动，整合 DSP、DMP、PCP（programmatic creative paltform，程序化创意平台）、第三方监测分析平台、Brand Safety（品牌安全）等，成为一站式智能管理平台。代表为 MarketIn、

Reachmax 等。

4. SSP

供应方平台，同样地，媒体也需要一个平台打点和各个广告交易平台的关系，通过 SSP，媒体希望它们的广告位能够得到更多的填充率和价格。中国现在还没有真正的 SSP，媒体大都直接和广告交易平台对接。

5. DMP

数据管理平台，DSP 通过 Cookies 技术和跨域追踪，能掌握较全面的用户数据，整合分散的多方数据，并且 DMP 通常要有强大的数据挖掘分析处理技术能力。一般数据分为三类：第一方数据是广告主直接掌握的数据，如通过广告官网、线下门店直接收集的用户浏览购买数据；第二方数据是和广告主投放的广告相关的，如媒体上用户对广告的反应和互动数据；第三方数据是指由除广告主和媒体之外的第三方如运营商和广告监测公司掌握的数据。泛化的 DMP 也可分为三类：数据管理方 DMP、数据提供方 DMP 和数据交易方 DMP。

（1）数据管理方 DMP 为广告主服务，需要拥有清洗数据、管理数据、建模和优化数据的能力，整合三方数据为广告主智能决策服务。

（2）数据提供方 DMP 是拥有大量数据资产的公司，它们为了使自己的数据变现，开放自己的数据对接外部平台，如国内的 BAT 和运营商公司都在搭建这类平台。在欧美市场被称为数据提供者（data provider）。

（3）数据交易方 DMP 是指以电子交易为主要形式，通过线上数据交易系统，建立数据标准、交换规则，撮合客户进行数据交易的平台。数据拥有者根据自身需求，以互换、采买等方式将所拥有的数据资源在这种 DMP 平台上进行公开或私下交易。数据交易方 DMP 在欧美市场通常被称为数据交易平台（data exchange）[1]，目前中国市场还没有这类企业。

因为数据缺失或不全面等原因，程序化购买平台一般都会接入专业处理数据的 DMP，帮助广告主做媒体广告资源分析和匹配工作。

---

[1] 中国视频广告程序化购买市场发展专题分析[EB/OL]. https://www.analysys.cn/article/analysis/detail/1000450, 2016-12-20.

6. 广告服务平台

分为程序化创意平台 PCP（programmatic creative platform）、广告验证平台（Ad verification platform）、第三方检测分析平台（measurement & analytics platform）。

（1）程序化创意平台。通过技术生成海量创意，并利用算法和数据对不同用户动态地展示广告并进行创意优化，这个过程叫作动态创意优化（dynamic creative optimization，DCO）[1]，能够达成千人千面的广告投放。

（2）广告验证平台。广告验证平台通常也为品牌广告主服务，为其提供广告投放过程中的品牌安全（brand safety）、反作弊（anti-fraud）、可视度（viewability）等保障，通过分析投放媒体的内容合法性、正面性，为品牌广告的投放提供和谐的媒体环境[1]。

（3）第三方检测分析平台。广告主选择信任的第三方检测机构监测广告投放的数据，看是否与广告投放平台一致，防止中间出现虚假流量。一般使用秒针系统、AdMaster 等。

从传统广告购买方式到广告联盟，再到程序化广告，新技术和用户的力量驱动数字平台实现了从无到有、从粗放到集约、从人工到数字化的逐步演变。

四、数字平台营销的特征

相比传统广告媒介购买来说，数字平台营销完成了一次历史性的产业升级，广告行业实现了信息化、数字化和自动化。帮助广告主节省了那"一半被浪费的广告费"，对于广告主和媒体来说都提升了效率和效果。

（一）自动化

营销与技术相结合，从传统人工排期、与媒体对接购买到程序化购买、自动化精准化投放，营销自动化是营销的一次重大升级。程序化购买通过数字平台帮助广告主自动执行广告媒体购买流程，用技术算法取代许多传统媒体购买过程中

---

[1] 舜飞 2017《品牌程序化广告投放指南》重磅发布[EB/OL]. http://news.iresearch.cn/content/2017/03/267180.shtml，2017-03-03.

的人力对接环节,极大地提升了效率。在传统的人力购买模式广告投放过程中,广告主需要预先制定半年到一年的预算框架,其后进行媒体排期。一旦合作细节敲定之后,广告的投放相对固定,中途变动流程会比较复杂[①]。而在当下的互联网时代,信息瞬息万变,几个月甚至长至一年的媒介购买已经略显迟缓滞后。而Ad exchange 实时竞价,广告位可以即买即投,竞争对手及报价都透明可见,效果反馈可视化。购买交付都在网上完成,极大地减少沟通对接的人力资源成本,提升了媒体广告位售卖的效率。

(二)数字化

数字化生存的时代,营销传播也朝着数字化方向演进,不只是媒体的数字化、网络化,营销全产业链都要信息化、数字化,才能全面配合数字营销的效率。用户画像描绘出数字化的消费者,数字化媒体占据着人们几乎全部生活,平台力求通过三方数据洞察消费者、投放管理、反馈效果、调整优化。点击、浏览、跳转、购买等行为都被数据记录,再通过数据挖掘、分析勾勒出清晰的用户侧写,反映投放效果。数字之于数字营销好比字母之于文章、基因之于个人,它是基础性构成。传统营销想嫁接是不可能的,除非保留外表形式,将基因替换掉,全链条数字化才能实现通路。

(三)精准投放

广告对谁说、说什么、怎么说、什么时候说、什么地点说的问题一直困扰着营销人员。广告联盟在一定程度上提高了广告主的媒体购买和投放效率,广告主可以同时在多个媒体进行投放,并自主选择具体的投放地区、投放时间、人群标签等定向条件。但是广告联盟的人群标签是预定义的,不能根据需求个性化定制[②]。而程序化广告则能实现对用户属性的精准定向,借助程序化创意实现"千人千面";程序化广告平台实现了从买媒体到买目标用户的转变,大数据和用户画像技术助力精准营销,媒体背后的用户被清晰地勾勒出来,广告主可以通过媒

---

① 许正林,马蕊. 程序化购买与网络广告生态圈变革[J]. 山西大学学报(哲学社会科学版),2016,39(2):72-78.
② 梁丽丽. 程序化广告:个性化精准投放实用手册[M]. 北京:人民邮电出版社,2017.

体资源的搭配组合最大限度地触达自己的目标用户，提升广告效率和效果。

（四）整合

整合是数字营销平台发展的关键词，为了整合广告资源、广告联盟、广告交易平台出现；为了整合众多的 DSP，TD 一站式服务出现。数字互联的时代，海量资源和信息常态化，拥有整合能力、能迅速找到最优解决方案的企业和服务会脱颖而出。

（五）传播渠道多屏、跨屏

最早的广告联盟平台只做网站上的展示广告，如 Banner、弹窗等。随着互联网生态的扩大，搜索、门户、电商、网络游戏、视频、社交……以及 PC、移动、多屏、跨屏等营销热点和渠道层出不穷，媒介购买的选择也更多。悠易互通提出"程序化购买+"的概念，"+"就是要跨平台，包括线上、线下、跨屏、跨渠道、跨设备，连接品牌和消费者[①]。传播渠道力求覆盖用户活动的全场景，增加触达用户的机会、数量和频次。

五、数字平台营销的交易模式

对于媒体特别是大型媒体来说，广告资源分为三档：第一，稀缺优质资源，如网站首页广告位、频道首页广告位，这类资源一般由媒体直接售卖；第二，频道点进去的第二、第三级广告位，这类一般包给广告联盟平台；第三，末级页面广告位，这类长尾资源一般通过广告交易平台 RTB 竞价出售。媒体资源的优劣影响了媒介购买的方式和价格。2014 年 IAB 美国互动广告局从资源售卖角度，针对数字广告投放的程序化交易的四种模式进行了划分和定义（表9-1）。根据流量是否可以竞拍，竞拍是否公开，以及流量是否有保证三个问题，将程序化购买分成了 4 种交易模式：公开交易市场、私有交易市场、保价保量、保价不保量（图9-3）[②]。

[①] 万木春 胡振宇. 数字营销再造——"互联网+"与"+互联网"浪潮中的企业营销新思维[M]. 北京：机械工业出版社，2016.

[②] 许正林，马蕊. 程序化购买与网络广告生态圈变革[J]. 山西大学学报（哲学社会科学版），2016，39（2）：72-78.

表 9-1　IAB 关于程序化广告的四种典型模式的定义

模式	库存是否保证？	出价方式	资源拥有者	相关术语
程序化直接购买（PDB）	保证库存	固定价	广告主私有	Programmatic Direct Buy（私有程序化购买，PDB） Automated Guaranteed（自动化保证） Programmatic Guaranteed（程序化保证） Programmatic Premium（程序化溢价） Programmatic Direct（程序化管理） Programmatic Reserved（程序化保留）
优先交易（preferred deal）	非保证库存	事先出价	广告主私有	Preferred Deal（优先交易，PD） Private Access（私人访问） First Right of Refusal（优先购买权）
私有竞价（private aution）	非保证库存	竞价	少量广告主	Private Marketplace（私有市场） Private Auction（私有竞价，PA） Closed Auction（非公开拍卖） Private Access（私有访问）
公开竞价（open aution）	非保证库存	竞价	公开	Real-time Bidding（实时竞价，RTB） Open Exchange（开放交易） Open Marketplace（开放市场）

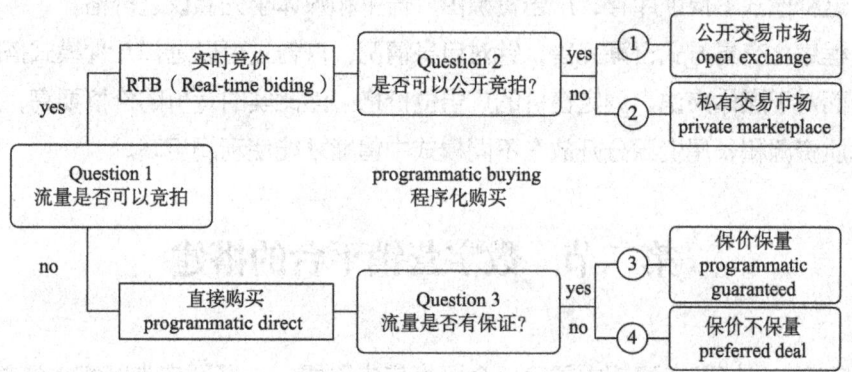

图 9-3　程序化购买交易方式

资料来源：中国程序化购买指数[EB/OL]. https://max.book118.com/html/2019/0217/8046055002002007.shtm, 2019-02-07

1. Ad Network 模式（广告联盟）

广告联盟模式实际上还是传统媒体的购买方式，具有人工、非实时和一篮子售卖的特征，不属于程序化购买，但在当下互联网广告生态中仍发挥着作用，特别是上述的 DSPAN，在移动程序化购买中扮演了特别的角色。

2. 剩余流量 RTB 公开竞价（公开交易市场）

这种模式不能保证库存，公开竞价，售卖的流量一般都是长尾流量，流量作弊现象较严重，但可以根据实时反馈数据优化广告投放，提高投放效率。

3. 私有竞价 PA（私有交易市场）

这种模式不能保证库存，少量广告主半公开竞价，私有竞价相当于一个 VIP 小交易市场，较好一点的流量会由好一点的广告主竞价购买。

4. 私有程序化 PDB 模式（保价保量）

这种模式库存有保证，广告资源是广告主私有的。通常适用于大的广告主，大广告主采用传统广告排期采买第一档、第二档的优质稀缺媒体资源，同时运用智能化、精准化的程序化技术手段做千人千面的广告投放。2013 年品友和通用做了中国第一个 PDB。

5. 优先交易 PD（保价不保量）

这种模式不保证库存，广告资源由广告主和媒体事先商议过价格。

程序化交易方式日渐完善，针对自身情况，广告主可以选择几种模式搭配使用，而对于媒体来说，固定售价的广告位价格必然比实时竞价的价格要高，所以将优质资源和长尾资源分开放在不同模式中售卖才能使利润更高。

第二节　数字营销平台的搭建

2000 年好耶搭建起中国第一个网络广告联盟——好耶广告网络，到 2013 年程序化购买正式在中国落地。从广告联盟到程序化购买的升级实现了预定义人群定向到自定义人群精准定向的跨越[1]。程序化购买在进入中国的五年内实现了迅猛的增长。艾瑞报告显示 2017 年中国程序化广告支出达 332.3 亿元，比 2016 年增长了 61.8%。广告主、媒体及第三方数字营销公司都加入了搭建数字营销平台的浪潮之中，力求在这场以数据为新动力的数字革命中获得更多的话

---

[1] 梁丽丽. 程序化广告：个性化精准投放使用手册[M]. 北京：人民邮电出版社，2017.

语权和利润。

一、广告主与数字营销平台

广告主通常直接和第三方的数字营销平台对接或者通过广告代理公司对接，但是随着数据的价值被挖掘，广告主意识到自己第一方数据的重要性，所以为了避免数据泄露，广告主也会自己搭建部分数字平台。正如埃森哲互动全球程序化业务负责人 Scott Tieman 所言：客户正在寻求让他们的程序化广告购买"In-house"化，因为他们希望收回媒介购买能力的控制权[1]。

（一）广告主的类型

目前，互联网广告主要分为效果类广告和品牌类广告，相应地也可以把广告主归为这两类。

（1）效果类广告主很注重广告的营销效果转化，关注投资回报率。这类广告主以电商和游戏类企业为代表，一般采用 CPA 或 CPS 结算。由于效果容易衡量且可见，程序化广告初期以这类广告主为主，如京东、携程等。

（2）品牌类广告主注重品牌曝光和触达用户进而影响用户的心智。这类广告主以快消、汽车、金融、房产等企业为代表，KPI 考核一般以曝光、到达为主。由于效果不易衡量，广告主投放比较谨慎，会挑选一些知名的大型媒体网站做投放，注重投放环境氛围的影响。进入程序化购买较早的品牌广告主有宝洁、海尔、IBM 等。

随着程序化广告趋于稳定，品牌类广告增长迅速，目前两类广告在程序化广告中占比较为平均。

（二）广告主使用数字营销平台的原因

广告联盟和程序化购买作为新媒介购买形式刚出现的时候，广告主大都持谨慎态度，但是互联网时代日新月异的更新速度，新技术带来的商业利益不断更新着广告主的认知和快速接受新事物的能力。

---

[1] 埃森哲正式进军程序化购买营销！[EB/OL]. https://mp.weixin.qq.com/s/9wIwK6jjg3PHLpaIaxuqbQ, 2018-05-28.

（1）数字化的革新。数字化生存时代，互联网颠覆了人们的生活方式，企业的大部分用户以及未来的目标用户都是互联网原住民，广告主投放广告的阵地转移，相应产业链上的服务也随之变革，广告联盟只是初级形式改头换面，包括程序化洞察、程序化创意和程序化购买的程序化广告才是数字化对广告生态的彻底革新。

（2）互联网广告生态圈的复杂。曾几何时，传统媒介只有报纸、期刊、电视、广播这寥寥几种渠道，在得流量者得天下的时代，中国企业只要垄断流量，业绩就会大幅增长。而互联网媒体去中心化，不仅有丰富的渠道如 PC 端、移动端等，还有层出不穷的形式，如从早期的弹窗、Banner、视频到近期的图文、信息流、短视频及原生广告等。面对如此海量的媒介形式和渠道，广告主和代理公司都感到复杂，广告联盟和程序化广告恰好在合适的时间为需求方理清了这其中的千头万绪。

（3）营销效率和效果的双重提升。效率的提升表现在媒介采购和广告投放过程两个方面：传统媒介采购需要投入很多的人力成本去实现价格谈判、排期投放，现在只需加入交易市场，接入平台，网上选购；同时程序化广告数字化的特点使广告主能够对自己投放的广告进行最佳的组合，实现传统广告投放单向传播无法比拟的效率提升。效果的提升主要表现在：其一，根据大数据挖掘分析能做出精准的洞察决策；其二，不是购买媒介而是购买目标用户，使广告投放更加精准，覆盖面更广、转化率更高，同时避免浪费广告预算。

（三）广告主对接的数字营销平台

以广告主和代理公司为代表的需求方主要对接 DSP 和 TD 平台。广告主可以在 DSP 上管理广告活动和投放策略，DSP 通过对接 ADX 接入媒介资源，并通过技术和算法转化为目标用户供广告主选择，自动优化投放效果、提供数据报告。对接 TD 平台的多为品牌广告主，TD 整合多家 DSP，为品牌广告主大型营销活动服务，控制整体预算和发布频次，避免广告投放重复，优化营销活动的效果。

广告主选择 DSP 时也有很多考虑因素：平台的媒介资源整合能力；对数据的

整合优化及保密能力;是否能保障品牌安全;是否拥有丰富的实战经验;创新创意的能力及投资回报率的高低。广告主的服务要求将不断提高,严格把关,设置重重标准来考核平台的能力,杜绝流量作弊。

(四)广告主自己搭建数字营销平台

广告主自己搭建的平台主要是 DSP 和 DMP。

因为程序化购买市场在快速发展中尚未成熟,还存在很多不规范、不透明的地方。例如,宝洁是程序化广告最早试水的几大企业之一,2014 年宝洁甚至把 70%的广告费投在了程序化广告上,然而之后宝洁消减 Facebook 精准广告,给程序化广告打了个大大的问号。尽管 2016 年之后行业进入有序局面,但是广告主经历过程序化广告虚幻的泡沫之后,仍然怀疑市场的虚假作弊,基于维护自身数据的安全和隐私,广告主不信任第三方 DSP,所以大型广告主选择自建 DSP,把控制权掌握在自己手里。携程和网易都已有自己的 DSP。

广告主选择自建 DMP 往往是出于强化对自身企业内部数据的管理和使用,整合第一方数据与供应商和分销商提供的第二方数据、独立 DMP 公司的第三方数据,再通过分析获得更好的营销决策的目的。自建的 DMP 帮助企业管理分析三方数据,随时为企业提供用户分析和决策依据,在电商、游戏等行业的大型广告主内部较为常见。广告主通过两种方式搭建 DMP:自己搭建平台或寻找外部技术提供商搭建。例如,Ad Master 是第三方效果监测公司,但它不仅能够帮企业建立第一方 DMP,实现客户对自有数据的汇聚、管理,还能够为企业提供第三方效果检测产品,实现广告智能投放,并有效监督流量作弊与流量浪费,提高广告投放效果[1]。

二、数字媒体与数字营销平台

媒体使用数字营销平台是因为广告盈利几乎是所有媒体重要的收入来源,不论是广告网盟还是程序化购买都大大提升了媒体的广告投放效率,不论优质广告

---

[1] 龚恋雯. 程序化购买对广告公司的影响研究[J]. 广告大观(理论版),2017,(3):67-76.

位还是长尾流量都得到了最大化填充，提升了媒体的利润。在提升效率的同时，广告能够精准地曝光给有需求的用户，提升了用户体验，未来的程序化广告更能实现千人千面，契合每位用户的定制化推送。

媒体拥有独立的自有流量，如果再拥有一定的能力，媒体会选择自建广告网盟、DSP 和 SSP/AD exchange 平台。媒体的动力不仅在于从产业链上获得更多利润和话语权，还保证了自身数据安全，完善自身 DMP。媒体自建的广告平台如下：

（1）广告网盟：早期大媒体建广告网盟，吸纳中小媒体资源，并与自身媒体资源一起整合成网盟。通过为广告主采购流量赚取中间差价，同时也完成对自身长尾流量的售卖，如百度网盟和阿里妈妈网盟等。

（2）自建 DSP 平台：媒体拥有大量媒体资源，希望可以直接对接广告主，类似的有 BAT 及新浪 DSP。

（3）自建 SSP/ADX 平台：媒体的头部流量和部分优质流量以传统方式售卖后，剩余流量无法得到有效利用，为了提升广告填充率、售卖单价和售卖效率，媒体选择自建 ADX 平台，让自己的媒介资源利润最大化，如腾讯、优酷、爱奇艺、搜狐等都建有 ADX 平台（表9-2）。

表 9-2 媒体自建程序化购买平台一览表

媒体	广告网盟	广告交易平台（SSP/ADX）	DSP 平台
百度	百度联盟	百度 Bes	百度 DSP
阿里	阿里妈妈网盟	阿里 Tanx	阿里妈妈 DSP
腾讯	腾讯广告联盟	腾讯广告实时交易平台（Tencent Ad Exchange）、广点通程序化交易平台（GDT Ad Exchange）	腾讯社交广告（广点通）、腾果
谷歌	Google AdSense、Google AdMob	Double Click ADX	Google AdWords、谷歌 DBM（Double Click Bid Manager）
新浪	新浪移动联盟	新浪广告交易平台 SAX、微博广告交易平台 WAX	扶翼、龙渊
网易	网易联盟	网易 NEX 流量交易平台	有道智选 DSP

续表

媒体	广告网盟	广告交易平台（SSP/ADX）	DSP 平台
搜狐	搜狐视频网站联盟	搜狐 ADX	搜狐汇算
优酷土豆	—	优酷土豆 ADX	优酷土豆 DSP
小米	小米移动广告联盟	小米程序化广告交易平台 MAX	—
人人	—	—	人人 DSP
360	360SSP 媒体方平台（整合了原 360 广告联盟、搜索联盟平台、聚效广告平台及 360 移动广告联盟平台）	360MAX 流量服务平台	360 点睛实效平台

三、数字公司与数字营销平台

程序化广告生态不断有新的角色加入，除了媒体和广告主外，第三方成员——广告代理公司、媒介代理商、公关公司及咨询公司等广告投放产业链上下游公司，都纷纷通过投资、并购等方式进入程序化购买，2018 年咨询业巨头埃森哲旗下的埃森哲互动宣布正式涉足数字广告媒介购买领域，众多竞争者的进入大大加剧了行业竞争。

（一）搭建平台需要的能力

程序化广告重塑了广告购买行业，各方纷纷入局。但是，搭建数字营销平台并不简单，它对技术、资金、数据及媒介或广告主资源等方面的要求都很高。

（1）技术。互联网广告的优势在于数字技术及其应用。数字营销的发展得益于技术的助推，如美国 Double Click 公司率先将 Cookies 技术与网络横幅广告相结合，提高了横幅广告的针对性，随之好耶成功推出 AdForward 广告管理系统，采用国内 IP 地址精确定位系统和可扩充 IP 地址库技术，可以针对地域进行定向投放，依此建立中国第一个网络广告联盟。对于今天的程序化广告平台来说，数据处理技术和用户定向技术更是数字平台的核心竞争力；对于 DSP 和 ADX 平台而言，实时竞价需要快速的大数据处理能力，在收到多个竞价请求时，需要快速对流量进行匹配程度分析，并确保在 100 毫秒内做出响应。高水平的 DSP 不仅有自主研发的竞价算法，支持 QPS（queries per second，每秒查询率，用以衡量竞价服务器性能），还能在竞价前进行效果预估和竞价过程实时优化。同时 DSP 还要具备用户识别和定向能力，识别流量背后的消费者画像。平台支持越多的定向手段（如回头客、语义），每个定向手段做得越细越深，平台的水平越高。例如，舜飞每天可竞价流量大概有 500 亿，竞价请求数大约有 200 亿，这样大规模不间断的流量分析就需要成熟高效的数据技术和定向技术来支撑。

（2）资金。平台需要大量高质量的硬件基础设施，另外组建开发运营团队需要足够的人力成本，服务大客户还需要一定的周转资金。

（3）数据。马云在 2016 年提出新零售、新制造、新金融、新技术和新能源五大变革，数据就是未来的新能源，像今天的电能源对世界的影响一样支撑着未来的商业大厦。数据的完整和规模对于平台的运营来说至关重要，只有依托大量实际投放数据和人群标签数据，算法模型才能更精准地识别用户特征，DSP 自身积累数据和对接的第三方 DMP 的数据构成了 DSP 的核心竞争力。

（4）资源。客户资源和媒体资源。对于媒体自建、广告主自建或者广告公司、公关公司投资转型的平台来说，业务资源不是问题。但是对于第三方平台来说，没有业务资源就没有数据，没有数据再好的技术都会无的放矢。媒体资源不仅涉及流量的规模，还涉及流量的质量，品牌广告主偏爱正规优质媒体的流量，效果广告主偏爱能直接带来转化率的流量。而国内主要优质媒体通常有自建的 DSP，头部优势流量更是以直接销售或者 PMP（Private Marketplace，私有市场）模式售卖，这对第三方平台掌握优质流量是一个挑战，而且没有足够的客户购买平台上的流量，成本和运营每天都在消耗，很难获得盈利。

（二）未来平台搭建的趋势

程序化广告市场逐渐趋于饱和，供求方和交易平台等主要平台已经稳定在几个主要头部平台，但是随着技术进步，细分需求增多和渠道下沉，新的机遇点也不断涌现。

（1）垂直化数据平台。数字平台不断增多，蛋糕也被分得越来越小，部分平台开始深挖垂直领域，专注细分领域，将一个领域数据打通，把服务做到极致。例如，专注电商类的 DSP 有聚效和亿玛，游戏类的有新数、璧合、舜飞。新数网络累计服务页游超过 130 个，服务手游超过 60 个，客户包括游族网络、腾讯游戏、网易游戏、游戏蜗牛、趣乐多、4399、趣游网等[1]，并且新数在 2013 年就部署了程序化的海外游戏推广。多年的服务案例让新数积累了大量游戏行业数据及服务游戏客户的经验，在游戏类程序化购买上信心十足。

（2）程序化创意平台。程序化创意平台通过技术生成海量创意，并利用技术、算法和数据对不同用户动态地展示广告并进行创意优化，这个技术叫作动态创意优化。原理就是将广告画面拆分成几类元素，如背景、产品图片、文案等，然后根据投放的用户属性、媒介环境、场景等实时进行组合，保证用户跟创意的关联，使创意获得更好的互动效果。当然它也会根据某种组合得到的效果反馈，自动优化这种组合出现的频次，优化调整创意元素。动态创意优化的范围也不局限于平面广告，文章、视频、H5 页面都可实现动态创意优化。这项技术要基于人工智能的图像识别、文本分析和语音识别等技术，这几个核心发展维度都可以让创意有更广阔的拓展空间，因此程序化创意虽然当下较为稚嫩，但前景广阔。筷子科技是中国唯一一家第三方程序化广告创意商，成立以来一直在利用大数据和创意生成工具提升程序化广告的投放质量，同时也悄然改变着数字广告创意业务的生产方式和流程。在 2017 年 "618" 期间，筷子科技与京东全面合作，为京东平台的中小广告主大大提升电商销售效率[2]。如今程序化购买市场已趋于红海，广告的内容和创意是实现自动化程序化的下一个目标。AI 技术应用的困难，从服务电商向服务高创意要求的品牌广告主的升级同样也为程序化创意带来挑战。

---

[1] 专访 | 新数网络张翔：解密 2016 新数全面突破的秘籍[EB/OL]. https://www.sohu.com/a/124372915_123742, 2017-01-15.
[2] AI 时代，如何让程序化广告创意「说对话」？[EB/OL]. http://www.adexchanger.cn/tech-company/26546.html, 2018-02-21.

第三节 数字平台营销运作

2017年是程序化广告转折性的一年,在经历各种强烈碰撞摸索后,程序化行业经过自我淘洗,形成了相对有序的竞争格局,虽然数据孤岛、流量作弊、跨屏识别、品牌安全等程序化购买的困境依然存在,但是广告主、媒体和第三方数字公司都在做出共同努力:广告主更加理性投放;媒体加速布局整个产业链以求把控全局;数字平台则在媒介形式和技术上力求进步以期扩大整个程序化广告的版图。

一、广告主数字平台营销运作

程序化广告方兴未艾,互联网广告主首先试水,传统广告主则持观望态度。市场泡沫伴随着虚假流量等问题,使广告主加入或搭建数字营销平台更为谨慎。

(一)本地及中小广告主成为需求方中的重要增长点

艾瑞咨询的报告显示,自2012年开始程序化购买连年保持超100%的增速,2016年增速放缓,从高速爆发式增长转向中高速稳健式增长。现阶段程序化广告以快消、汽车、金融、房产等品牌广告主和电商、游戏、工具等互联网广告主为主[1]。这些广告主投放网络广告的时间长、经验多,愿意冒险尝试新技术。随着程序化市场日趋成熟,效果评估和监测更完善到位,很多观望的传统广告主、中小广告主不断加入程序化广告中来。互联网渠道和用户的整体下沉也促使本地广告主成为新的增长点。中小广告主更看重效果,关注转化率和投资回报率。

---

[1] 中国程序化购买市场趋势展望(2017年)[EB/OL]. http://report.iresearch.cn/wx/report.aspx?id=3017&from=timeline&isappinstalled=0, 2019-01-15.

（二）程序化广告购买"In-house"化，企业需要改变组织结构，与新的伙伴合作

Martech 成为品牌主未来发展趋势。包含 Adtech 的 Martech 是指品牌主自己将营销与数字化和经营深度结合，利用综合数字化手段实现增长，用整体的解决方案实现企业数字化转型和商业转型[1]。也就是把营销理念渗透到经营的每个环节，而不是分为业务和广告两个泾渭分明的板块。企业正在寻求程序化广告的"In-house"，搭建私有 DMP 和 DSP，累积更完整的数据为企业的战略决策服务。同时不再只有企业的市场部简单地管理媒介代理机构，还要有新的部门做媒介规划、测量、优化等方面的工作。咨询公司和 SaaS 合作伙伴已着手帮助企业搭建一种模式，解决从策略到技术等一系列问题。

（三）反作弊反虚假流量，广告主 KPI 考核严格，期待数字广告供应链更透明

2017 年伊始，宝洁表示"我们不想浪费时间和金钱在没有价值的媒介供应链上"，由此掀起了程序化购买光鲜的外衣，流量作弊、虚假交易和广告欺诈腐蚀着这个行业。来自 IAB 的报告指出，无效流量使广告主每年至少损失 42 亿美元。《数字新闻报告》称，47%的网上消费者都在使用广告拦截工具。此外，虚假机器人广告流量将继续浪费广告客户的预算，并削弱大众对数字广告的信任[2]。虽然广告主都在抱怨混乱的程序化市场环境，但是精准化的程序化广告是无法改变的大趋势。广告主在加大投入的同时也加强了防范，KPI 考核更加多样化，不止看点击率、转化率等指标，TA（target audience，目标受众）和频次等相关 KPI 也被作为考核标准。广告主也更加关注投放过程中的透明度，于是有能力的广告主自建 DSP，加强掌控能力，同时通过寻求技术工具来透明化供应链。例如，通过 Adobe Advertising Cloud 购买 AppNexus 库存服务的广告商，将在整个供应链中享有完全的透明度，能够让它们了解到有多少广告费用需要支付给指定的发布者。

---

[1] 谁动了广告公司的蛋糕？[EB/OL]. http://www.adexchanger.cn/media-agency/29813.html，2018-03-27.
[2] 程序化购买还有未来吗？[EB/OL]. https://mp.weixin.qq.com/s/POUzIWQGeeo0TQXq1niVgg，2018-05-31.

（四）品牌安全是程序化广告布局的重中之重

程序化购买虽然解决了精准投放问题，却忽视了广告呈现的媒体环境[①]。因在恐怖组织视频边上出现广告而遭众多广告主联合抵制的谷歌广告丑闻，震荡了整个程序化广告购买行业，至少有 250 家企业或机构相继宣布停止在 YouTube 平台上投放广告，其中包括星巴克、通用汽车、强生、BBC、英国《卫报》、欧莱雅、奥迪等著名品牌，对于品牌安全，广告主应该予以高度重视，不合适的甚至是恶劣的媒体环境会给品牌价值造成不可逆的伤害，譬如为了追求流量把广告投放在色情、赌博等有巨大流量的地方，这绝不是广告主想要的效果。YouTube 广告丑闻事件之后，品牌广告主关注支持"黑名单"和"白名单"策略，但其实还是会被作弊方欺诈或套利，第三方广告验证（Ad verification）才能确保品牌安全和流量可见性。Ad Master 在 2014 年推出了"数字广告品牌效果指数"（advertising brand index），通过结合可见曝光系数与用户反馈，对不同媒体广告形式进行统一评估，帮助广告主 360 度评估其和用户沟通的品牌效果[②]，从而实现了对广告品牌效果的检测。

二、数字媒体平台营销运作

媒体尤其是拥有丰富媒介资源的头部媒体积极搭建各类数字平台，争取在媒介购买中拥有更多话语权，并拓展各种交易方式，以实现媒介资源收益的最大化。

（一）利用各种交易模式搭配，优化自身媒介售卖

程序化广告使媒体广告从传统变现升级到了程序化变现，减少人工，提升交易效率和效果。

传统变现路径为：媒体人工制定刊例—需求方询价询量—媒体锁量人工制定排期—双方签订合同—需求方上传素材—媒体人工审核素材—开展投放—媒体回传投放报表—周期结束。

---

① 廖秉宜. 中国程序化购买广告产业现状、问题与对策[J]. 新闻界，2015，（24）：43-46.
② 龚恋雯. 程序化购买对广告公司的影响研究[J]. 广告大观（理论版），2017，（3）：67-76.

程序化变现路径为：提前签订程序化合同确定角色关系（流量的供应方和需求方）—签订程序化协议—利用 API 对接流量接口、创意审核接口、询量接口等—询量接口自动查询（如果是 RTB 形式无需此流程）—素材审核—自动投放及实时优化—项目对账—周期结束[①]。

程序化购买为媒体提供了多种交易模式，媒体能用多维且灵活的售卖方式最大化自己的媒介资源利润。前面提到了媒体的流量资源分头部资源、优质资源和长尾资源。媒体通常选择把头部黄金资源通过 PDB（programmatic direct buying，程序化直接购买）私有程序化方式卖给广告主；优质强势资源通过 PD（preferred deals，优先交易）或 PA（private auction，私有竞价）模式匹配给变现能力好的广告主，PA 私有交易市场模式是大型媒体常用实现剩余流量售卖的模式，它们通过建立自己的私有交易市场，希望能从最细的维度去控制整个售卖规则，对投放的广告主和广告素材有着较大的选择权，对于底价有多维度灵活的掌控能力，如新浪、搜狐、爱奇艺都比较倾向于这类交易模式；长尾资源通常都是通过公开交易市场消耗，即 RTB 竞价（图 9-4）。

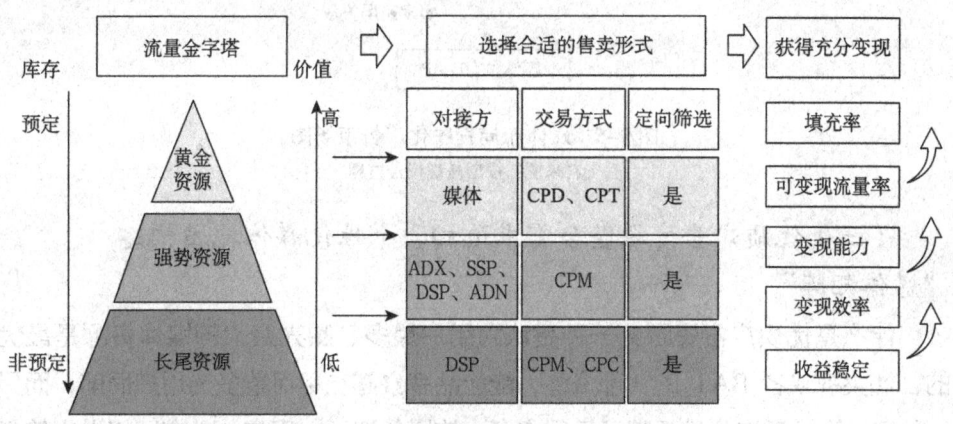

图 9-4 媒体程序化变现路径图
资料来源：APP 程序化广告变现的实践流程与注意事项！ http://www.opp2.com/90250.html

---

① 跨过"传统广告"独木桥，"程序化广告"才是媒体变现的康庄大道！[EB/OL]. http://www.sohu.com/a/232713118_393504, 2018-05-24.

（二）媒体方私有平台竞争优势明显

媒体方不仅掌握着占据时间和版面空间的广告位，更掌握着背后的用户流量和行为数据，媒体方依靠自身优势深入布局程序化购买市场，通过将资源和数据倾向于私有的各类平台，加深媒体自身在程序化市场中的影响力。艾瑞的报告显示，2016年广告主在媒体方平台投放预算快速增长，也许在不久的将来"去中介化"去的不只是传统广告代理公司，还有程序化广告中的第三方（图9-5）。

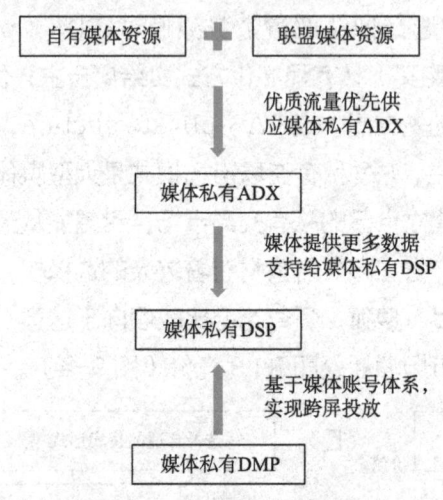

图9-5　媒体布局程序化广告市场图
资料来源：根据易观报告整理

（三）优质广告资源整合需求迫切，个性化媒体抱团构建"媒体矩阵"

什么是优质广告资源？一种是认为用户最多、曝光最大的媒体资源是最优的，如央视或者BAT的头部资源，能让品牌暴露在尽可能多的用户面前；而另一种则认为优质资源是品牌目标用户集中的媒体资源。用户分散在网络世界的各个角落，他们只按自己的兴趣待在几个媒体上，品牌想精准地找到他们，就要抓住与目标用户契合的媒体资源，适合品牌的媒体资源才是优质广告资源，如二次元聚集地B站或者长尾公众号。正如Vice中国CEO周耀华所说："现在品牌的受众恰好也变成了我们每天沟通的那部分读者。""品牌因为合适我们要说的故事,而来找到我们。"①现在媒体仍然倾向于把头部优质媒体资源以传统方式单独售卖,长尾资源才拿到平台上竞价,而优质长尾内容媒体过于分散,极少被发掘,优质广告资源急需挖掘整合。

"整合"是数字营销的一个关键词,整合意味着效率的提升。长尾的个性化媒体需要结成联盟共同整合流量,以"媒体矩阵"和程序化广告平台对接才有价值。例如,随着内容创业的门槛渐高,自媒体抱团发展成为一个趋势,从2016年开始MCN机构兴起,MCN能够与签约自媒体、各大平台及广告主进行矩阵式、高效率的沟通和合作,得到了三方面的广泛认可,MCN矩阵化自媒体和网红资源,通过这一个接口就能获得规模化的创意和媒介资源。

(四)媒体涉足创意,对广告内容拥有更多话语权,未来可能自建程序化创意平台

媒体原来只需要售卖时间和版面空间,随着信息流广告、嵌入式广告等形式的出现,媒体关心用户的观看体验,希望广告创意符合媒体自身调性和风格,于是媒体也不得不涉足广告设计和创意领域。更多有独特用户的媒体甚至以创造内容的方式创造广告内容,如消费决策媒体"清单"给黛安芬做的原生广告不从产品出发,而从内衣穿戴的知识角度展开,媒体比任何人都了解它们的用户和媒体环境。程序化和数据驱动创意成为2017年戛纳国际创意节的热门话题,媒体和创意公司在由谁为客户提供动态化创意服务上展开了争夺。程序化创意是基于媒体的数据洞察来投放和优化的,媒体可能不会让渡这方面的数据,因此有能力的媒体很可能自建程序化创意平台,把这部分数据和利益紧紧握在手中,为客户提供从投放到创意内容的一站式服务。

三、数字公司平台营销运作

不同于广告主和媒体,数字营销公司的优势在于技术和整合解决方案。在程序化广告业务中,它们更为积极地布局线下程序化媒体,探索整合的程序化广告

---

① 徐婧艾.刚结束的全球最大广告大会上,大家也在讨论"信任"[EB/OL].http://www.qdaily.com/articles/32874.html, 2016-10-01.

新玩法。

（一）程序化购买媒介形式拓展

在未来，所有媒体甚至媒介都将数字化。当下不仅是 PC 端和移动端及视频、社交，线下广告 OTT（over the top，智能电视）和 OOH（out of home，户外广告）甚至是 VR 等新的媒介载体也逐渐被纳入程序化广告体系。2014 年移动程序化广告发端之后，迅速崛起，并于 2016 年首次超过 PC 端，占整体程序化购买市场的 50.2%。2019 年，广告商预计通过程序化方式售出的数字广告总值将从 2018 年的 700 亿美元升至 840 亿美元，占数字广告交易的 62%。与此同时，到 2020 年，这一发展趋势可能会持续增长到 980 亿美元，届时，程序化数字展示类广告将占据数字广告交易的 68%，其中包括移动、社交和视频广告。美国作为最大的程序化交易市场，2018 年通过程序化广告交易达到了 406 亿美元（占全球的 58%），中国以 79 亿美元紧随其后，其次是英国，为 56 亿美元[1]。用自动化、数字化不断代替媒介购买中的各个人工环节是必然趋势。以户外广告为例，在国外类似于 Google、Xaxis 等科技公司都已经开始尝试户外程序化购买，可以根据天气数据、时间数据、场景数据、地理信息数据，通过电子广告牌向行人发送天气、交通、正在进行的体育赛事等各种信息[2]。OTT、电梯广告、机场、公交、商场等众多领域都有公司在进行程序化布局。线下广告虽然还面临着许多难题，如联入互联网及监测评估、跨屏识别等，但是 PC 端和移动端已经积累了许多较为成熟的经验，对线下难题的探索和攻破指日可待。

（二）从跨屏识别到程序化场景营销

当下消费者面对的是多屏营销，PC 屏、手机屏、电视屏、户外屏……消费者在多屏之间随意切换，跨屏识别是促进跨屏程序化购买需要攻克的必要难题。跨屏识别是指在多种装置上识别同一唯一用户的各种属性，亦即识别用 PC 端的

---

[1] Zenith media：程序化营销预测[EB/OL]. http://www.199it.com/archives/583181.html，2018-10-01.
[2] 程序化购买还有未来吗？[EB/OL]. https://mp.weixin.qq.com/s/POUzIWQGeeo0TQXq1niVgg，2018-05-31.

和用移动端的这两个用户画像是否为同一个人。为什么要跨屏识别呢？因为无法判断今天在移动端上看见广告的和明天在 PC 端购买商品的是否为同一个人。跨屏能够做到全局、跨装置的广告投放频次控制和效果的跨平台归因分析。悠易互通等广告技术公司已开始通过先进的数据及跨屏技术，将户外媒体与线上数据打通，全面整合户外媒体资源。跨屏还可以实现精准投放和精准定位，进而实现程序化场景营销。程序化场景营销基于程序化购买和定向技术，以场景为载体，引导用户需求，为广告主提供因地制宜、因人而异的营销机会[①]。例如，品友互动提出动态距离定向创意，基于 LBS 技术，锁定目标人群，通过定位技术判断用户距离，在对用户数据分析的基础上，推送符合用户需求的广告，并提供附近门店导航，优化用户体验。DSP 和 RTB 等技术在场景化营销中效用愈加明显，线上线下数据打通后，捕捉用户数据，判断用户需求和场景化推送，智能性、速度和准确性都有了极大提升。因此，程序化场景营销将成为数字平台移动程序化未来的发力点。

---

① 2016 年中国程序化场景营销市场研究报告[EB/OL]. http://www.iimedia.cn/47519.html，2017-01-05.

第十章 大数据营销

互联网技术改变了人们的生产和生活，也带来商业领域的一系列变革，甚至颠覆。在这场颠覆性的变革中，最引人瞩目的是信息社会的来临和在技术驱动下大数据时代的到来，数据已然成为与自然资源、人力资源同等重要的战略资源[①]。在商业领域，技术对数字行业的引领作用是十分明显的，数字媒体的产生、数字营销公司的运作、数字经济的发展，都离不开数字技术的驱动。与此同时，数据的重要性也日益凸显，从市场调查到用户画像，从媒体策略到精准投放，数据往往成为决定商业成败的关键。因此，本章将系统阐述技术驱动下的大数据营销。

第一节 大数据与大数据营销

任何时代数据都是一种重要的战略资源，从国家发展到个人生活，从战争决策到营销运作，数据都在扮演着举足轻重的角色。但不可否认的是，直到计算机和互联网技术出现和普及之前，人类对数据的掌握、运用都是十分有限的，随着相关理念和技术的进步，人类对数据的运用终于从数据古典时期迈入以大数据为核心的新型数据时代。

---

① 李国杰，程学旗. 大数据研究：未来科技及经济社会发展的重大战略领域——大数据的研究现状与科学思考[J]. 中国科学院院刊，2012，27（6）：647–657.

一、大数据的概念与特征

大数据营销是基于大数据及大数据分析技术的营销方法。大数据营销的前身是 20 世纪 90 年代即在美国广为应用的数据库营销，但直到 2010 年前后，它的概念才逐渐风行。

（一）大数据的概念

早在 1980 年，著名未来学家托夫勒在其所著的《第三次浪潮》中就提到"大数据"一词。一般认为，大数据的概念最早出现在领先经历信息爆炸的天文学和基因学领域。当计算机信息技术从国防、科研等公众事业普及到民用和商业领域后，大数据随之开始在互联网等信息技术密集行业中兴起。2008 年 9 月，著名的《自然》杂志刊登的专刊报告《下一个谷歌》预测了大数据的兴起，受到学界高度关注；2011 年 5 月，全球知名管理咨询公司麦肯锡公司的研究报告《大数据：下一个创新、竞争和生产力的前沿》引起政界、学界、商界一致关注和讨论；2012 年前后，维克托·迈尔-舍恩伯格与肯尼思·库克耶所著的《大数据时代：生活、工作与思维的大变革》一书风靡多国，大数据的概念进一步得到普及。

大数据是一个宽泛和不断发展的概念，目前任何一种定义方式都无法全面概括它。维克托·迈尔-舍恩伯格在《大数据时代：生活、工作与思维的大变革》中认为，大数据是指需要处理的信息量过大，超过了一般电脑的存储和处理能力，使工程师开发出新的处理工具，如 MapReduce 和 Hadoop 平台；而且传统数据库的结构化存储模式无法满足大数据的非结构性特征，促使新的存储技术诞生。此观点可以归纳为：第一，大数据一定是海量的；第二，大数据要有对应的技术手段来挖掘其价值[①]。阳翼的《大数据营销》对大数据概念总结为："无法在可承受的时间范围内用常规软件工具捕捉、管理和处理的数据集合，是需要新处理模式才能具有更强的洞察力、决策力和流程优化能力的海量、高

[①] 舍恩伯格 V M，库克耶 K. 大数据时代：生活、工作与思维的大变革[M]. 盛杨燕，周涛译. 杭州：浙江人民出版社，2013.

增长和多样化的信息资产。"①这一表述结合了麦肯锡公司 2011 年的《大数据：下一个创新、竞争和生产力的前沿》(*Big Data: The Next Frontier for Innovation, Competition, and Productivity*)以及研究机构 Gartner 2012 年对大数据定义的阐释，是目前相对完备的一版定义。这一定义同样强调两个方面：大数据除了本身的数据量级足够巨大之外，还要有足以匹配其量级的技术手段，来发挥它作为信息资产的强大效用。较早提出"大数据时代到来"的麦肯锡公司强调，"数据，已经渗透到当今每一个行业和业务职能领域，成为重要的生产因素。人们对于海量数据的挖掘和运用，预示着新一波生产率增长和消费者盈余浪潮的到来"②。这一论断在无形中印证了托夫勒《第三次浪潮》中的观点，作为信息资产和生产要素的大数据将成为工业浪潮的重要驱动力。

（二）大数据的特征

表述大数据特征的观点很多，这里主要介绍两种主流观点：第一种是 IBM 提出的广受认可的大数据 "4V" 理论，该理论从数据自身表征出发；第二种是《大数据时代：生活、工作与思维的大变革》一书从思维角度提炼出的大数据 "整体性""相关性""混杂性" 三大特征。

1. 大数据的 "4V" 特征

大数据的 "4V" 特征是指：volume（大量）、velocity（高速）、variety（多样）、value（价值高但密度低）③。"4V" 理论的前身是分析机构 Gartner 的分析师道格·莱尼于 2001 年提出的 "3V" 理论——volume、velocity、variety。一般认为，"4V" 理论的正式提出是 2013 年 3 月 12 日的 IBM 白皮书《分析：大数据在现实世界中的应用》解析说明会，会上重新定义和完善了大数据 "4V" 理论，并在大数据领域广受认可与传播，成为目前主流的大数据特征表述。

---

① 阳翼. 大数据营销[M]. 北京：中国人民大学出版社，2017.
② Big Data: The Next Frontier for Innovation, Competition, and Productivity[EB/OL]. https://www.mckinsey.com/business-functions/digital-mckinsey/our-insights/big-data-the-next-frontier-for-innovation.
③ 任磊，等. 大数据可视分析综述[J]. 软件学报，2014，25（9）：1909-1936.

volume：数据量大，包括采集、存储和计算的量都非常大。以具体量级来看，大数据的起始计量单位至少是 P（1 000 个 T）、E（100 万个 T）或 Z（10 亿个 T）。

velocity：数据增长速度快，处理速度也快，时效性要求高。例如，搜索引擎要求几分钟前的新闻能够被用户查询到，个性化推荐算法尽可能要求实时完成推荐，这是大数据区别于传统数据挖掘的显著特征。

variety：数据的种类和来源多样化。例如，数据的类型可分为结构化、半结构化和非结构化数据，这对数据的处理技术提出了更高要求。

value：数据价值大但密度相对较低，这是相对于数据的巨大体量而言的。如何结合业务逻辑并通过强大的机器算法来挖掘数据价值，是大数据时代最需要解决的问题。

有研究者在"4V 理论"的基础上陆续提出第五个 V，其中最常见的是 veracity，即数据的准确性和可信赖度。但业界一般采用上述的"4V"理论，舍弃加入 veracity 的"5V"提法。一种相关观点认为，数据一般体现的是人与计算机虚拟世界交互产生的行为，但行为与真实世界不一定是完全对应的，如淘宝上的"刷单"就是虚假数据，故而数据的真实性不能作为一个衡量标准。因此，目前更为通用的版本是"4V"理论。

2. 大数据的"整体性""相关性"和"混杂性"特征

维克托·迈尔-舍恩伯格的《大数据时代：生活、工作与思维的大变革》从人类思维和人类对大数据处理应用过程的角度，提炼出更抽象的三点特征，也可看作大数据给人们带来的三大思维变革[1]，对于培养大数据思维具有相当的借鉴意义。

第一，从部分样本到整体样本。大数据带来的首要变革是样本数量的极大增加，"样本=总体"成为可能，传统抽样调查的局限性凸显。在条件允许的情况下，通过分析大样本得出的总体结论将比小样本更具说服力。

---

[1] 舍恩伯格 V M，库克耶 K. 大数据时代：生活、工作与思维的大变革[M]. 盛杨燕，周涛，译. 杭州：浙江人民出版社，2013.

第二，从因果分析到相关分析。数据可以直观体现出事物之间的相关关系强弱程度，让人从追问"为什么"转变为分析"是什么"，并从结果反推成因，避免单独进行因果分析时易产生的偏差。《连线》主编克里斯·安德森认为，大数据带来的相关性思维变革改变了科学研究的方法。

第三，从精确数据到混杂数据。在模拟时代人们追求数据的精确性，但大数据时代下的绝大部分数据是形态混杂、非结构化的，不适用于传统数据库。大数据时代要求人们接受混杂数据，设计出新的数据库，如非关系型数据库，从而充分利用更海量的数据，避免被有限的结构化数据局限认知。

二、大数据营销及其演进

考察大数据的发展历程，首先要将它放置在整个人类科学的发展历程中去观察。例如，图灵奖获得者、关系型数据库的鼻祖吉姆·格雷（Jim Gray）在2007年的一次演讲中提出"第四范式"的概念[1]，他把人类科学研究的发展历程分为四个阶段，分别对应四种科研范式：第一范式对应18世纪之前经验科学阶段的实验归纳，第二范式对应19世纪末以来理论科学阶段的模型推演，第三范式对应20世纪中期以来计算机科学阶段的模拟仿真，而第四范式则是大数据带来的数据密集型科学阶段对海量数据的处理，主要包括海量数据的获取、存储、分析、可视化等环节。可见，以大数据为核心的数据科学时代在整个人类科技和人类社会的发展历史上有着重要的节点意义。

大数据营销是一种区别于传统营销的精准营销模式。传统营销往往基于市场调查中的人口统计学信息（如性别、年龄、职业、地区、社会身份等）以及其他用户主观信息（包括生活方式、价值取向等），来推测消费者的需求、购买的可能性和相应的购买力，从而帮助企业细分消费者、确立目标市场并进一步定位产品的营销模式[2]。大数据营销与数据库营销等传统营销模式最主要的区别在于，大数据营销是通过以互联网为主的渠道来收集、分析、

---

[1] Hey T, Tansley S, Tolle K, 等. 第四范式：数据密集型科学发现[M]. 潘教峰, 张晓林, 等译. 北京：科学出版社, 2012.
[2] 魏伶如. 大数据营销的发展现状及其前景展望[J]. 现代商业, 2014, (15): 34-35.

执行大数据所得的消费者洞察结果，精准定位目标消费者群体，对营销活动进行预判与调配，对营销各个环节进行优化以提升总体营销效果的过程。用户、媒体、广告主是大数据营销过程中的三个主要角色，用户提供数据，广告主利用用户数据优化营销策略，媒体则同时充当了收集用户数据的渠道以及广告触达用户的渠道。

和数据库营销等传统营销模式相比，大数据营销拥有更广泛和多样的数据源、更全面和深入的数据处理技术，凭借丰富的数据资产让营销更趋精准。数据库技术的发展对数据营销模式影响巨大；除了数据库、云计算等技术因素外，大数据营销的兴起与互联网社交媒介等数字生活空间的普及密不可分，与人类社会信息总量爆炸式增长的时代背景密切相关。

得益于国家政策的扶持和信息技术的先发地位，美国在大数据领域一直保持领先，大数据营销已成为美国市场营销的主流，欧盟和日本紧随其后。中国的大数据营销还处于起步阶段，2014 年中国大数据产业规模为 93.1 亿元[1]。但值得注意的是，近年来中国在大数据营销领域取得了快速进展，在数字移动支付、消费大数据、数字物流等领域取得了全球领先地位。以阿里巴巴集团为例，它是国内少数能将大数据产业链做全的企业之一，其旗下的大数据营销平台——阿里妈妈，背靠阿里巴巴集团拥有的超 5 亿互联网用户数据，涵盖电商、新闻、娱乐、出行等各维度用户信息，为客户与合作方提供大数据营销服务。随着阿里巴巴、京东、腾讯等一批在大数据领域领先的互联网公司对行业提供服务，以及易观、艾媒、亿欧等数据分析机构的诞生和发展，大数据营销的理念将在国内更加普及，并推动相关产业的蓬勃发展。

大数据能获得高速发展，主要有三方面的技术前提：一是存储器等硬件技术发展使数据存储成本下降；二是物联网、社交媒体、"互联网+"的发展使数据产生能力增强；三是云计算等技术发展使数据处理能力增强。从下列影响力较大的政府政策及业界动态等标志性事件可以看出大数据在近年的发展[2]：

---

[1] 2018 年中国大数据产业规模分析[EB/OL]. http://www.chyxx.com/industry/201809/674416.html，2018-09-07.
[2] 阳翼. 大数据营销[M]. 北京：中国人民大学出版社，2017；傅志华，等. 大数据发展历程大事件汇总（2005-2016）[EB/OL]. http://www.cbdio.com/BigData/2016-10/25/content_5356110.htm，2016-10-25.

2008年末,美国业界组织计算社区联盟(Computing Community Consortium)发表白皮书《大数据计算:在商务、科学和社会领域创建革命性突破》,提出大数据真正重要的是新用途和新见解,而非数据本身。

2009年中,美国政府启动Data.gov网站向公众提供各种各样的政府数据,这一行动激发了从肯尼亚到英国范围内的政府相继推出类似举措。

2010年2月,肯尼斯·库克尔在《经济学人》上发表专题报告《数据,无所不在的数据》。报告中提到:"世界上有着无法想象的巨量数字信息,并以极快的速度增长。从经济界到科学界,从政府部门到艺术领域,很多方面都已经感受到了这种巨量信息的影响。"

2010年,德国联邦政府启动"数字德国2015"战略,将物联网技术引入制造业,打造智能工厂。

2011年2月,IBM的沃森超级计算机在美国著名智力竞赛电视节目《危险边缘》"Jeopardy"上击败两名人类选手而夺冠。《纽约时报》评论这一刻是"大数据计算的胜利"。

2011年5月,全球知名咨询公司麦肯锡(McKinsey&Company)全球研究院(Mckinsey Global Institute,MGI)发布了一份报告——《大数据:创新、竞争和生产力的下一个新领域》,大数据开始备受关注,这也是专业机构第一次全面地介绍和展望大数据。

2011年11月,中国工业和信息化部发布《物联网"十二五"发展规划》,把信息处理技术作为4项关键技术创新工程之一,其中包括海量数据存储、数据挖掘、图像视频智能分析等大数据的重要组成部分。

2012年1月,在瑞士达沃斯召开的世界经济论坛上,大数据是主题之一。会上发布的报告《大数据,大影响》称,数据已成为一种可与货币、黄金并列的经济资产新类别。

2012年3月,美国奥巴马政府在白宫网站发布《大数据研究和发展倡议》,标志着大数据已经成为重要的时代特征。2012年3月22日,奥巴马政府宣布将2亿美元投资于大数据领域,是大数据技术从商业行为上升到国家科技战略的分水岭;在次日的电话会议中,政府对数据的定义是"未来的新石油"。大数据技术领域的竞争事关国家安全和未来，数字主权将是继边防、海防、空防之后，另一个大国博弈的空间。

2012年4月，美国软件公司Splunk于19日在纳斯达克成功上市，成为第一家上市的大数据处理公司。Splunk成功上市促进了资本市场对大数据的关注，同时也促使IT厂商加快大数据布局。

2012年7月，联合国在纽约发布了一份关于大数据政务的白皮书，总结了各国政府如何利用大数据更好地服务和保护人民。联合国还以爱尔兰和美国的社交网络活跃度增长可以作为失业率上升的早期征兆为例，表明政府如果能合理分析所掌握的数据资源，将能"与数俱进"，快速应变。

2012年7月，阿里巴巴集团推进"数据分享平台"战略，并推出大型的数据分享平台"聚石塔"，为天猫、淘宝平台上的电商及电商服务商等提供数据云服务，希望通过分享和挖掘海量数据为国家和中小企业提供价值。此举是国内企业最早把大数据提升到企业管理层高度的一次重大里程碑。

2013年，互联网巨头纷纷发布机器学习产品，如IBM Watson系统、微软小冰、苹果Siri等，标志着大数据进入深层价值阶段。

2014年4月，世界经济论坛以"大数据的回报与风险"主题发布了《全球信息技术报告（第13版）》。报告认为，在未来几年中针对各种信息通信技术的政策会显得更加重要。全球大数据产业的日趋活跃、技术演进和应用创新的加速发展，使各国政府逐渐认识到大数据在推动经济发展、改善公共服务、增进人民福祉乃至保障国家安全方面的重大意义。

2014年5月，美国白宫发布了2014年全球"大数据"白皮书的研究报告《大数据：抓住机遇、守护价值》。报告鼓励使用数据以推动社会进步，特别是在市场与现有的机构并未以其他方式来支持这种进步的领域；同时，也需要相应的框架、结构与研究，来帮助保护美国人对于保护个人隐私、确保公平或是防止歧视的坚定信仰。

2015年，我国十八届五中全会通过"十三五"规划，将大数据作为国家级战略。规划涉及的内容包括：拓展网络经济空间。实施"互联网+"行动计划，发展物联网技术和应用，发展分享经济，促进互联网和经济社会融合发展。实施国家大数据战略,推进数据资源开放共享。完善电信普遍服务机制,开展网络提速降费行动,超前布局下一代互联网。推进产业组织、商业模式、供应链、物流链创新,支持基于互联网的各类创新。

2015年,计算研究(Computing Research)发布《2015大数据市场评论》,大数据开始作为企业决策的重要支撑,在商业市场上发挥巨大价值。

时至2017年,大数据在科技、商业、公众事业等诸多领域已发挥出巨大作用。从云计算、物联网到人工智能等技术都与大数据密不可分;国内以阿里巴巴、腾讯、百度、京东等为代表的一批拥有大数据技术和海量数据的互联网巨头公司开始对客户提供大数据服务;业内涌现出一批专业的数据研究机构和专门的数据服务公司,产出行业数据报告;部分互联网公司与政府部门积极展开合作,如滴滴打车利用交通大数据助力珠海交通部门展开政府工作等。事实和数据证明我国的大数据产业正在蓬勃发展中,需要注意的是在快速发展的同时,大数据也面临着用户隐私伦理、用户数据安全等风险和挑战。

三、大数据营销的意义与面临的挑战

大数据营销与大数据自身的特点和营销场景是密不可分的。在商业环境和营销环境发生颠覆性改变的今天,营销越来越围绕着用户、产品和消费行为等元素进行。与此相对应,大数据营销也在这几方面发挥着巨大作用,推动营销向精准化、体验化、个性化等方向前行,但同时也不得不面对大数据营销存在的风险与挑战。

(一)大数据营销的意义

在数据科学崛起的时代,大数据营销的应用已经深入商业活动的方方面面,涵盖了用户画像、市场预测、产品研发、广告创意优化、程序化购买、广告监测、客户关系管理、企业内部管理等各个环节。结合互联网的"产品-用户"的角度以及市场营销的"市场-需求"来看,大数据营销的应用主要有[1]:

---

[1] 阳翼. 大数据营销[M]. 北京:中国人民大学出版社,2017.

（1）用户分析。这是互联网的表述方式，用营销界的术语可以说消费者洞察。企业通过Cookies等行为数据进行深度的消费者洞察，分析出每一个消费者的消费偏好和习惯，对其进行一对一、个性化的商品推送。例如，亚马逊商城、淘宝商城、京东商城的商品推荐，通过记录和分析消费者的购买历史和购买偏好，以及商品与商品之间的关联，向每一个消费者推送购买过的相似产品或需求互补产品，并通过算法的不断加强，以实现更深度、更能贴近真实人性需求的消费者洞察为目标。

（2）产品优化。企业通过挖掘分析消费者大数据得出不同消费者群体对产品的不同偏好，再将这一信息反馈到产品的生产中，促进产品销售。与从前对消费者群体的模糊细分不同，在大数据技术支持下，对消费者偏好的分析是可以精准到个人的。典型的有今日头条的智能推送，根据每个APP用户的阅读习惯和兴趣偏好定制推送内容，给每个用户的推送内容都是不一样的，实现新闻产品的个性化、定制化。

（3）推广精准化。企业通过对消费者大数据的分析，还可以根据消费者的偏好对消费者进行分层，针对最合适、最有意愿买单的消费者进行重点营销推广。例如，Netflix在投资拍摄《纸牌屋》之前，已经通过大数据分析知道了潜在观众最喜欢的导演与演员，最终起用这批人员进行拍摄，果然在目标群体中反响良好。又如，郭敬明的《小时代》在预告片投放后，立即根据新浪微博的大数据分析得知主要用户群体是"90"后女性，因此后续的营销活动主要针对这些人群展开，让《小时代》取得了不错的票房成绩。

（4）用户体验改善。精准营销的概念早已被提出，但由于技术等因素的限制，以往挂着"精准"名号的营销活动并不能做到如今程度的精准，把不够符合消费者兴趣的商品通过邮件、电话、个人社交账号等媒介渠道强行推送给消费者，让消费者体验不佳。这类过时的营销方式至今在某些企业仍然存在，而随着大数据技术推动下的精准营销进一步发展和普及，用户体验将越来越受到尊重和维护，大数据能够赋予更多企业能力，提供尽可能贴合用户真实需求的产品和服务。例如，某披萨店在顾客购买海鲜披萨时，根据其个人数据中的体检记录等，向其推荐更小一号的蔬菜披萨，让顾客更好地掌握自身健康状况，提升消费体验，增进对该披萨品牌的好感和忠诚度。

（5）客户关系管理。企业根据大数据记录的消费者消费历史可以对消费者进行更精确有效的分层，针对新客户、忠实客户、流失客户、潜在客户等进行不同策略的客户关系管理。值得注意的是，大数据的混杂性为客户关系管理提供了客户分层的更丰富维度，企业可以针对具体各异的营销目标对目标客户进行精准管理，比数据库时代的客户关系管理具有更高的灵活性。例如，腾讯企点为企业提供 SaaS 级社会化客户关系管理服务，利用客户在腾讯旗下 QQ、微信等各大社交平台的登记信息和使用信息为企业提供更精准的管理策略。

（6）市场预测与决策支持。在 2012 年美国总统选举中，微软研究院的 David Rothschild 使用大数据模型准确预测了美国 50 个州和哥伦比亚特区共计 51 个选区中 50 个地区的选举结果，准确性高达 98%以上；之后，他又通过大数据分析对第 85 届奥斯卡各奖项的归属进行了预测，除最佳导演外的其他各项奖预测全部命中。基于大数据的分析与预测对企业家洞察市场是极大的支持，越来越多的知名企业甚至政界人士，都在新闻发布活动中倾向于使用大数据分析结果，作为自身主张的理论依据来说服用户。大数据的海量性和即时性为决策者提供了强有力的实证支撑，这一作用正在日渐从商业领域步入公共事务领域。

（二）大数据营销的问题和挑战

快速发展的大数据营销在带来商业利好的同时也面临着重重问题，主要是数据失真、数据安全和用户隐私三个方面。

1. 数据失真

在前文中我们提到，《大数据时代：生活、工作与思维的大变革》的作者维克托·迈尔-舍恩伯格认为"从因果性到相关性"是大数据三大特征之一。人类在认识改造自然界和社会的过程中发展自己认知世界的哲学，一直都在试图回答一个非常核心的问题，即表象（appearance）和现象（phenomenon）之间不一致的问题①。大数据作为人类目前创造和拥有的最先进信息技术工具之一,随着从背后的因果关系到表面的相关关系这一逻辑转换,正在面临数据失真的问题:计算机虚拟数据是否是对现实世界的真实反应?

传统的社会科学研究方法无法获取的海量精确数据在大数据时代获得了极大的改进,但大数据测量的主要对象是行为表征而非行为背后的深层因素,而且受限于技术、资金等限制,大数据对行为的测量并不是百分之百全面的,因此它反映的结果与现实世界存在一定差异。如果通过数字手段对数据进行造假则会形成更大的落差,如电商平台刷单刷好评、社交平台买赞买人气等早已成为相关产业链里心照不宣的灰色一环。大数据技术"一切皆可量化"的宗旨可能导致对人的情绪、意志的物化,在技术尚未完全成熟之前盲信数据可能导致不良后果。例如,2005年美国国土安全局依赖其大数据收集和分析系统将一位来自马来西亚的斯坦福大学女博士生列入禁飞恐怖主义监控名单。大数据在商业活动乃至公共事务中日渐占据重要的决策地位,数据失真的隐患如果得不到妥善解决,将会成为人类社会的达摩克利斯之剑。

2. 数据安全

在大数据时代,一款 APP 可能比你更了解你自己。腾讯掌握我们的社交情况,支付宝掌握我们的消费情况,美团掌握我们的饮食娱乐出行情况……在互联网巨头利用用户交托给它们的海量数据产出巨大商业效益的同时,其数据安全理应得到保证。

从技术中心论的角度,大数据技术本身是中立的。21 世纪是信息科技为人类社会带来巨变的世纪,大数据技术首当其冲,在这一变革中产生技术、法律、规范、认知等方面的不对称差距,容易让不法分子获得可乘之机。例如,2017 年 11 月我国网络数据黑市上出现趣店用户数据遭泄露的消息,新闻报道称数百万条用户数据叫价近十万元,其中除了学生借款金额、滞纳金等金融数据外,甚至还包括学生父母电话、学信网账号密码等隐私信息。而早在 2017 年 6 月 1 日实施的《中华人民共和国网络安全法》对于数据买卖制定了严格规定:贩卖个人信息

---

① 于文轩. 大数据之殇:对人文、伦理和民主的挑战[J]. 电子政务,2017,(11):21-29.

50条就可获罪[①]。

维护用户数据的信息安全需要从三方面着手：第一，建立个人数据的分级保护机制，例如，2014年我国出台了《中国互联网定向广告用户信息保护行业框架标准》，将用户信息分为身份关联、非身份关联、去身份化处理三个等级。第二，明确"最少够用和必要"的信息收集的原则，这也是《中国互联网定向广告用户信息保护行业框架标准》的规定内容。第三，个人参与原则，个人有权获知自己的数据信息被收集和使用的情况并有权要求删改，数据收集方有责任告知用户并明确其对个人信息的态度。随着数据技术的发展，这些规范措施也需要不断完善。

3. 用户隐私

隐私权（privacy）的概念，是美国最高法院大法官Samule Warren和Louis Brandeis在1985年发表于《哈佛法律评论》上的文章中首次提出的，文中将隐私权界定为"不受干涉"或"免于侵害"的"独处"的权利[②]。互联网在发展初期曾经具有高度隐匿性，但在大数据时代，随着互联网应用软件的高速发展、各类软件之间的账号关联、网络实名制的实行，大数据帮助企业实现精准营销目的的同时，也使每一份高度精确到个人的数据信息和隐私暴露在数据掌握者的眼前，当数据安全受到威胁时用户的隐私将岌岌可危。不仅是趣店，大麦网、网易、支付宝等大型互联网企业都曾爆出过将用户数据泄露的负面消息。

对数据隐私的保护主要依靠数据加密和数据访问权限限制这两方面的技术手段，但屡屡发生的数据泄露事件证明只靠技术壁垒是不够的。在技术保护之外，个人隐私观念的加强及相关法律法规的完善也是必要的。我国于2013年颁布《信息安全技术公共及商用服务信息系统个人信息保护指南》对大数据时代个人数据的利用做了规定，次年颁布《中国互联网定向广告用户信息保护行业框架

---

① 《中华人民共和国网络安全法》颁布以后，《最高人民法院 最高人民检察院关于办理侵犯公民个人信息刑事案件适用法律若干问题的解释》第五条规定："非法获取、出售或者提供公民个人信息，具有下列情形之一的，应当认定为刑法第二百五十三条之一规定的'情节严重'：（一）出售或者提供行踪轨迹信息，被他人用于犯罪的；（二）知道或者应当知道他人利用公民个人信息实施犯罪，向其出售或者提供的；（三）非法获取、出售或者提供行踪轨迹信息、通信内容、征信信息、财产信息五十条以上的……"

② Warren S D, Brandeis L D. The right to privacy[J]. Harvard Law Review, 1985, 4（5）：193-220.

标准》,但相关法律仍然是薄弱的,需要从加大惩罚力度和划分隐私内容两方面继续完善。

第二节 获取大数据的途径

一个企业要实现大数据营销,首先要获得可利用的目标用户数据。根据营销活动中对广告主、媒体、营销公司、第三方等不同参与方的划分,将获取数据的途径分为四大类:广告主数据、数字媒体数据、数据监测机构、数字营销公司自有数据。

一、第一方数据——广告主数据

在"传统"时代,广告主数据是最典型的第一方数据,通过收集用户购买行为中产生的信息来积累用户数据。在"互联网+"时代,随着大数据技术和数字营销的兴盛,传统行业的广告主逐渐向数字化转型,建立企业自有的用户数据库,为实现大数据精准营销提供便利;而在各行各业的广告主当中,互联网相关行业的广告主天生更加具有大数据营销的基因。

(一)传统行业广告主的数据获取

传统行业对营销进行数字化转型的方式主要基于自身掌握的用户购买行为产生的数据,利用数据分析的结果来优化生产和销售策略,最终达到提升销售额的目的。传统行业广告主不乏在自有数据的收集和利用方面有所成就的,如中国乳业龙头企业之一伊利集团。随着中国乳品市场规模的发展,中国消费者对乳品的需求逐渐多样化,为了洞悉消费者需求,伊利集团建立了以消费者为中心的数字化营销策略。在数年之前伊利集团就与 DataStory 共同打造了能够实时洞察消费者需求的平台——"伊利大数据雷达",经过几年的创新研发,"平台覆盖数据源多达 420 多个,积累的消费者数据超过 8.4 亿条,有效数据量级达到全网声量的 95%,并实现实时更新,将消费者的全景全时段精准洞察融入公司的日常运营中，确保伊利集团与消费者每时每刻保持连接"。伊利集团有一款"黄桃+燕麦"口味的酸奶，就是通过大数据分析，发现中国女性在挑选酸奶时既要营养美味又要保持身材这一需求后推出的[①]。

传统行业的数据基础主要来自消费者线下购买行为，但随着以淘宝为首的电商平台的崛起，购买数据开始往线上迁移，传统行业也有了线下和线上两大数据源头，一部分企业开始和电商平台合作获取用户线上数据，包括且不限于用户购买该企业产品的数据，还包括用户在平台的个人信息、兴趣爱好、购买习惯等。伊利集团除了整合500多万销售终端、10亿级消费者和数量庞大的合作伙伴提供的信息，还与苏宁、天猫、唯品会等电商平台达成深入合作协议，"建立互联网生态圈，实现了精准的用户需求画像和配套的产品策略，利用大数据技术深度挖掘消费者行为，洞察消费者需求"。伊利集团的"母婴生态圈"正是通过——当一位新妈妈在平台上搜索相关营养信息时，大数据分析系统会根据她搜索和关注的内容，判断宝宝当前最关键的营养补充需求，并快速对接销售平台，完成从需求建立到需求分析再到销售的循环闭合[②]。

（二）互联网相关行业的数据获取

在非传统行业，获取用户数据较为独特的案例是小米科技。和"BAT"相比，小米科技不是最典型的互联网公司，而更像一家科技产品公司，但小米科技获取数据的独特之处在于其产品线的丰富，因而用户数据类型要比通常的互联网公司更丰富，并且线下场景数据更多。此外，大数据营销向来是小米的重要营销策略，早在2014年底，雷军就提出"2017年小米公司要将大数据转化为价值"[③]。2018年7月，小米在香港交易所上市，成为全球第三大进行IPO的科技公司。快速的发展离不开小米对用户大数据的获取和利用之道。

在数据获取方面，小米的独到之处在于以不同的智能产品组成"产品生态

[①] DataStory 携手伊利打造大数据雷达助力乳业龙头[EB/OL]. http://news.ifeng.com/a/20180420/57753097_0.shtml, 2018-04-20.
[②] 一张图读懂伊利大数据创新[EB/OL]. http://news.hexun.com/2016-12-05/187200215.html, 2016-12-05.
[③] 雷军：大后年大数据要没价值 我就破产了[EB/OL]. http://finance.ifeng.com/a/20141205/13331403_0.shtml, 2104-12-05.

圈"。它率先推出了 MIUI、小米之家等线上、线下的不同产品生态圈，多样的产品线带来的是多样的用户数据，除了用户在手机系统及 APP 上的使用数据之外，还能利用可穿戴设备、智能家居等产品获取更加多样化、线下场景化的数据，最后通过小米云服务串联起各种物理终端能触达的任何半结构化、非结构化的用户数据，整合一个用户在使用不同小米产品过程中产生的交互数据，对特定用户形成"线上+线下"的全方位精准数据库。同时，小米也和其他互联网公司一样汇集海量用户的大数据进行分析，整合成海量、多元的大数据，利用数据分析来支持和优化小米科技的核心业务。

二、第二方数据——数字媒体数据

数字媒体是将数字符号运用在信息网络与通信层面，即以 0 和 1 的比特数据，通过计算机符号自动处理，以二进制数的形式记录、处理、传播、获取信息，形成数字化的文字、图像、声音、视频和动画等感觉媒体，再通过数字编码将这种感觉媒体加以"表示"，成为逻辑媒体，以及存储、传输、显示它的实物媒体。从传播学的角度来看，数字媒体不仅仅是一个孤立的技术概念，更是人类媒介在互联网时代的产物，是一种新兴的、在互联网时代占据重要地位的大众传播方式；而且和以往的大众传播不同的是，它能通过对数据的分析利用达到更精准的传播效果。

随着中国互联网基础设施飞速发展、电脑和收集终端普及率提升，截至 2018 年 12 月国内网民规模突破 8.29 亿[①]，在这一背景下数字媒体成为网民的普遍应用，数亿用户数据具有产生巨大营销价值的潜力。数字媒体可以分为：数字化转型后的传统媒体，如凤凰网 APP、人民网 APP 等；直接诞生于互联网的媒体网站和媒体 APP，如搜狐新闻、腾讯新闻、网易新闻、今日头条等；以及近年兴起的视频类网站和 APP 等，如 B 站、抖音、快手等。其中，数据获取技术及相关业务最成熟的是以新浪微博为首的互联网社交类数字媒体。

---

① 中国网民规模突破 8 亿 普及率 57.7%[EB/OL]. https://news.sina.cn/gn/2018-08-20/detail-ihhxaafz2204541.d.html?pos=3&vt=4, 2018-08-20.

BAT 的业务体系中也包括一部分数字媒体，但其数据很少开放给市场，更多的是通过百度 DMP、阿里妈妈达摩盘、Tencent 广点通 DMP 等平台直接为广告主提供数字营销服务。

与数字化的传统媒体或其他门户网站上用户较为被动地接受信息的状态相比，微博等社交网站（social networking services，SNS）上用户的"多对多"式 UGC 传播更能够体现出用户自身的数据。建立于 1998 年的新浪微博的大数据已经发展得较为成熟，自有一套为广告主提供精准营销推广的业务平台。新浪微博的数据获取优势是数亿用户在微博上发表个人言论的习惯，这些用户自行发布、互动的 UGC 实际上是用户对潜在需求的最真实表达。在用户关注和发布的内容中，新浪能通过标签聚合及内容分析来抓取用户画像。在用户的个人标签中，购物、时尚、美妆、旅游、明星等兴趣能直接精准导流到广告主的产品广告和购买页跳转链接。随着越来越多的个人 KOL 和企业号入驻新浪微博，通过数据将用户潜在需求和广告主产品匹配起来，广告的精准推送、用户导流和转化都能直接在微博平台上完成，在各个拥有用户高活跃度的细分市场上构建自己的营销闭环。

除了直接匹配产品广告和潜在用户之外，新浪微博的数据营销中还有着独特的一环——KOL 营销。2016 年，不论是选购豆浆机的纠结事件所引发的话题热潮，还是海尔官微对王健林的海尔砸冰箱评论引起的造句字体，都成为新浪微博营销的现象级事件。KOL 营销在微博营销活动中的优势是利用用户对 KOL 的自发关注，大大降低广告商筛选用户并将广告触达用户的成本。新浪微博据此开发的智能诊断系统会根据品牌或产品特性定制精准的目标用户人群画像，找到与目标用户覆盖粉丝重合度最高的 KOL，再由系统评估和筛选最优的 KOL，最终根据投放时间、渠道组合、核心策略等为广告主投放 KOL 找到更精准的选择[1]。

三、第三方数据——数据监测机构数据

第三方数据是指在 DMP 中独立于广告主数据、营销公司数据、媒体数据之

---

[1] 2017 年微博营销趋势：智能化大数据成关键[EB/OL]. http://china.huanqiu.com/gnzx/2016-12/9804179.html，2016-12-13.

外的数据，源自各种独立于广告主、媒体、营销公司的第三方数据监测机构。这些机构通过接入海量的数据源，对数据进行专业的处理和分析，为广告主提供以数据驱动的营销方案。在某种程度上，第三方数据监测机构提供的数据服务，可以看作传统的商业咨询服务在大数据时代下的数据化。

国外的 DMP 中做得较好的有 BlueKai、Exerlate、Lotame 等；国内掌握第三方数据体量最大的企业包括 BAT 等。虽然在数字营销活动中，BAT 在提供数据服务的同时也扮演着数字媒体、营销公司的身份，不完全是独立的第三方，但其掌握的海量用户数据不仅仅来自其媒体业务或营销业务，而是更加多元的产品矩阵，且这些数据不直接开放给广告主，而是作为企业自有的封闭资源而存在，数据及分析结果直接整合在其 DMP（百度 DMP、阿里妈妈达摩盘、Tencent 广点通 DMP）的 B2B 整合营销服务中。因而，其 DMP 可以视作一类特殊的第三方数据平台。

BAT 的用户数据获取主要来自旗下各类互联网应用产品。以腾讯为例，基于腾讯庞大的有效用户数沉淀下来的海量用户数据，大概可以归类为账户数据、交易数据、商户数据、QQ 平台数据、微信平台数据、安全平台数据等多种类型，如用户的理财习惯、公众号关注内容、朋友圈浏览内容、参与的微信/QQ 群、爱玩的游戏、爱吃的食物、充话费频率、日常行车路线、在哪些商圈消费等。腾讯对这些数据的日均计算量达到 1.5 万亿次，并对每个人进行标记，得到的人均标签超过 2 000 个，通过这些海量数据转化成的标签，腾讯就可以不断地分析用户的特征和潜在需求[1]。除了用户个体标签之外，腾讯累积了用户和用户之间的 1 000 亿条关系链，用户的社交关系将为腾讯的数据营销产生更多可用的价值。

除去 BAT 旗下各个多元业务构建的互联网"帝国"之外，国内近几年也开始涌现出一批专注于为企业提供专业数据服务的第三方数据平台。目前国内最大的第三方数据服务平台是 TalkingData（北京腾云天下科技有限公司），其数据

---

[1] 来看你的用户画像！腾讯数据为了画你，给你贴了大概 2 000 个标签[EB/OL]. http://cio.51cto.com/art/201709/552268.htm，2017-09-22.

源直接覆盖超过 40 亿智能终端的全量数据，每天处理超过 10T 的移动数据，服务于 10 万款移动应用及 8 万多个应用开发者。TalkingData 开发了智能数据平台 SmartDP，它是一个"基于智能数据应用探索商业价值的平台，具有数据管理、数据工程和数据科学的能力"[①]。TalkingData 还开发了第三方移动广告效果监测平台 TalkingData Ad Tracking，已对接 100 余家广告平台，为广告主提供经数据分析优化后的解决方案。

另外，国内如艾瑞、艾媒、易观等专业数据机构提供的第三方数据服务也日趋完善。例如，艾瑞咨询除了互联网数据监测之外，其在 2017 年 8 月推出了"移动设备指数"数据服务，监测数据基于由艾瑞自主研发的 iSdkTracker 数据监测产品，通过 SDK 技术监测手机移动设备的系统设备信息、品牌及相关信息进行分析，提供移动设备品牌市场份额、机型占比、地区分布等数据，真实描绘中国移动互联网设备市场的客观情况[②]。随着数据获取与分析技术不断完善，这类第三方数据机构产出了大量有参考价值的行业数据研究报告，以数据帮助企业优化数字营销方案。

四、数字营销公司数据

"让广告在合适的时间，通过合适的媒体，以合适的方式投给合适的人"一直是无数数字营销从业人员的终极目标，随着大数据在数字营销行业的全方位渗透，这个目标正在慢慢实现。一方面，数字营销行业日益认识到数据在营销传播领域的重要性；另一方面，因为各大媒体、APP、网站运营商等对用户数据的垄断，数字营销公司并不能直接获取用户数据。因此，当前的数字营销公司会立足于自身已有的客户服务历史数据库，并通过抓取免费的网络用户数据和与其他数据运营商展开商业合作的方式来获取实时数据，建立一定规模的数据库和数据平台。

相比于传统广告行业，新型的数字营销公司对数据的依赖程度更高，一批主

---

① 透过 TalkingData 智能数据平台，看智能数据时代的到来[EB/OL]. http://baijiahao.baidu.com/s?id=1547975243791610&wfr=spider&for=pc，2016-10-12.
② 大数据时代 艾瑞推出移动设备指数[EB/OL]. http://www.sohu.com/a/168065105_115239，2017-08-29.

营程序化购买的数字营销公司的兴盛,也使整个行业开启了建设自己的 DMP。但需要注意的是,数字营销公司的 DMP 中流动的绝大部分数据都来自广告主、媒体方和第三方数据供应商(如百度、腾讯、阿里巴巴等),数字营销公司只有数据使用权而没有数据所有权。为提升自身的数据能力,很多数字营销公司在注重与相关数据供应商合作的同时,也加快自身的数据平台建设,尤其是对全网免费用户数据的抓取搜集和自身的历史服务数据的积累转化,广东省广告集团就是这其中的一员。

作为中国改革开放后最早成立的本土广告公司,为适应传统广告公司向数字营销公司的转型要求,广东省广告集团于 2016 年正式启动了自己的 "G-NOVA 大数据计划"——一方面,与微软达成技术合作,共同搭建大数据系统;另一方面,与百度、腾讯、阿里巴巴、今日头条、IBM、微博等第三方数据供应商合作,再加上广东省广告集团历史投放亿级记录数据,共同构成了广东省广告集团的 G-NOVA 大数据平台,依靠大数据技术和海量数据资源,广东省广告集团就可以为客户提供以精准营销为目的的大数据营销服务和产品。

第三节 实现大数据营销的方法

在信息社会中,数据的重要性与其价值是成正比的,数据产业化成为一种必然趋势。根据国家工业和信息化部发布的《大数据产业发展规划(2016—2020 年)》,大数据产业是指以数据生产、采集、存储、加工、分析、服务为主的相关经济活动,包括数据资源建设、大数据软硬件产品的开发、销售和租赁活动,以及相关信息技术服务[1]。由此可见,大数据产业分为数据资源、数据产品业务和数据应用服务三个方面。下面将从数据、业务和应用三个层面,即从数据的整合与打通、数据的分析与挖掘、大数据驱动精准营销对大

---

[1] 工业和信息化部关于印发大数据产业发展规划(2016-2020 年)的通知[EB/OL]. http://www.miit.gov.cn/n1146295/n1652858/n1652930/n3757016/c5464999/content.html,2018-08-20.

数据营销方法进行系统分析。图 10-1 展示了当前国内围绕大数据营销上下游所形成的产业生态[①]。

图 10-1 大数据营销产业链生态图
资料来源：2016 中国大数据营销市场研究报告. https://www.iimedia.cn/c400/42934.html

一、数据层：数据的整合与打通

随着互联网技术及其应用在社会生产生活中的全面普及，营销传播领域也经历了一场变革。在这场颠覆性的变革中，最引人瞩目的现象之一就是技术驱动下大数据时代的到来。随着信息社会的大发展，大数据已成为与自然资源、人力资源同等重要的战略资源[②]。在营销传播领域，数据的重要性日益得到行业的广泛重视，从前期的市场调查和用户画像到后期的媒体策略和精准投放，数据无不在发挥着影响全局的重要作用。然而，也应该看到，在营销传播行业对数据日益渴求的同时，数据的有效整合和打通却愈加艰难，由各方数据垄断而形成的一个个

---

① 艾媒咨询：2016 中国大数据营销市场研究报告[EB/OL]. http://www.199it.com/archives/491148.html，2016-07-04.
② 李国杰，程学旗. 大数据研究：未来科技及经济社会发展的重大战略领域——大数据的研究现状与科学思考[J]. 中国科学院院刊，2012，27（6）：647-657.

彼此隔绝和孤立的"数据孤岛",成为行业发展面临的巨大挑战。因此,数据的整合与打通成为营销传播行业发展的新命题。

对于营销传播行业而言,是否能够为客户吸引并触达最大规模的目标消费者成为衡量其营销成功的最重要指标之一,在这个过程中,数据起到了至关重要的作用。因此,最大限度地获取用户在各平台和设备上的数据就成为大数据营销实操的首要程序。然而,在初始状态下,规模庞大的用户数据往往呈现出离散状态。一方面,不同的用户服务提供商使用户的位置数据、上网数据、兴趣数据、通信和社交数据、身份信息数据、金融数据等因被视为企业的核心资产而彼此孤立,如百度依靠其拳头产品百度搜索掌控着用户的搜索数据,腾讯依靠 QQ、微信等社交媒体垄断用户的社交数据,阿里巴巴则凭借淘宝、天猫等电商平台拥有大量的用户消费数据,皆因百度、腾讯、阿里巴巴的利益割据而造成这些不同类型的用户数据成为数据孤岛;另一方面,由于用户的媒体使用习惯不同,用户数据在不同设备之间缺乏流通和整合,在当前的营销传播环境下,以手机、电脑、平板和电视为代表的用户终端设备,即营销"四屏",这些跨屏用户数据如何实现整合和打通也成为大数据营销的一大任务。

由此可见,不同数据平台和设备之间的数据整合和打通,直接关系到商业数据的数量和质量,也直接影响到大数据营销的效果。因此,利用相关大数据处理技术对跨媒介、跨终端和跨平台的数据资源进行整合,由此才能进一步分析和挖掘有价值的数据,为精准定位目标群体和针对性营销投放做准备。而纵观当前的大数据营销领域,"资本+技术"成为整合和打通数据的常见手段和路径。

众所周知,当前的互联网行业是一个群雄逐鹿的高度竞争行业,以 BAT 为代表的互联网巨头凭借其拳头产品迅速聚合用户,进而掌握着各自领域的相关用户数据,为寻求利益平衡点,它们在保持各自数据优势壁垒的基础上,纷纷通过投资并购等资本运作来扩展商业版图,进而获取相关领域合作方的用户数据,此种数据整合路径多见于互联网行业。例如,"阿里巴巴+微博""腾讯+京东"等合作模式促进了彼此之间社交数据和消费数据的整合。表 10-1 展示了近年来百度、阿里巴巴和腾讯通过与不同领域的互联网公司合作进而整合了不同类型的商业数据。

表 10-1 BAT 三家数据资源布局

数据类型	百度		阿里巴巴		腾讯	
	自有业务	投资布局	自有业务	投资布局	自有业务	投资布局
电商数据	—	—	天猫、淘宝、阿里巴巴B2B、聚划算、1688、一淘、全球速卖通	苏宁易购	拍拍网	京东商城、好乐买、美丽说
金融支付数据	百度钱包、百度理财、百付宝、百度财富	—	支付宝、余额宝、芝麻信用等	众安保险、德邦基金、天弘基金等	微信支付、财付通、理财通、腾讯征信	众安在线、人人贷
搜索上网数据	百度搜索、手机百度、百度浏览器	猎豹移动	一淘、淘宝浏览器	—	SOSO、QQ浏览器	搜狗搜索、搜狗浏览器、猎豹移动
社交数据	百度贴吧	—	旺旺、来往、钉钉	微博	QQ、微信、QQ空间	—
影音数据	百度视频、百度音乐	爱奇艺	阿里影业	优酷、虾米音乐、天天动听、华谊兄弟	腾讯视频、腾讯动漫、企鹅影业、QQ音乐	华谊兄弟、红点直播
游戏数据	百度爱玩、多酷游戏中心	蓝港在线	阿里游戏	1771网游交易平台	腾讯游戏	星创互联、乐逗游戏、任玩堂、擎天柱
本地生活数据	百度糯米	百姓网、知我药妆	淘点点、菜鸟网络	饿了么、银泰商业、全峰快递	—	大众点评、58同城、滴滴打车、美团网、人人快递
旅游数据	知心搜索	去哪儿、携程旅游	去啊	穷游网、百程旅游、在路上	QQ旅游	同程旅游
医疗数据	百度健康、百度医生	—	阿里健康	华康全景网	微信全流程就诊平台	丁香园、挂号网
房产数据	百度二手房、百度乐居	安居客	—	—	房产频道、楼盘微管家	乐居、华南城、58同城
新闻资讯数据	百度新闻	—	—	—	腾讯网	—
地图数据	百度地图	—	高德地图	—	腾讯地图	—
教育数据	百度教育、作业帮、百度文库、百度知道、百度百科、好大学在线	沪江网、传课网、万学教育、智课网	淘宝同学、淘宝大学、湖畔大学	VIPABC	—	—

续表

数据类型	百度		阿里巴巴		腾讯	
	自有业务	投资布局	自有业务	投资布局	自有业务	投资布局
ID数据	百度账号	—	淘宝账号	—	QQ账号、微信账号	—
硬件数据	百度眼睛、小度3件套	—	天猫电视盒子	魅族	路宝盒子	—
应用数据	轻应用、百度手机助手	91无线、卓大师	—	—	应用宝	—

注：资料来源于网络，笔者整理后形成表格，非完全统计。

由表10-1可以看出，百度试图通过"主线百度搜索+副线产品（贴吧、新闻、游戏、地图等）+合作方产品（爱奇艺、去哪儿等）"模式构建搜索、社区、位置、游戏等多领域数据库，其数据多以用户搜索的关键词、爬虫抓取的网页、图片和视频数据为主，它的特点是通过搜索关键词更直接反映用户兴趣和需求；阿里巴巴通过淘宝、天猫、支付宝等自有平台掌控着从浏览到支付形成的全链式用户消费转化数据，并通过与微博、优酷、饿了么、虾米音乐等合作补充其他类型数据；腾讯因其提供了较为全面的互联网业务而获取了最为全面的数据，通过自营平台囊括了包括支付、社交、资讯、视频、搜索、游戏、音乐、地图等数据，并通过与京东、携程等合作弥补了在消费和旅游数据等方面的短板。从数据类型来看，腾讯是最接近整合和打通全领域商业数据的企业，它的数据中最为突出的是社交数据和游戏数据，社交数据最为核心的是关系链数据、用户间的互动数据、用户产生的文字、图片和视频内容；游戏数据主要包括大型网游数据、网页游戏数据和手机游戏数据，游戏数据中最为核心的是游戏的活跃行为数据和付费行为数据，腾讯数据的最大特点是基于社交的各种用户行为和娱乐数据。

相比于互联网行业的资本运作模式，具有轻资产特征的营销传播行业则更加青睐于依靠技术手段实现数据的整合和打通。随着以自动化和精准化著称的程序化购买广告模式的兴起和发展，搭建服务于程序化购买的DMP成为各大新型数字营销公司的标配。在程序化购买产业中，DMP是独立于需求方、媒体方之外的第三方广告投放服务提供方平台，专注于数据管理，平台上汇集了来自广告主的自有用户数据（第一方数据）、媒体方的用户数据（第二方数据）和非直接合作方拥有的数据（第三方数据，如 BAT 等用户数据），程序化购买系统通过搭建并连接这三方的 DMP，从技术角度整合和打通多方数据[①]。在当前的数字营销行业中，悠易互通、科达股份、传漾科技、舜飞科技、亿玛在线等数字营销服务提供商都在致力于搭建以程序化购买为基础的 DMP，并向客户提供相关大数据营销服务，其中以悠易互通发展最为迅猛。

　　悠易互通是国内程序化购买的早期探索者和引领者之一，悠易互通数据银行（YOYI DataBank）和悠易互通全网人群数据库（YOYI DNA）是其自主搭建的两大数据管理产品。其中，YOYI DataBank 号称为客户私有数据管理平台，为广告主提供数据搜集、管理、分析与应用一站式服务。而 YOYI DNA 则是悠易互通的特色数据管理产品，它依托于悠易互通拥有除 BAT 之外最多跨屏数据的优势，并与腾讯、百度、海信和康佳等企业建立大数据战略合作，在全网范围内整合和打通广告数据、网页浏览数据、搜索数据、电商数据、社交和跨屏数据，通过自主研发的搜索引擎、SVM（support vector machine，支持向量机）、海量数据存储运算等技术手段建立了覆盖全网的跨屏人群数据库。其中，用户数据内容包括用户生活轨迹、兴趣爱好、消费习惯等，悠易互通自称其标签体系包括七大维度，59 个一级分类，370 个二级分类，3 000+三级分类，10 000+四级分类，并支持自定义标签，为 YOYI PLUS、YOYI DaDaBank、悠+提供投放的标签、人群支持。目前，YOYI DNA 已经累积了 8 亿活跃 Cookies、10 亿移动设备 ID、1 亿 OTT 设备和 2.8 亿跨屏 ID（图 10-2）。悠易互通也依靠其强大的数据管理平台为包括宝马、奔驰、奥迪、丰田、可口可乐、三星、华为和海尔等覆盖汽车、家电、3C 等领域的品牌广告主提供大数据营销服务。

[①] 程序化广告是指利用技术手段进行广告交易和管理的一种广告形态，程序化购买就是程序化广告的运作模式，利用算法和技术手段连接媒体服务平台（SSP）、需求方平台（DSP）、数据管理平台（DMP）和广告交易平台四方，并实现自动化、精准化的广告购买和投放流程。

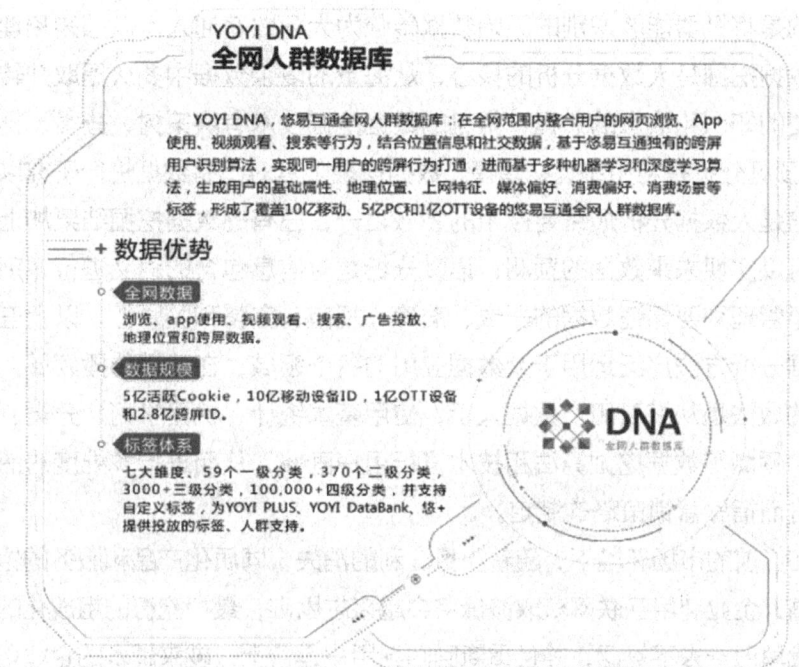

图 10-2　悠易互通全网人群数据库 YOYI DNA 图示
资料来源：http://www.yoyi.com.cn/a/chanpinpingtai/2018/1109/297.html

二、业务层：数据的分析与挖掘

大数据的真正价值不仅在于掌握庞大的数据信息，还在于发现和理解信息内容及信息与信息之间的关系，从而为各种重大决策提供可靠性依据，而大数据分析就是大数据研究领域的核心内容之一，也是大数据时代发挥数据价值的最关键环节。大数据分析是在强大的支撑平台上运行分析算法发现隐藏在大数据中潜在价值的过程，从异构数据源抽取和集成的数据构成了数据分析的原始数据，而大数据分析的核心问题是如何对这些数据进行有效表达、解释和学习[1]。

从技术层面来说，当前较为通用的大数据分析方法包括可视化分析、数据挖掘、预测分析、语义分析和数据质量管理这五大方面。其中可视化分析的主

---

[1] 高志鹏，牛琨，刘杰.面向大数据的分析技术[J].北京邮电大学学报，2015，38（3）：1—12.

要目的是将机器能够识别的原始数据转化为大多数普通人可以感知和理解的信息；数据挖掘是大数据分析的核心，从海量的复杂数据中多次提取并转化为用户需要的知识和信息的过程，常见的数据挖掘技术有决策树、分类、神经网络等[1]。预测分析是利用统计、建模、数据挖掘工具对已有数据进行研究以完成预测，它是大数据分析最终要应用的领域之一，已有的数据挖掘结果加上科学建模就可以实现未来数据的预测；语义分析是对信息包含的语义进行识别，而数据质量管理则要保证数据的一致、准确、规范、完整和关联性。以上五个方面的数据分析方法广泛运用于大数据应用的各个领域，在营销传播领域，目前最通用的做法是从海量用户数据入手，使用基本统计、机器学习、分类、聚类、关联、预测等数据挖掘算法和技术进行用户画像，从而进行多维度的消费者分析，进而指导营销策略的制定。

在当前的市场环境下，随着流量红利的消失，同质化产品和服务的饱和度越来越高，企业利用互联网获取流量将会越来越困难，最初流行的粗放化的流量运营时代早已一去不复返，并且重新回归到用户运营上，越来越多的企业更愿意围绕目标消费者提供贴心的服务，依托数据以消费者为核心的营销已经成为共识，从流量运营回归到用户运营，核心是利用大数据技术对消费者的深入研究，而通过用户画像可以准确了解消费者偏好，从而达到对消费者的全面洞察，掌握消费者的消费行为规律，真正发挥大数据营销的精准化价值。

用户画像是根据用户社会属性、生活习惯和消费行为等信息而抽象出的一个标签化的用户模型，它是根据用户在使用网络时留下的种种数据，在经过主动或被动地收集整合后加工成一系列的标签简要概述出来的，然后依靠这些数据呈现的信息还原用户的属性特征、社会背景、兴趣喜好，甚至揭示用户内心需求、性格特点、社交人群等潜在属性。用户画像的核心思想在于通过大数据技术分析和挖掘海量的用户数据，以此来精准刻画人群特征，并针对特定业务场景进行用户特征不同维度的聚合，将原本无生命的数据还原成为栩栩如生的用户形象，从而指导和驱动营销实践，图10-3展示了京东的用户画像和分群的建构案例。

---

[1] 李平荣. 大数据时代的数据挖掘技术与应用[J]. 重庆三峡学院学报，2014，（3）：45-47.

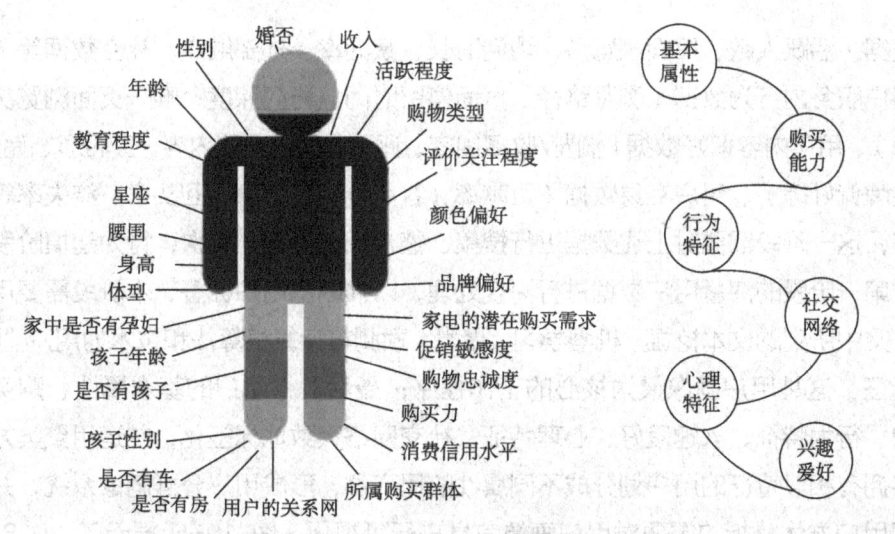

图 10-3　京东用户画像案例

资料来源：http://www.itongji.cn/detail?type=1048

用户画像的完整建构过程包括三个方面：基础数据收集、行为建模和构建画像。具体流程如图 10-4 所示。

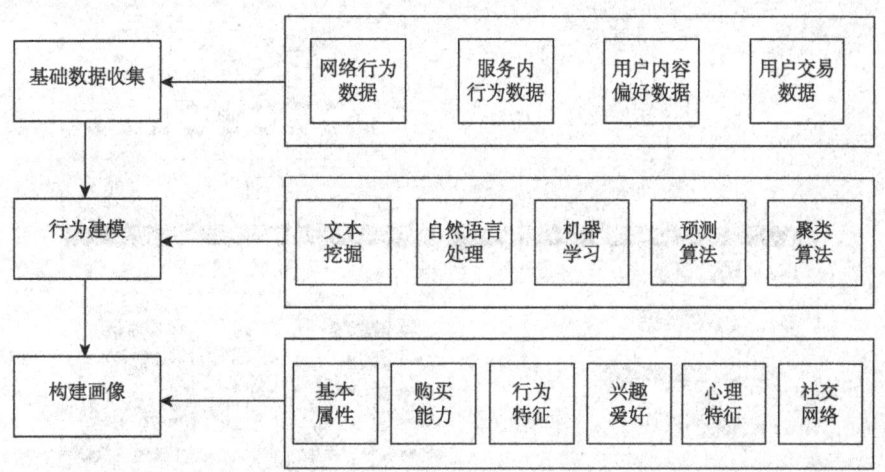

图 10-4　用户画像建构流程

资料来源：史上最全用户画像分析，附带案例讲解[EB/OL]. https://www.jianshu.com/p/eb4586c22b6b, 2018-11-26

首先，用户画像的"原料"是海量的用户数据，这些数据包括用户网络行为数据（活跃人数、页面浏览量、访问时长、激活率、外部触点、社交数据等）、用户服务内行为数据（浏览路径、页面停留时间、访问深度、唯一页面浏览次数等）、用户内容偏好数据（浏览/收藏内容、评论内容、互动内容、生活形态偏好、品牌偏好等）、用户交易数据（贡献率、客单价、连带率、回头率、流失率等）等，这一阶段需要对上述数据进行搜集、整合和预处理；其次，行为建模阶段是对第一阶段的海量用户数据进行深度处理，以抽取出用户标签，本阶段需要用到上文中所列的文本挖掘、机器学习、聚类、预测等计算机算法和技术为用户"贴"标签，这是用户画像最为核心的工作程序；最后，将用户的基本属性、购买能力、行为特征、兴趣爱好、心理特征、社交网络大致地标签化，并运用聚类方法将拥有相似特征的用户划分成不同属性的用户群，形成用户分群画像系统，并根据用户群体分析的需要对用户画像信息进行可视化。图 10-5 展示了 2018 年 MobData 为华为手机用户画像后的可视化信息图。

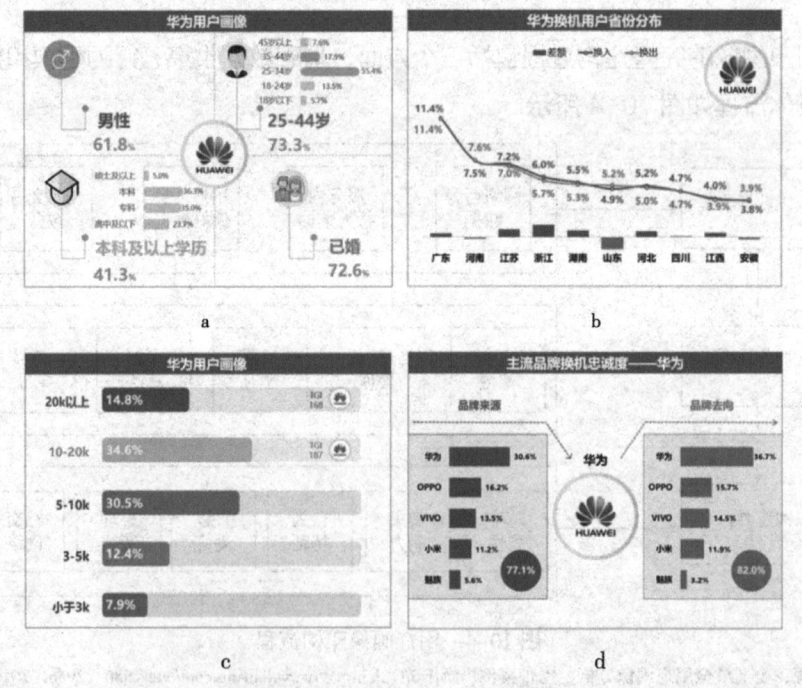

图 10-5　2018 年华为手机用户画像

资料来源：大数据观察之华为手机用户画像是什么样的[EB/OL]. https://www.jianshu.com/p/e138b2e42760

精准的用户画像需要高质量、高完整度和规模庞大的用户数据，同时先进的大数据技术和平台也是必不可少的因素，在这方面，以阿里巴巴为代表的互联网企业有着先天的优势。阿里巴巴利用其庞大的用户群体和数据优势已经开展了"全景洞察"的功能并运用这种先进全面科学的洞察方式达到可以分析购买任意品类、品牌（型号）产品的消费者，准确了解他们的月均消费金额段、月均消费笔数段、性别、年龄段、学历、消费层级、淘宝级别、买家等级、大区域、城市级别等特征；批量化洞察看似毫不相干的物品之间的隐性关联，能够分析买了你宝贝的人还去买了什么，买了什么品类，什么品牌，什么样的价格段位等。包括关于对接 DMP 广告投放都与以前不同，如在以往大家需要在 DMP 里凭行业经验去筛选企业需要的标签，现在则可以直接通过全景洞察的数据分析，企业可一边分析一边圈定目标消费人群，并且可以直接同步到 DMP 进行精准的广告投放。而在钻展投放上，阿里巴巴还可以提供算法圈人功能，只需要输入宝贝 URL 和推广目标，根据企业自己想要做品牌曝光还是销售导向，在此具体的需求下进行圈选投放渠道，如是选择 PC 或是无线，这种算法可以帮企业筛选出优选人群。而优选人群的出现会打破传统的广告操盘流程，这样可以为每个店铺的广告主提供更加针对其店铺的训练模型，让广告主不必去艰难思考竞争店铺都有谁、产品的命名需要用什么样的标签等问题，而只需要在该算法中输入此次广告投放的目的，如投资回报率提升或广告拉新等这样简单的目标，并根据自己的需要选择推广渠道，就能快速且自动地产出一组人群，目前这个功能已经过很多广告主的验证，结果显示这样的数字化营销方式使其广告投放的效果有显著提升。这样的消费者画像和全面的洞察就源于数字营销时代对数字技术的广泛应用，已经有效提高了圈定目标消费者的精准度，以及广告投放的科学性和投放效率。

三、应用层：大数据驱动精准营销

早在 1999 年，美国的莱斯特·伟门提出了精准营销的概念：以科学管理为基础，以消费者洞察为手段，恰当而贴切地对市场进行细分，并采取精耕细作式的营销操作方式,将市场做深做透,进而获得预期效益[①]。主要步骤包括:收集客户信息建立营销数据库;通过数据分析对客户群体及其需求进行细化;以不同客户群体的需求为依据,设计并提供差异化的产品和服务;通过营销活动的反馈,深化对客户本质需求以及客户购买、使用习惯的理解,再将反馈信息应用到生产营销等活动中。伟门提出这一概念的 20 世纪 90 年代末正值数据库营销模式兴起于美国,这一时期的精准营销主要是基于数据库技术。与大数据营销相比,数据库营销能促成的精准化程度是有限的,今天所说的精准营销更多的是指利用大数据技术使营销精准化的营销模式。

需要指出的是,在技术不断进步的表象背后,精准营销的重点是"消费者需求导向"的人本主义思想。以人为本的人本主义勃兴于文艺复兴时代,在互联网去中心化、社交媒体崛起的 Web 2.0 时代迎来爆发,普通个体的需求得到前所未有的关注。精准营销即是这一思潮及相关技术发展在营销领域的体现。

从以人为本的理念出发,菲利普·科特勒在《营销革命 3.0:从产品到顾客,再到人文精神》中提出了营销 3.0 理论,把市场营销的发展阶段划分为三段[②]:营销 1.0 是工业化时代以产品为中心的营销,目的是销售产品,企业把消费者视作"一群具有生理需求的买方",消费者的个性化需求被忽略;营销 2.0 虽然是以消费者为导向的营销,西方发达国家信息技术的逐步普及让市场权利部分地从生产商转向渠道商再转到消费者手上,但营销 2.0 仍把消费者当作可以诱惑的对象,而不是真正理解消费者的内在需求;营销 3.0 兴起于 2010 年前后,全球社会经历着深刻的社交网络化,消费者权利得到空前增长,合作性、文化性和精神性、价值驱动的营销受到青睐,它把消费者看作具有独立思想、心灵和精神的完整个体,把消费者信息体现的需求情况作为营销活动的核心指导依据。在人本主义和营销 3.0 等思潮的影响下,数据库、大数据等技术被应用到营销领域,成为精准营销的技术手段,力求满足每一个消费者最真实的个性化需求。

---

① 51 销客:大数据精准营销从何而来? [EB/OL]. http://www.360doc.com/content/17/0308/08/22712168_634895698.shtml, 2017-03-08.
② 科特勒 P, 卡塔加雅 H, 塞蒂亚万 I. 营销革命 3.0:从产品到顾客,再到人文精神[M]. 毕崇毅, 译. 北京:机械工业出版社, 2011.

营销学界的泰斗、美国西北大学教授菲利普·科特勒在 1994 年出版的《营销管理：分析、规划、执行和控制》中提出了"让客价值"（customer delivered value）的概念[1]：顾客总价值与顾客总成本之间的差额。其中，顾客总价值是指顾客购买某一产品或服务所期望获得的一组利益的总和，包括产品价值、服务价值和形象价值等；顾客总成本是指顾客为购买某一产品或服务所支付的代价，包括货币成本、时间成本及精力成本等。顾客希望获得的顾客总价值尽量高，而付出的顾客总成本尽量低，因此企业想要赢得顾客，就要向顾客提供比竞争对手更多的让客价值。

如果透过技术层面的现象，从让客价值的角度看本质，精准营销能够对消费者获得成功，在于它提升了顾客总价值、降低了顾客总成本。一方面，大数据驱动的精准营销最大限度地实现了"一对一"的营销，深度洞悉和匹配每个消费者在物质和精神层面的个性化需求，让消费者的期待得到最大化的满足；另一方面，精准营销通过对消费者进行个性化智能推送，大大节省了消费者触达目标商品信息和挑选心仪商品的时间、精力，从而降低了顾客总成本。从传统营销到数据库营销到大数据营销的发展轨迹说明，精准营销的技术发展规律是不断为消费者提供更高的让客价值，让消费者体验更加满足人性的需求。

在了解精准营销的相关概念和理论后，运用大数据驱动精准营销就不得不提到营销界的"5W"概念：在合适的时机（when），将合适的业务（which），通过合适的渠道（where），采取合适的行动（what），营销给合适的客户（who）。它最核心的一点是在整个过程中贯彻"以客户为中心"的理念，从五个维度尽可能贴合每一位消费者的真实、个性化需求。可以说，无论营销领域的数据库、大数据等技术手段如何蜕变，用"5W"简单有力的概括来描述精准营销的本质都是适用的。

（一）大数据驱动产品精准化（which）

互联网思维的兴起让产品概念在营销学中日渐受到重视，产品或服务被视作

---

[1] 科特勒 P. 营销管理：分析、规划、执行和控制[M]. 梅汝和，等译. 上海：上海人民出版社，1994.

企业进行营销活动的核心。在"5W"概念中，与产品对应的"W"是which。

大数据时代的生产活动各个环节都具备由数据驱动产品精准化的可能。在需求分析和产品设计环节，大数据驱动的消费者洞察为企业提供了海量和精确到个人的需求信息，可以从中提取各维度信息建立需求模型、设计对应的产品，甚至可以进行规模化的个性化定制，在扩大生产规模降低定制成本的同时尽量贴合消费者的个性化需求。例如，2014年天猫家电板块的"C2B定制化生产"活动，利用天猫的消费者数据把需求反馈给家电商，据此设计和定制新产品。在生产制造环节，物联网让车间流水线上的产品信息也成为大数据的一部分，让生产流程变得智能可控，能及时诊断产品故障，也能第一时间把产品创新实施到生产车间，起始于德国的工业4.0就是数据化生产的典型[①]。在销售定价环节，大数据技术可以利用消费者的基本信息和历史消费记录等数据分析其价格敏感度，进行动态定价，制定个性化定价策略向消费者推荐价格与其消费力匹配的产品，如埃森哲推出的"个性化定价工具"。在产品使用和售后服务环节，大数据成为企业和消费者之间长期沟通的桥梁，消费者在购买之后的使用情况仍然能以数据形式传递给企业，企业可以利用数据改进产品和服务，如爱奇艺、优酷土豆等视频播放平台能根据用户历史观看记录为其推荐个性化的播放内容，同时也能为消费者提供更负责的售后保障，如银行卡的消费地点和金额出现异常时，银行能够及时调出对应消费者的个人信息并发出通知。

由大数据驱动的产品精准化，反映出工业生产活动在全球某些区域已经进入过剩期，消费者的物质需求基本得到了满足，进入了更高级的精神消费阶段。消费者开始要求更加个性化的产品和服务，在市场上挑选能满足自身独特需求的产品，供需市场的权利从卖方向买方出现了转移。大数据技术在产品生产制造环节的应用让"满足每一个消费者的独特需求"成为可能。

[①] 工业4.0（Industrie 4.0），也称"第四次工业革命"，源于2011年汉诺威工业博览会，是德国政府《高技术战略2020》确定的十大未来项目之一，并已上升为德国国家战略，旨在支持工业领域新一代革命性技术的研发与创新。

（二）大数据驱动消费者洞察精准化（who）

消费者洞察（consumer insight）即正确描述和理解消费者内心的需求、信念或者态度，以引起消费者的共鸣，是一个产品能否打动消费者的关键要素[①]。奥美北京集团策划总监钟桥轩认为，消费者洞察是"对消费态度、信念和行为的一个新鲜理解，可以为品牌思考和创意确定很好的机会"[②]。可见在消费者洞察环节，企业要根据消费者的消费行为或自我表达来推测其真实、内在的消费态度，根据洞察结果对营销进行改进。

在数据库和大数据诞生之前，营销活动中的用户画像主要依靠问卷调查、深度访谈、质性分析等传统方法，具有成本高、反馈周期长、样本量小的缺陷，其中成本高、周期长的问题主要受限于资金预算、项目周期等外部因素，而样本量过小的问题最容易导致用户需求分析的结果与用户实际情况产生偏差，加上质性分析方法的主观受限，使产品的设计生产与市场需求出现脱节。与传统方法相比，大数据驱动的消费者洞察具有大样本量、动态反馈、数据全面、客观真实等优势，能让消费者洞察结果更加精准。

通过 Cookies 获得用户数据是大数据消费者洞察的一种基本方法，诞生较早。Cookies 是服务器暂存在 PC 客户端上的数据，记录了客户端用户近期在网页上的历史操作信息，如登录信息、浏览轨迹等。根据访问记录和操作交互记录分析用户需求能提供的信息十分有限，而且容易产生偏差；最大的弊病是移动端访问没有 Cookies 记录，在手机移动端使用总量超越 PC 端的今天，Cookies 方法已经无法满足消费者洞察工作的需要。能够解决这一弊端的"PC 端+移动端"跨屏大数据应运而生，LED 屏、电视屏、平板电脑屏、智能可穿戴设备屏等也将囊括在内，打通各类物理媒介让大数据更加汇聚。

基于搜索引擎大数据的消费者洞察也是一种常见方法，互联网用户高频使用搜索功能为搜索网站提供了巨量且真实的数据，能显示出消费者的兴趣和进行一定程度的消费者洞察。这种方法的缺陷是无法获知消费者搜索后的具体消费行

[①] 乐为. 消费者洞察的常用方法与实务[C]. 中国市场学会 2006 年年会暨第四次全国会员代表大会论文集，2006.
[②] 奥美告诉你什么叫消费者洞察[EB/OL]. http://www.managershare.com/post/132003，2014-04-09.

为，但随着搜索引擎网页对广告跳转率和转化率的记录获得技术实现，这一缺点有望得到解决。

新兴起的消费者洞察大数据来源是社交平台和电商平台。中国有一半以上的城市居民是社交平台用户，用户在社交平台上的日常分享行为能展示其真实信息和兴趣爱好，社交平台既是收集和洞察消费者兴趣的数据源，也是对消费者进行个性化广告推送的渠道。电商平台则能更真实地记录用户的消费行为，电商大数据能够对用户消费倾向进行更直接的洞察，如猎豹智库的 2017 年"双 11 购物节"大数据分析出，绝大多数用户选择了"买完即走"，并没有过多贪恋优惠和狂欢：超过 70% 的淘宝用户都在 30 分钟内结束购物，而京东用户的这一比例更高，约为 85%，双十一的消费者总体上变得更加冷静理智。埃森哲于 2017 年 10 月发布的《95 后消费者调研》则显示，"95"后比千禧一代更看重配送速度：他们会因为配送时间模糊不清而取消网购订单，他们会计算配送时间，并希望在购物当天甚至半天内就能收到产品，他们也更愿意为快递支付额外的费用，只有少数人愿意等待免费配送。

（三）大数据驱动营销渠道精准化（what、where、when）

what、where、when 可以简单地认识为推广内容、推广渠道、推广时间。一方面，由于整合营销服务在广告业界成为趋势，这三者越来越成为整合营销业务中共存互通的三个维度；另一方面，在互联网思维中这三者都是介于用户和产品两大核心之间的桥梁，是企业与消费者进行沟通的广义上的"渠道"。因此将三个"W"一并讨论，渠道优化和程序化购买特别需要强调。

渠道在大数据时代，方便快捷的线上渠道越来越受到消费者欢迎，传统的线下营销渠道经历着线上渠道的剧烈冲击，营销推广的内容和形式随之产生巨变。实际上，传统渠道面对来自线上渠道的巨大压力，同样可以利用大数据得到解决：加入 LBS 等技术让原本来自线上的大数据"落地"，通过 O2O 引流手段，提供本地化服务和现实世界中的用户关怀，实现渠道下沉和全渠道运营落地。小米的"新零售"概念和"小米之家"是优化线下渠道的典型案例，让原本只有线上渠道火爆的小米打通线下渠道，再对双渠道数据进行整合融汇，对产品在不同渠道的配比方案和销售方案进行优化。

在线上渠道的营销环节中，程序化购买不可不提。程序化购买（programmatic buying）是指通过广告技术平台，自动地执行广告资源购买的流程，即资源的对接、购买过程都呈现自动、自助功能，通过实时竞价和非实时竞价两种交易方式完成购买[1]。完整的程序化购买广告产业链包括 DSP（需求方平台）、ADX（广告交易平台）、DMP（数据管理平台）、SSP（销售方平台）、第三方的监测机构等，广告主、媒体、数据机构、第三方监测机构等参与者通过各平台以 Ad exchange 为中心进行竞价交易。在程序化购买过程中，数据和算法占据主导地位，"人力"的作用被大幅降低。

程序化购买的发源地是美国，其互联网广告市场经历了 20 余年的发展已经趋于成熟。中国互联网广告的程序化购买进程大约始于 2012 年前后，阿里妈妈于 2011 年发布 Tanx 营销平台，2013 年谷歌在中国推出 DoubleClick Ad exchange，随后腾讯、百度等互联网企业的广告交易平台纷纷出现，中国程序化购买进入快速发展期。

程序化购买在大数据的基础上向广告主提供符合广告需求的目标用户，为目标用户将会浏览的广告位定价，让广告主对广告位进行竞价购买，从而把目标用户精准地匹配给广告主。程序化购买对精准营销的意义在于，与传统媒体环境相比，广告从广告主到媒体的过程从非实时、不透明、不可控变得实时、可监测、可控制，广告主可以选择更精准的目标用户，并在广告投放过程中根据反馈情况即时进行调整。程序化交易模式日益得到广告主的认可，成为数字广告交易的主要模式。

程序化购买是数字媒体时代的产物，它改变了线上媒体广告位资源的售卖模式，让广告投放更加数字化、精确化、人性化，具有良好的发展趋势。当然，程序化购买也存在数据孤岛（各企业旗下的广告交易平台数据不互通）、流量作弊、跨屏识别困难等亟待解决的问题。

---

[1] 鞠宏磊. 大数据时代的精准广告[M]. 北京：人民日报出版社，2015.

参考文献

阿姆斯特朗 G，科特勒 P. 2010. 市场营销学[M]. 9 版. 吕一林，等译. 北京：中国人民大学出版社.
艾瑞咨询. 2014. 2014 中国移动程序化购买行业报告[J]. 声屏世界·广告人，(11)：130-136.
包·恩和巴图. 2006. 认识——消费者洞察：让我们做得更好[J]. 销售与市场，(4)：18-21.
陈永东. 2012. 企业微博营销：策略、方法与实践[M]. 北京：机械工业出版社.
程明，战令琦. 2017. 传统媒体的"解构"与新媒体的"解读"[J]. 今传媒，25(2)：4-7.
德鲁克 P. 2006. 管理：任务、责任、实践[M]. 王永贵，译. 北京：机械工业出版社.
方兴东，张笑容. 2006. 2005-2006 年中国博客发展与趋势[J]. 国际新闻界，(5)：44-47.
伽达默尔 H G. 1988. 科学时代的理性[M]. 薛华，等译. 北京：国际文化出版公司.
高汀 S. 2009. 紫牛[M]. 施诺，译. 北京：中信出版社.
高志鹏，牛琨，刘杰. 2015. 面向大数据的分析技术[J]. 北京邮电大学学报，38(3)：1-12.
格拉德威尔 M. 2014. 引爆点[M]. 钱清，覃爱冬，译. 北京. 中信出版社.
格林伯格 E，凯茨 A. 2016. 数字营销战略[M]. 马宝龙，张琳，译. 北京. 清华大学出版社.
龚恋雯. 2017. 程序化购买对广告公司的影响研究[J]. 广告大观（理论版），(3)：67-76.
谷虹. 2015. 品牌智能：数字营销传播的核心理念与实战指南[M]. 北京：电子工业出版社.
郝胜宇，陈静仁. 2016. 大数据时代用户画像助力企业实现精准化营销[J]. 中国集体经济，(4)：61-62.
黄河，江凡. 2011. 论中国大陆网络广告的发展分期[J]. 国际新闻界，33(1)：92-98.
黄河，江凡，王芳菲. 2014. 中国网络广告十七年（1997-2014）[M]. 北京：中国传媒大学出版社.
鞠宏磊. 2015. 大数据时代的精准广告[M]. 北京：人民日报出版社.
柯兰 J，芬顿 N，弗里德曼 D. 2014. 互联网的误读[M]. 北京：中国人民大学出版社.

科特勒 P. 1994. 营销管理：分析、规划、执行和控制[M]. 梅汝和，等译. 上海：上海人民出版社.

科特勒 P，卡塔加雅 H，塞蒂亚万 I. 2011. 营销革命3.0：从产品到顾客，再到人文精神[M]. 毕崇毅，译. 北京：机械工业出版社.

孔斌. 2016. 场景营销——互联时代企业制胜的方法+应用+实践[M]. 北京：中国铁道出版社.

孔栋，孙凯，张明祥. 2017. O2O企业如何利用线上线下整合改善顾客体验——合作关系视角下的概念模型[J]. 中国流通经济，（6）：45–52.

黎万强. 2014. 参与感[M]. 北京：中信出版社.

李国杰，程学旗. 2012. 大数据研究：未来科技及经济社会发展的重大战略领域——大数据的研究现状与科学思考[J]. 中国科学院院刊，27（6）：647–657.

李剑峰，刘红萍，杜兰英. 2009. 宗教对消费者行为影响研究：国外文献评述[C]. 第四届中国管理学年会——市场营销分会场论文集.

李娟. 2017. 从海尔看中国企业的服务营销[J]. 中国商论，（24）：48–49.

李平荣. 2014. 大数据时代的数据挖掘技术与应用[J]. 重庆三峡学院学报，（3）：45–47.

梁丽丽. 2017. 程序化广告个性化精准投放实用手册[M]. 北京：人民邮电出版社.

廖秉宜. 2015. 中国程序化购买广告产业现状、问题与对策[J]. 新闻界，（24）：43–46.

刘德寰. 2013. 大数据面临的风险和现存问题[J]. 广告大观（理论版），（3）：11.

刘学. 2017. 重构平台与生态：谁能掌控未来[M]. 北京：北京大学出版社.

刘玉萍. 2015. SEO网站营销——策略、方法、技巧和案例[M]. 北京：清华大学出版社.

尼葛洛庞蒂 N. 1997. 数字化生存[M]. 胡泳，范海燕，译. 海口：海南出版社.

彭兰. 2005. 中国网络媒体的第一个十年[M]. 北京：清华大学出版社.

任磊，杜一，马帅，等. 2014. 大数据可视分析综述[J]. 软件学报，25（9）：1909–1936.

任学. 2010. 基于企业品牌战略的数字营销[J]. 国际公关，（1）：91.

舍恩伯格 V M，库克耶 K. 2013. 大数据时代：生活、工作与思维的大变革[M]. 盛杨燕，周涛，译. 杭州：浙江人民出版社.

舍基 C. 2011. 认知盈余——自由时间的力量[M]. 胡泳，哈丽丝，译. 北京. 中国人民大学出版社.

沈虹. 2015. 品牌协同创意的传播策略——数字传播时代的营销传播策略制定与评估[J]. 贵州社会科学，（8）：21–25.

斯通 M，邦德 A，弗斯 B. 2005. 市场调查宝典：客户真识[M]. 汪开虎，唐珏，译. 上海：上海交通大学出版社.

索利斯 B. 2014. 互联网思维——传统商业的终结与重塑[M]. 周蕾，廖文俊，译. 北京：人民邮电出版社.

唐绪军. 2016. 新媒体蓝皮书：中国新媒体发展报告[M]. 北京：社会科学文献出版社.

陶伶俐. 2009. 数字媒体产业发展现状及建议[J]. 中国科技产业,（7）：68.
田俊鹏. 2016. 论新媒体新闻生产中的用户参与——以澎湃新闻为例[J]. 传播与版权,（6）：79-84.
田智辉. 2008. 新媒体传播：基于用户制作内容的研究[M]. 北京：中国传媒大学出版社.
万木春,胡振宇. 2016. 数字营销再造——"互联网+"与"+互联网"浪潮中的企业营销新思维[M]. 北京：机械工业出版社.
王赛. 2017. 数字时代营销战略的转型方法论[J]. 企业家信息,（1）：63-66.
王树柏. 2017. 品牌营销的价值：从阳刻到阴刻[J]. 广告主,（1）：58-59.
魏伶如. 2014. 大数据营销的发展现状及其前景展望[J]. 现代商业,（15）：34-35.
吴静. 2007. 数字化媒体研究的若干热点——2006年新媒体研究综述[J]. 新闻知识,（2）：27-30.
希夫曼 L G,卡纽克 L L,维森布利特 J. 2017. 消费者行为学[M]. 10版. 江林,等译. 北京：中国人民大学出版社.
许正林,马蕊. 2016. 程序化购买与网络广告生态圈变革[J]. 山西大学学报(哲学社会科学版),39（2）：72-78.
阳翼. 2017. 大数据营销[M]. 北京：中国人民大学出版社.
杨志. 2005-12-14. 好耶"六年"暗战互联网广告[N]. 中华新闻报.
姚曦. 2014. 与消费者互动是数字时代创意的首要标准[J]. 声屏世界·广告人,（3）：35.
姚曦,韩文静. 2015. 参与的激励：数字营销传播效果的核心机制[J]. 新闻大学,（3）：134-140,145.
姚曦,秦雪冰. 2013. 技术与生存：数字营销的本质[J]. 新闻大学,（6）：59.
于文轩. 2017. 大数据之殇：对人文、伦理和民主的挑战[J]. 电子政务,（11）：21-29.
于小川. 2007. 技术逻辑与制度逻辑——数字技术与媒介产业发展[J]. 武汉大学学报（人文科学版）,（6）：871-875.
张鸽盛,柏子康. 2003. 由卖产品转向卖服务——简谈为读者服务的几种新视角[J]. 出版发行研究,（3）：47-49.
张锐. 2015. "连接管理"时代的到来[J]. 中国广告,（6）：120-123.
张小强,郭浩然. 2015. 媒介传播从受众到用户模式的转变与媒介融合[J]. 科技与出版,（7）：123-128.
周丽玲,刘明秀. 2016. 新媒体营销[M]. 重庆：西南师范大学出版社.
Warren S D,Brandeis L D. 1985. The right to privacy. Harvard Law Review,4(5):193-220.

后　记

　　数字营销在国外肇端于 1994 年美国《热线杂志》，网络版的《Hotwired》首开网络广告的先河；而其在国内则起步于 1998 年上海好耶计算机技术有限公司成立，开启中国网络广告服务的新时代。从那时起至今，数字营销在世界范围内正如火如荼地开展着，但对它的研究不是特别充分，至少在国内还是一块有待开发的处女地。

　　记得 2014 年下半年在暨南大学参加"第二届数字营销传播研究与应用国际研讨会"上，我和杨娜所提交论文《从课程设置检讨国内重要新闻传播院校数字营销教育》，有这么一段话："'数字营销'成为国内营销界讨论的热词，更在实际操作中得到广泛应用。然而，与此形成鲜明对照的是，国内新闻传播教育界对'数字营销'却相当'冷'，不仅公开发表的研究专著、研究论文较少，而且在本科生教育和研究生教育中极少开设相关课程，表明我国数字营销教育滞后于业界的发展与需求。"从 2014 年至 2019 年 5 年时间过去了，数字营销"业界热学界冷"的状况已经得到了较大改善，研究著作不少，研究论文更多，然而成套的、系统性的研究著作并不多见，在主流学术刊物上发表的相关论文就更少。有鉴于此，"数字营销系列丛书"编写构想便在 2016 年底提了出来，并付诸实施。

　　继《新媒体概论》一书之后，《数字营销概论》是由我组织撰写的第二本概论性著作。要在 20 多万字的篇幅内，贯穿从传统媒体到数字媒体、从传统广告到数字广告、从传统营销到数字营销的演进线索并非易事，好在团队成员够给力，比较好地完成了此项任务。全书由周茂君提出整体构想和编写大纲，然后由团队成员写出初稿，再由周茂君修改、统稿，最后完成全书的定稿。具体各章节撰写者为：第一章、第二章为周茂君、何芳；第三章、第五章一二节为周茂君、秦文淡；第四章、第九章为周茂君、李玉蝶；第五章三四节、第七章为周茂君、潘宁；第六章为周茂君、安迪；第八章为周茂君、尤海佳；第十章为周茂君、高阳、潘宁。

数字营销属于新生事物，不仅概念不断演变，而且技术引领、规则被颠覆、市场变革正逐渐走向纵深。由于学识和视野的局限，故而书中难免疏漏之处，祈望读者指正。

周茂君 于武昌珞珈山
2019年10月